Fitness am PC

Informationsverarbeitung 7

1. Auflage 2015

Svenja Hausener
Holger Dickgießer

Svenja Hausener verfügt über langjährige Unterrichtspraxis in den Klassen Bürokaufleute, Kaufleute für Bürokommunikation, weiteren Berufsschulklassen sowie im Wirtschaftsgymnasium und in der Wirtschaftsschule.

Sie ist Prüferin bei der IHK für verschiedene Berufszweige (Bürokaufleute, Kaufleute für Groß- und Außenhandel, Kaufleute für Einzelhandel). In ihrer Schule ist sie u. a. zuständig für Individualfeedback und die Förderung der Methodenkompetenz der Schülerinnen und Schüler.

Vor ihrer Tätigkeit als Lehrerin arbeitete Frau Hausener in einem großen Unternehmen als Personalsachbearbeiterin und war in diesem auch für die Ausbildung der Auszubildenden sowie alle vertragsrelevanten Tätigkeiten in diesem Zusammenhang zuständig. Sie besitzt daher ein klares Bild von den Anforderungen, die an die Auszubildenden in der Unternehmenspraxis gestellt werden.

Layout und Cover: KLV Verlag GmbH

1. Auflage 2015

ISBN 978-3-95739-036-3

KLV Verlag GmbH
Bellamonter Straße 30
88463 Eberhardzell
Tel.: 07358 9610920
Fax: 07358 9610921
www.klv-verlag.de
info@klv-verlag.de

Inhaltsverzeichnis

8 DIN-Regelheft – Regeln nach der DIN 5008 118

9 Programmhandbuch Excel 126

Erklärung

Kompetenz

Lernsituation

Beispiel

Tipp/Merke/Achtung

Aufgaben

Qualitätsansprüche

KLV steht für **K**LAR • **L**ÖSUNGSORIENTIERT • **V**ERSTÄNDLICH.

Bitte melden Sie sich bei uns per E-Mail (info@klv-verlag.de) oder Telefon 07358 9610920, wenn Sie in diesem Werk Verbesserungsmöglichkeiten sehen oder Druckfehler finden. Vielen Dank.

Vorwort

Liebe Kolleginnen und Kollegen,

der LehrplanPlus stellt die Lehrerinnen und Lehrer vor neue Herausforderungen. Zum einen soll handlungsorientiert unterrichtet, zum anderen müssen die Kompetenzen der Schüler in vollem Maße gefördert werden.

Dieses Buch ist so aufgebaut, dass das handlungsorientierte Unterrichten leicht möglich ist und die Schüler die geforderten Kompetenzen selbstgesteuert erwerben können.

Auch wird darauf geachtet, dass eine Fächerverknüpfung mit anderen Fächern möglich ist.

Im Lernbereich 1 findet sich eine ausführliche Tastaturschulung, die immer mit verschiedenen Formatierungen in Word verknüpft werden kann. Alle notwendigen DIN-Regeln nach der DIN 5008 Stand 2011 finden sich in einem DIN-Regelheft wieder. Eine Briefmaske, die für den Privatbrief verwendet werden kann, finden die Schülerinnen und Schüler unter www.klv-verlag.de/fitness-am-pc.

Um erworbenes Wissen zu prüfen und zu vertiefen, sind an einigen Stellen im Buch Zusatzaufgaben, die durch das Symbol für „Kannst du es" kenntlich gemacht sind, eingefügt.

Die Arbeitsaufträge, die durch das Symbol für „Los geht´s" zu erkennen sind, wurden eher „kleinschrittig" ausgearbeitet, damit die Schülerinnen und Schüler immer wissen, was sie noch alles zu erledigen haben.

Auch können die Arbeitsaufträge in einzelne „Arbeitsschritte" aufgeteilt werden. So ist es möglich, innerhalb der vorgegebenen zeitlichen Möglichkeiten „kleinere" Arbeitsaufträge zu erledigen. Das Weiterarbeiten oder die Präsentation der Ergebnisse kann dann in den Folgestunden erfolgen. Damit die Schülerinnen und Schüler die Programmfunktionen von Excel und PowerPoint noch besser erschließen können, sind im Internet unter www.klv-verlag.de/fitness-am-pc Dateien hinterlegt, mit welchen die Schülerinnen und Schüler zu Hause oder/und während des Unterrichts üben können.

Des Weiteren bietet sich an manchen Stellen die gemeinsame Erarbeitung im Plenum an, was die Sozialkompetenz der Schülerinnen und Schüler, aber auch die personale Kompetenz stärkt.

Liebe Schülerinnen und Schüler,

das Fach Informationsverarbeitung hat unter Umständen einen etwas „langweiligen“ Ruf. Einer meiner Schüler sagte in der ersten Stunde zu mir:

„Tippen lernen – ist das öde! Ich kann auch ohne das 10-Finger-System in Facebook Nachrichten senden!“. Einige Schüler schlossen sich seiner Meinung an.

Am Schuljahresende habe ich in der Klasse ein Feedback durchgeführt und alle Schülerinnen und Schüler gefragt, wie sie das Fach Informationsverarbeitung fanden und ob sie auch etwas gelernt haben. Die Antworten waren vielfältig:

„War sau cool“, „Ich habe für meine Eltern die Geburtstagseinladungen erstellt und 50 € bekommen“, „Ich hab als Weihnachtsgeschenk Foto-Kalender in Word selbst erstellt“, „Posts bei Facebook kommentiere ich jetzt, bevor der andere diesen fertig geschrieben hat.“, „Hat Spaß gemacht“, „Ich freue mich auf den DV-Unterricht“, ...

Es muss also nicht sein, dass das Fach wirklich langweilig ist. Ihr lernt neben dem 10-Finger-Tastschreiben verschiedene Programme und deren Funktionen kennen, die euch später in eurem Schul-, aber auch im Berufsalltag weiterhelfen werden. Und wo noch? Natürlich auch in eurem Privatleben!

Im Laufe des Schuljahres werdet ihr verschiedene Produkte erstellen (Flyer, Anschreiben, Plakate, ...). Bitte heftet diese in einem Ordner ab, damit ihr bei Bedarf immer noch mal auf diese zurückgreifen könnt.

Zu eurer Orientierung werden euch neben den KLV-Icons drei weitere Icons durch das Buch führen!

steht für **„Los geht's“!**

steht für **„Informationen“!**

steht für **„Kannst du es?“**

Wir wünschen euch ein gutes und erfolgreiches Schuljahr!

Svenja Hausener, Holger Dickgießer

Lernbereich 1: Sachgemäß und rationell mit dem Computer umgehen

Kapitel 1

Lernbereich 1: Sachgemäß und rationell mit dem Computer umgehen

Kompetenzerwartungen
Die Schülerinnen und Schüler

- nutzen Geräte der Informationstechnik rationell und sicher bei der Erstellung von Dokumenten. Sie steigern ihre Leistungen durch gezieltes und eigenverantwortliches Üben.
- hinterfragen bei der Arbeit mit dem Computer die eigene Einstellung zur Arbeit und reflektieren ihre Stärken und Verbesserungsbereiche, um Maßnahmen zur Optimierung ihrer Arbeitsweise treffen zu können. Die Schülerinnen und Schüler steigern durch Erfolgserlebnisse ihre Selbstmotivation, z. B. durch sichtbare Fortschritte bei der Schreibgeschwindigkeit und Schreibsicherheit.
- sichern ihre erstellten Dokumente auf verschiedenen Speichermedien und ordnen sie übersichtlich
- nutzen elektronische Geräte verantwortungsbewusst, sorgfältig und sachgerecht, um deren Funktion und Wert zu erhalten und die Umwelt zu schonen.
- achten bei der Arbeit am Computer auf die Einhaltung ergonomischer Gesichtspunkte und nutzen zielgerichtete Bewegungsübungen, um ihre Gesundheit und Leistungsfähigkeit zu erhalten.
- entwickeln eigenmotiviert und selbstreguliert Strategien, um sich selbstständig die verschiedenen Programmsystematiken zu erschließen. Dabei nutzen sie didaktische und fachspezifische (Online-)Lernprogramme sowie Hilfefunktionen der Softwareprogramme.

1.1 Einführung – welche Erwartungen habt ihr an das Fach Informationsverarbeitung?

Die beiden Schüler, Lena und Luca, haben heute zum ersten Mal das Fach Informationsverarbeitung und wissen nicht so richtig, was alles auf sie zukommt. Die Lehrerin eröffnet die Stunde mit folgenden Worten:

„Im Laufe der Zeit werdet ihr viele neue Dinge erfahren, euer Wissen in Bezug auf die Anwendersoftware erweitern und euch einige Fähigkeiten, Fertigkeiten und Kenntnisse aneignen, die ihr euer ganzes Leben lang nutzen werdet."

Lena und Luca sind gespannt.

1. **Informiert** euch über das Programm Word (Allgemeines, Bildschirmaufbau usw.) – siehe Programmhandbuch für Word.
2. **Öffnet** ein leeres Word-Dokument.
3. **Fügt** als Überschrift „Was erwartet mich im Fach Informationsverarbeitung" ein.
4. **Formatiert** die Überschrift fett und unterstreicht diese.
5. **Sammelt** eure Gedanken (Brainstorming – siehe Methodenpool) und **notiert** diese. **Nutzt** als Hilfe auch die Informationstexte.
6. **Diskutiert** eure Ergebnisse im Klassenverband (Plenum) und **ergänzt** ggf.
7. **Druckt** eure Produkte (Ergebnisse) aus und **heftet** diese in eurem Ordner ab.
8. **Überprüft** am Schuljahresende, ob die Erwartungen erfüllt wurden!

Zu Beginn des Schuljahres musst du dich mit dem Schulnetz vertraut machen! Wie meldest du dich an, wo speicherst bzw. wie speicherst du ab, was musst du generell bei dem Schulnetz berücksichtigen?

Auch wie du das 10-Finger-Tastschreiben lernst, wirst du erfahren. Einfache Formatierungen in einem Textverarbeitungsprogramm, das Arbeiten mit einem Tabellenkalkulationsprogramm und Präsentationsprogramm sowie vielfältige Methoden lernst du kennen. Auch der korrekte Umgang mit dem Internet und das Verhalten in sozialen Netzwerken werden behandelt.

Im Laufe des Schuljahres werden viele Produkte bzw. Ergebnisse erstellt. Mit diesen kannst du dich auf Proben und Tests vorbereiten oder wichtige Informationen für dich selbst nachlesen. Daher ist es sinnvoll, einen Ordner für das Fach Informationsverarbeitung anzulegen.

Tipps:

- Gehe sorgsam mit deinen Arbeitsmitteln um (PC, Drucker, Maus, Tastatur).
- Arbeite gewissenhaft und vergebe immer sinnvolle Dateinamen, damit du später deine Daten auch schnell wiederfindest.
- Höre den Anweisungen des Lehrers genau zu und notiere dir ggf. wichtige Informationen.
- Notiere dir dein Passwort sowie deinen Anmeldenamen (aber möglichst so, dass nur du auf diese Notizen zurückgreifen kannst = Datenschutz!).
- Drucke nicht unnötig! Prüfe dein Dokument vor jedem Druck in der Seitenansicht und verbessere zuerst die hier entdeckten Fehler.
- Übe auch zu Hause das Schreiben mit zehn Fingern (selbst, wenn du in Facebook und Co etwas schreibst).

1.2 Word

1.2.1 Allgemeines

1.2.1.1 Aufgaben eines Textverarbeitungsprogramms

Mithilfe eines Textverarbeitungsprogramms können Texte einfach erfasst, formatiert, strukturiert und verändert werden. Um professionell im Büro arbeiten zu können, müssen grundlegende Funktionen eines solchen Programms gekannt und angewendet werden.

1.2.1.2 Vor- und Nachteile eines Textverarbeitungsprogramms

Die Vorteile eines Textverarbeitungsprogramms liegen klar auf der Hand:

- lesbare Schrift
- Texte können schnell und einfach erfasst werden.
- Texte und Inhalte können übersichtlich dargestellt werden.
- Textänderungen sind schnell und einfach möglich.
- Umweltschonend, da bei Berücksichtigung verschiedener Kriterien (Seitenlayout vor dem Druck kontrollieren, ...) Papier gespart wird.
- Individuelle Gestaltungen sind leicht möglich.
- Vielfältige Formatierungsmöglichkeiten.
- Einsatz von Grafiken, Organigrammen ... ist leicht möglich.
- Inhalte lassen sich einfach speichern und transportieren („Papierflut entfällt").
- Durch die Speicherung von Dateien muss nicht immer wieder der „Aufschrieb" neu erstellt werden = erhebliche Zeitersparnis.

Vergleich handschriftliche Notizen

am PC erfasste Daten

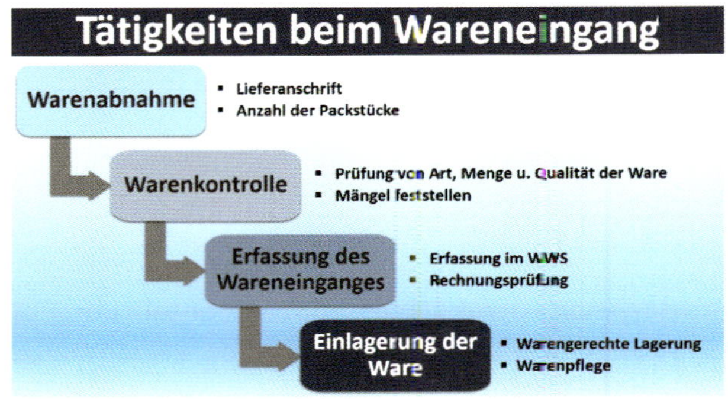

Nachteile sind:

- auf Stromversorgung angewiesen
- Gestaltung ist abhängig von den Kenntnissen des Nutzers (ggf. Unübersichtlichkeit).
- Aufwand, um grafische Darstellungen zu erzeugen
- Datenverlust durch Viren, Würmer, Fehler im Programm

1.2.2 Das Anwendungsfenster

Nach dem **Start** des Programms über das Programmsymbol erscheint das **Word-Anwendungsfenster.**

Einstieg in das Programm Word 2010

Das Programm Word 2010 wird geöffnet und die Bildschirmansicht sieht wie folgt aus:

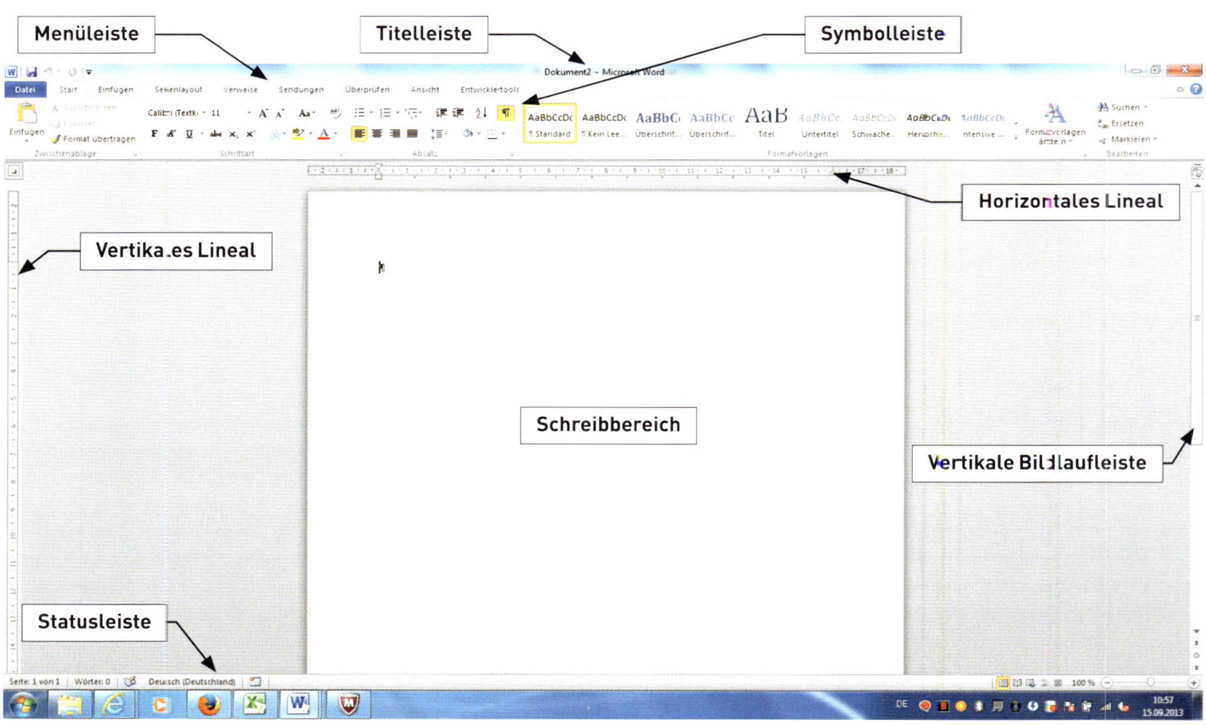

Onlinetool zur Steigerung der Schreibleistung
„Üben, üben, üben"! Diese Aussage hört ihr sicher öfters von eurer IV-Lehrerin bzw. eurem IV-Lehrer. Damit euch das Üben etwas leichter fällt, könnt ihr z. B. Hausaufgaben für andere Fächer am PC erledigen oder mithilfe von kostenlosen Onlinetools eure Schreibleistung steigern.

Quiz

1. **Löst** das Quiz und findet das Lösungswort. Ihr könnt zusammen mit eurem Banknachbarn arbeiten. Die Partner, die als Erstes fertig sind, haben den Schnelligkeitstest gewonnen.
2. **Seid** vorsichtig: Sind die Antworten auch wirklich richtig?! **Überprüft** euch gegenseitig.
3. **Arbeitet** ordentlich.

1. Wie nennt man die Leiste, in der der Dateiname zu sehen ist?

   _ _ _ _ _ _ _ _ _ _ _

2. Wie nennt man den Bereich, in welchem man immer schreibt und arbeitet?

   _ _ _ _ _ _ _ _ _ _ _ _ _ _

3. In welchen zwei Himmelsrichtungen verläuft das Lineal?

   _ _ _ _ _ _ _ _ UND _ _ _ _ _ _ _ _ _ _ _

4. Wie heißt der Bereich, in welchem ihr sehen könnt, wie viele Seiten euer Dokument hat, welche Sprache ausgewählt wurde ...?

   _ _ _ _ _ _ _ _ _ _ _ _

5. Wie heißt die Leiste, mit deren Hilfe ihr euer Dokument nach oben und unten schieben könnt?

   _ _ _ _ _ _ _ _ _ _ _ _ _ _

6. In welcher Leiste findet ihr die Wörter: START, EINFÜGEN, ANSICHT ...?

   _ _ _ _ _ _ _ _ _ _

LÖSUNGSWORT: _ _ _ _ _ _ _ _

1.3 Umgang mit dem Schulnetz

1.3.1 Anmelden am Netzwerk und Speichern von Dateien

Heute geht die Lehrerin für Informationsverarbeitung mit der Klasse zum ersten Mal in den EDV-Raum, in welchem die Schüler nun die kommenden Stunden verbringen werden.

Lena ist etwas unsicher.

Lena: Du, wie machst du das denn zu Hause? Hast du einen eigenen PC?
Luca: Nein, ich nutze den PC zusammen mit meinem Bruder. Wir haben jeweils ein eigenes Nutzerkonto, mit welchem wir uns einloggen können. So sieht Marc nicht, was ich alles speichere und umgekehrt ist es auch so.
Lena: Ah, das ist ja praktisch. Und wie speicherst du deine Daten ab?
Luca: Mmm, irgendwie halt. Ich finde sie dann meistens schon wieder.
Lena: Meistens! Und wenn nicht?
Luca: Ja, dann muss ich manches wieder neu machen. Ich weiß mir da auch nicht so richtig zu helfen.

1. **Überlegt,** wie die PCs miteinander „reden" bzw. kommunizieren können, und notiert eure Ergebnisse/Vorschläge.
2. **Diskutiert** diese im Klassenverband!
3. **Schaut** euch das Bild 1 genau an und **diskutiert** dieses ebenfalls.
4. **Überlegt** zusammen mit eurem Nachbarn, welche Ordner und Unterordner ihr gerne in eurem Laufwerk anlegen möchtet, und **notiert** diese auf einem Spickzettel am PC.
5. **Notiert** auf eurem Spickzettel auch die Grundsätze, die beim Erstellen einer Ordnerstruktur Berücksichtigung finden sollen, sowie Eckdaten zu Symbolen, die in Dateinamen verwendet bzw. nicht verwendet werden können, und wichtige Informationen zum Datenschutz in diesem Zusammenhang.
6. **Gestaltet** diesen sinnvoll und **verwendet** die Überschrift „Ordnerstruktur und wichtige Informationen".
7. **Vergleicht** eure Spickzettel und **erstellt** mithilfe eurer Lehrerin/eures Lehrers die entsprechenden Ordner an eurem PC, in die ihr später speichern könnt.
8. **Druckt** den Spickzettel aus und **heftet** ihn in eure IV-Mappe ab.
9. **Gebt** Luca einen Tipp, wie er seine Daten speichern sollte und worauf zu achten ist
10. **Berücksichtigt** euer neues Wissen in der Zukunft.

Eure Informationsverarbeitungslehrerin bzw. euer Informationsverarbeitungslehrer verrät, wie ihr euch am Schulnetzwerk anmeldet.

Dateien, die ihr erstellt, sollten natürlich auch gespeichert und, wenn ihr sie benötigt, wiedergefunden werden! Daher sollte man sich Ordner anlegen, in denen man die entsprechenden Dateien ablegt. Das Anlegen von Ordnern geschieht in einer Baumstruktur, die im Bild auf der folgenden Seite verdeutlicht wird. Ihr könnt es euch so vorstellen, dass der „Hauptast" des Baumes der thematische Oberbegriff ist und die „Nebenäste" die untergeordneten Begriffe zu den Oberbegriffen darstellen.

Das strukturierte Speichern von Dateien nennt man **Ablage.** Würdet ihr eure Daten einfach „irgendwo" bzw. „irgendwie" abspeichern, liegt die Annahme nahe, dass ihr eure Daten nur schwer bzw. gar nicht mehr oder nur mit einem hohen Zeitaufwand wiederfindet.

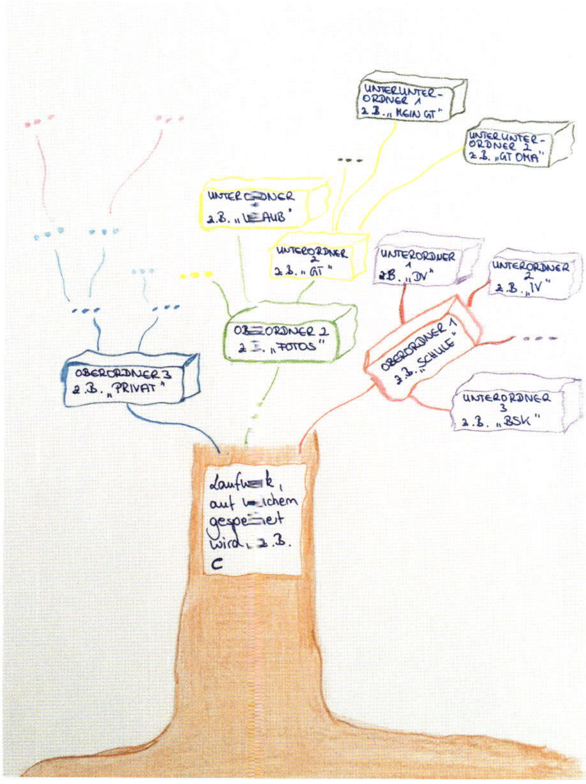

Wichtig ist also eine sinnvolle und strukturierte Ablage, für die gilt:

- Deine Struktur muss immer nachvollziehbar und einheitlich sein.
- Achte auf Übersichtlichkeit.
- Du musst schnell auf deine Daten zugreifen können.

Um deine gespeicherten Daten noch einfacher und schneller zu finden, bietet das Betriebssystem eine Sortiermöglichkeit z. B. nach Name, Größe, Typ oder Änderungsdatum an.

1.3.2 Dateinamen vergeben

Datei- und Ordnernamen können mit wenigen Einschränkungen vom Anwender frei vergeben werden und aus einer Kombination von Buchstaben, Zahlen und Sonderzeichen bestehen.

Aber Achtung:

- Fragezeichen (?),
- Stern (*),
- Doppelpunkt (:),
- Anführungszeichen („),
- Kleiner-/Größer-Zeichen (< >),
- Schrägstrich (/),
- Leerzeichen ( ),

können keine Bestandteile von Dateinamen sein.

1.3.3 Datenschutz

Natürlich spielt auch bei dem Speichern von Daten der Datenschutz eine wichtige Rolle. Handelt es sich um „sensible Daten" (z. B. persönliche Daten von dir, wie ein Lebenslauf), sollten die Dateien oder Ordner, in welchen die Daten gespeichert werden, unbedingt mit einem Passwort versehen werden, um die Nutzung durch Unbefugte gleich im Voraus auszuschließen. Unwichtige Informationen (schnelle Notizen, die man nur für einen Moment benötigt) müssen nicht gespeichert werden. Diese würden nur unnötig den Speicher (z. B. Festplatte, USB-Stick usw.) „füllen" und große Datenmengen können sogar die Geschwindigkeit des PCs herabsetzen.

1.4 Erstellen eines Deckblattes für die Informationsverarbeitungsmappe

Am kommenden Montag sammelt die Informationsverarbeitungslehrerin, Frau Riewer, die Ordner zur Benotung ein. Luca gerät leicht in „Panik", weil ihm Blätter fehlen, ein paar „Eselsohren" in diesen vorhanden sind und er auch nicht alles der Reihe nach eingeheftet hat.

Aufgeregt bittet er Lena um Hilfe.

1. **Öffnet** ein leeres Word-Dokument.
2. **Speichert** es in einem sinnvollen Ordner (z. B. Ordner „Informationsverarbeitung") unter dem Dateinamen „DECKBLATT" ab.
3. **Schreibt** als Überschrift „Unterlagen des Faches Informationsverarbeitung" in euer Dokument und **formatiert** diese ansprechend.
4. **Ergänzt** unter der Überschrift „eure Klassenbezeichnung" sowie „euren eigenen Namen" und **fügt** ein passendes Clipart ein.
5. **Überprüft** in der Seitenansicht, ob euer Dokument ansprechend aussieht und nehmt ggf. „Verschiebungen" vor.
6. **Speichert** noch einmal und **druckt** euer Dokument aus!
7. **Heftet** es als Deckblatt in eurer IV-Mappe ab.

Da ihr bereits einige Produkte erstellt habt, ist es sinnvoll, dass ihr diese ordentlich in einer Mappe oder einem Ordner abheftet. Damit der Ordner ansprechend aussieht und ihr immer genau wisst, für welches Fach der Ordner ist, bietet sich das Erstellen eines Deckblattes an.

Dabei ist darauf zu achten, dass der „Inhalt" des Deckblattes sinnvoll über das ganze Dokument verteilt wird.

Beispiel 1
weniger gute Aufteilung und Gestaltung

Deckblatt
Fach Informationsverarbeitung

Lena Zagerl

Beispiel 2
gute Aufteilung und Gestaltung

Informationsverarbeitung

Fachlehrerin: Frau Riewer

Schuljahr 2015/2016

1. **Überprüfe,** für welche Fächer du Ordner hast, und **erstelle** für diese jeweils ein ansprechendes Deckblatt.
2. **Verwende** verschiedene Formatierungen und **füge** sinnvolle Bilder und Grafiken ein.
3. **Kontrolliere** immer in der Seitenansicht, ob deine Dokumente ansprechend aussehen.
4. **Prüfe** diese auf Vollständigkeit und Richtigkeit, **drucke** dann alle deine Deckblätter aus und **hefte** sie in den entsprechenden Ordnern ab.
5. **Nutze** deine Fähigkeiten und Fertigkeiten für die Zukunft.

1.5 Zehn-Finger-Tastschreiben

Die Unterrichtsstunde wird von Frau Riewer mit folgenden Worten eröffnet:
„Heute legen wir das „Adlersuchsystem" ab und fangen an, mit zehn Fingern zu schreiben!"
Lena schaut etwas verwundert und fragt Frau Riewer: „Was ist denn ein „Adlersuchsystem"?
Frau Riewer antwortet: „Na, erst mit den Fingern über der Tastatur kreisen, dann stürzen! So schreiben hier fast alle Schüler, habe ich gesehen! Wir wollen es aber richtig lernen, damit ihr eine gute Schreibgeschwindigkeit erreicht und dadurch viel Zeit spart!
Lena lacht! „Ist gut", sagt sie.

1. **Informiert** euch, mit welchem Finger welche Buchstaben „angeschlagen" werden.
2. **Sucht** euch im Internet das Bild einer Tastatur heraus und **druckt** dieses aus.
3. **Vergebt** für jeden eurer Finger eine Farbe. **Markiert** immer, wenn ihr neue Buchstaben lernt, die Taste mit der entsprechenden Farbe, die für den Finger steht, mit welchem ihr den Buchstaben anschlagt.
4. **Übt** selbstständig das Tastschreiben – auch zu Hause (ihr könnt Texte aus Zeitungen abschreiben, ggf. Hausaufgaben für andere Fächer am PC erledigen usw.). **Druckt** diese immer aus und **heftet** sie in eurem Ordner ab.
5. **Prüft** eure Schreibgeschwindigkeit, indem ihr die Zeit stoppt und **schaut,** wie viele Anschläge ihr in dieser erreicht (am besten immer im 10-Minuten-Takt arbeiten!).
6. **Vergleicht** am Schuljahresende eure Schreibleistung mit eurer Schreibgeschwindigkeit vom Schuljahresanfang und **notiert** eure Feststellungen unter dem Bild von eurer Tastatur oder auf der Rückseite von diesem.
7. **Bildet** ein Fazit, warum das 10-Finger-Tastschreiben so wichtig ist und **welche** Vorteile das richtige Beherrschen der Tastatur für euch hat.
8. **Berücksichtigt** eure Erkenntnisse in der Zukunft.

1.5.1 Die Grundstellung

Bitte arbeitet immer mit der Schriftart Courier New, 12 pt! Nur dann sehen die Zeilen bei euch am Bildschirm wie im Buch aus! Eure Seitenränder müssen links immer 2,5 cm und rechts 2,0 cm betragen.

Wir lernen die Buchstaben ASDF, JKLÖ, das Betätigen der Leertaste und der Returntaste.

Daumen – Tastwege (Leertaste)
Mit den beiden Daumen wird die Leertaste angeschlagen und ein Leerschritt eingefügt. Du wirst sehen, dass sich im Laufe des Schreibens ein Daumen „hervortut", mit dem du meistens die Leertaste anschlägst!

kleiner Finger – Tastwege (Returntaste)
Mit dem kleinen Finger wird die Returntaste angeschlagen. Wird diese betätigt, gelangst du mit deinem Cursor in die nächste Zeile!

Zeigefinger – Tastwege (F und J)

fff fff fff jjj jjj jjj fff jjj fff jjj fjf fjf jfj jfj jfj
fff jjj fff jjj fff jjj fjf fjf fjf jfj jfj jfj fff jjj fff
jjj fff jfj jfj fjf fjf fff jjj jjf jjf jjf ffj ffj ffj jjf
fjf jfj jfj jfj fff jjj fjf fjf jjf jjf jfj fjf ffj ffj fff

Mittelfinger – Tastwege (D und K)

ddd ddd ddd kkk kkk kkk ddk ddk ddk kkd kkd kkd kdk kdk kdk
dkd dkd dkd kdk kdk kdk kkd kkd kkd ddk ddk ddk kkd ddk dkd
kdk kdk kdk ddk ddk ddk kkd kkd kkd dkd kdk kkd ddk kdk ddk
dkd dkd dkd kkd kkd kkd kdk kdk dkd dkd ddk ddk kkd kkd kkk

Ringfinger – Tastwege (S und L)

sss sss sss lll lll lll sss lll sss lll sss lll sss lll sss
sss lll sss lll sss lll sls sls sls lls lls lls ssl ssl ssl
sls lsl sls lsl sll ssl sls lsl sls lsl lls ssl lls ssl lsl
lsl lsl lsl sls sls sls ssl ssl ssl lls lls lls lsl sls lls

kleiner Finger – Tastwege (A und Ö)

aaa aaa aaa ööö ööö ööö aaa aaa aaa ööö ööö ööö aaa ööö aaa
aöa aöa aöa öaö öaö öaö aaö aaö aaö ööa ööa ööa öaö aöa öaö
aöö aaö aöö aaö aöa öaö aöa aaö ööa aöö aaö aöa öaö aöö ööa
ööö ööö ööö aaa aaa aaa öaö öaö öaö aöa aöa aöa ööa aaö aöö

Übungen

fdsa jklö asdf jklö asdf jklö fdsa jklö asdf jklö fdsa ölkj
ölkj dsaf fasd jölk dasf klöj lökj sadf asdf jklö ölkj fdsa
al la sa sö ds da ka ak jf fj as öl kj df fj dk sl aö al ja
ja al da dk kd ls aö öa öl da dd kf kd sl ls aö fj dk sl al

Nun kannst du bereits Wörter schreiben!

da da da ja ja ja als als als das das das öl öl öl da ja öl
als als als las las las das das das all all all öl öl öl ja
ja ja ja da da da saal saal saal öl öl öl ja da da saal das
das als da ja öl saal las lass das als da ja öl saal las ja

Finger, die nicht schreiben, ruhen auf der Tastatur.

1.5.2 Wir lernen die Buchstaben E und I und das Betätigen der Löschtaste

kleiner Finger – Tastwege (Löschtaste)
Die Löschtaste wird mit dem kleinen Finger der rechten Hand angeschlagen. Dazu dreht sich die rechte Hand leicht nach oben rechts. Diesen Griff musst du etwas üben!

Mittelfinger – Tastwege (E und I)

ded ded ded ded ede ede ede ede def def def des des des des
dea dea dea dea def def def def das das das das dea def das
kik kik kik kik iki iki iki iki kij kij kij kij kik iki kij
kiö kiö kiö kiö kij kij kij kij öli öli öli öli kiö kij öli

eis eis eis eis die die die die löse löse löse löse eis die
öse öse öse öse sei sei sei sei die die die die öse sei die
lasse lasse lasse lasse fasse fasse fasse fasse lasse fasse
lasse es fasse es sei leise lasse es fasse es sei leise eis

Übungen

das eis fasse das eis die öle ja das eis sei leise löse ess
esse es fasse es lasse es sei öse öl jede jedes ja eis esse
öse löse leise sei lasse es sei leise öse die das löse lass
like es sei leise keks kekse esse kekse lasse kekse löse e

kiel leise leid seid dieses diese das lies lied eile die da
alles fiel seife lass die seife das lied lies das sei leise
diese diele das leid seid leise lies das die seife esse das
das öl die kekse esse die kekse löse das eis lasse das dies

die klasse esse die kekse lasse die diele löse die kasse da
löse die diele lasse das sei leise esse die kekse leise das
fasse es leise esse das eis leise lasse die kekse da lös es
die öse das kleid kleide das lasse das kleid leide lass das
die kekse das kleid sei leise löse es lasse es das kleid es
fasse die kekse esse das eis löse die diele lasse das kleid

Formatierungsaufgabe
1. **Suche** im Teil „Übungen" die Wörter „eis", „kleid" und „diele" heraus.
2. **Formatiere** jeweils das Wort „eis" FETT, das Wort „kleid" UNTERSTRICHEN und das Wort „diele" KURSIV.

1.5.3 Wir lernen das Betätigen des Umschalters für die Groß- und Kleinschreibung sowie das Komma

kleiner Finger – Tastwege (Umschalter)

Eis Eis Eis Eis Die Die Die Die Das Das Das Das Diele Kleid
Ja Ja Ja Ja Klasse Klasse Klasse Klasse Ja Klasse Kasse Das
Öl Öl Öl Lade Lade Lade Kleid Kleid Kleid Kekse Kekse Kekse
Fasse Fasse Fasse Leise Leise Leise Klasse Sei Das Diele Öl

Lasse das Sei leise das Öl das Kleid die Kekse die Diele Es
Esse die Kekse Lasse die Kasse Löse es Esse das Eis Lass es
Like das leise Lese es dieses Kleid die Diele Esse Eis dass
Allee die Allee Akelei die Akelei das Kleid die Kekse Diele

Mittelfinger – Tastwege (Komma)

k,k k,k k,k ,k, ,k, ,k, kk, kk, kk, ,kk ,kk ,kk k,, k,, k,,
esse Eis, lass das, sei leise, die Klasse, das Kleid, alles
Fasse es, löse die Diele, esse das Eis, Like es, die Kekse,
Lese dies, esse die Kekse, lasse die Klasse, sei leise, als

Kiel, die Seife, das Leid, eine Kasse, die Öse, Lasse dies,
Fasse die Kekse, Löse die Diele, das Öl, lasse das Öl, All,
die Seife, lies das, die Öse, das All, die Eile, Löse dies,

Übungen

das Eis, fasse das Eis, die Öle, ja das Eis, sei leise, All
Esse es, Fasse es, Die Öse, das Eis, Jede, das Öl, Esse es,
Kiel, das alles, diese Diele, diese Klasse, lass die Kasse,
Fasse die Seife, esse das Eis, lasse die Öse, das All, Eile

Formatierungsaufgabe

1. **Formatiere** den ersten Absatz linksbündig, den zweiten Absatz rechtsbündig und den dritten Absatz zentriert.
2. **Suche** im letzten Absatz der Übungen „Esse es" heraus und **formatiere** jeweils FETT.
3. **Öffne** ein leeres Word-Dokument und speichere dieses unter dem Dateinamen „din_regelheft"
4. **Schreibe** die unten stehende Regel ab und speichere.

Das Komma (wie alle Satzzeichen) schließt sich direkt ohne ein Leerzeichen an, nach dem Komma muss ein Leerzeichen eingefügt werden.

1.5.4 Wir lernen die Buchstaben R und U

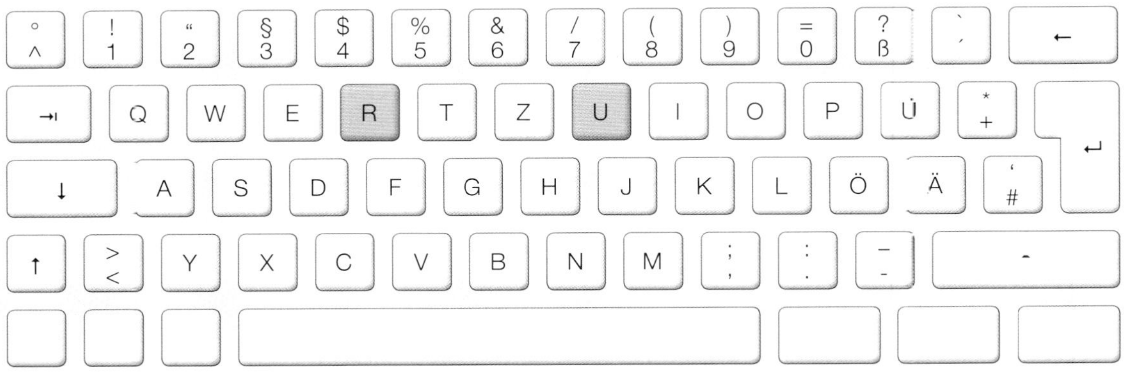

Zeigefinger – Tastwege (R und U)

frf frf frf rfr rfr rfr juj juj juj uju uju uju frf uju jju
reis reis reis frei frei frei rasse rasse rasse der der der
raus raus raus urs urs urs rufe rufe rufe hufe hufe hufe du
ulf ulf ulf laus laus laus gras gras gras der der der du du

Jade, raues Kleid, die Reise, der Huf, lass die Klasse, Dur
der Reis, die Reise, das Ufer, rufe Ulf, Reise, Rassel, der
das Alles, das Fass, der Ruf, diese Ufer, jede Laus, Rassel
Raffe es, reine Seife, dieser Ulf, dieser Urs, Ursel, Rufe,

du, leeres, leider flau, jeder erfasse es, er dulde es, Ruf
daraus, die Laus, faul, sause, dulde, kaufe, lasse Ulf, der
das Kleid, die Akelei, das Ufer, jede Rassel, die Laus, Huf
Rufe Urs, der Reis, freie, sei fair, diese faire Adele, Dur

Übungen

Rufe Ulf, die Laus, der Huf, rufe Ilse, dies Haus, die Rufe
Lies es, Sei faul, kaufe es, sause, saure, dieses Haus, Huf
leider faul, liefere es, dass er fair sei, rufe sie, Adele,
Leider alles aus, lasse dies, Rufe Ulf, die Hufe, das Gras,

sie rufe es, sie rufe es aus, sie erfasse es, rufe die Ilse
lasse das, lasse sie raus, leere das alles, dulde es leise,
leere das aus, lass die Rassel, lasse die Reise, dies Haus,
leider das Kleid, alles frei, sauer, sei fair, faire Adele,
Rufe die Ursel, lese es, lasse die Ilse, rufe die Ursel, du

Formatierungsaufgabe

1. **Ändere** im Teil „Übungen" den ersten Absatz in Schriftart Arial, 14 pt.
2. **Formatiere** den ersten Absatz rechtsbündig.
3. **Formatiere** den zweiten Absatz in der Schriftfarbe Grün – FETT.

1.5.5 Wir lernen die Buchstaben G und H

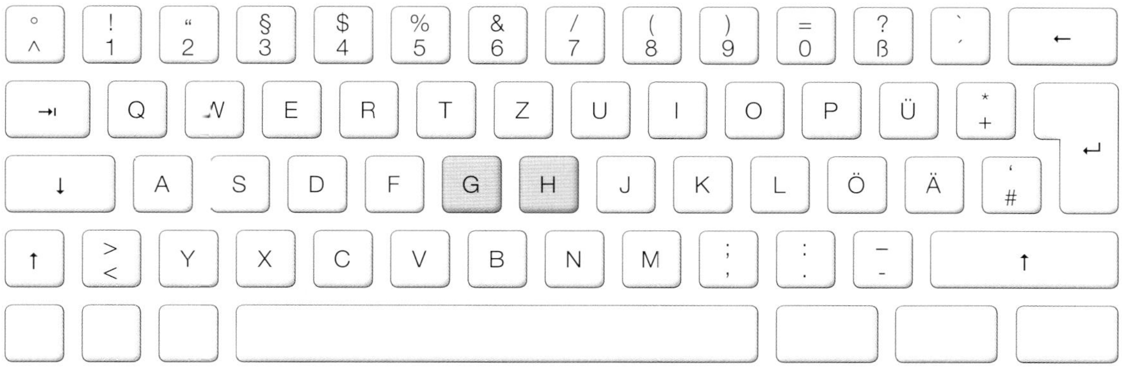

Zeigefinger – Tastwege (G und H)

fgf fgf fgf gfg gfg gfg jhj jhj jhj hjh hjh hjh fgg jhh ghf
Gerda Gerda Gerda gerade gerade gerade greife greife greife
Heike, Heike, Heike, heiser, heiser, heiser, gehe, gehe, ja
Lass das Lisa, sei Leise, esse die Kekse, heiser ist Gerda,

Ruhr, Drehe, Dreher, aha, ruhig, fahre, heiser, lag es, dir
der Guss, die Ruhe, das Haar, leihe es aus, rufe es aus, ja
greife es, helfe ihr, ihre Helfer, Ulf esse die Kekse, gehe
das Haus, die Heide, leihe es, er sah Karla, der Graf, Hall

Frage Ulf aus Kassel, Frage Adele aus Kiel, Gehe leise, ihr
leihe es, siehe da, siehe das Haar, esse Karlas Eis, heiser
der Hase, der Hals, die Fahrer, die Hasser, der Hass, Ruhe,
ruhig, erlag, ölig, sage, fahre, siehe, fuhr, frage, Kekse,

Übungen

der Juli, dieses Feld, fahre auf das Feld, lass Karlas Eis,
die Öse, ruhe aus, das leere Glas, leihe dir die Kekse, geh
gerades Haus, die heisere Ida, das Gleis, Adele aus Kassel,
liefere die Löffel, gerade da, der Diskus, leihe dir dieses

leihe dir das Glas, sehe diese Auslage, Er rufe Ida aus, da
das Ölfeuer, lass die Löffel, heisere Heike, sehe die Saale
die Saar, gehe auf das Rad, sehe die Seife, die Dias, Haus,
kaufe Kaffee, frage Heike, die Auslage, fahre auf das Feld,
geh leise, der Hall, die Halle, das Haus, gerade das, Gleis

Formatierungsaufgabe

1. **Suche** im Teil „Übungen" die Wörter „Feld" und „Haus" heraus.
2. **Formatiere** jeweils das Wort „Feld" in der Schriftfarbe Grün; Schriftart: Arial und FETT; das Wort „Haus" in der Schriftfarbe Rot; Schriftart: Times New Roman und UNTERSTRICHEN.

1.5.6 Wir lernen die Buchstaben W und O sowie den Punkt

Ringfinger – Tastwege (W, O und Punkt)

sws sws sws wsw wsw wsw lol lol lol olo olo olo wss wws ool
l.l l.l l.l .l. .l. .l. ll. ll. ll. ..l ..l ..l l.l .l. ll.
Weise, Weise, Weise, der Weg, der Weg, der Weg, Wiese, Wall
wo, wo, wo, weil, weil, weil, warf, warf, warf, Welle, Ware

Ware. Ware. Ware. wer, wer, wer, Wasser. Wasser. Wasser. Wo
Das Haus. Das Haus. Die Wale. Die Wale. Die Welle. Der Olli
Esse das Eis. Lasse Olli. Fasse die Diele. Esse das Öl. Wer
Lass die Ware. Werfe es. Das Wasser. Lasse die Ware. Wiese.

Übungen

Wer war es. Die rosa Kekse. Die raue Adele. Die raue Welle.
Die Wahl. er isst die Waffel. Der rosa Wels. das Wasser, wo
Wo sei er. er warf es. Er rufe es aus. Reise du, das Werke,
Ilse warf es, sieh das Werk, esse die Waffel, fasse das, es

Wer kaufte es. Lies dies. Lasse es. Wer war es. Rufe Willi.
Kaufe die Waale. Höre die Diele. Sieh das Öl. der Wald, was
was sagt der Willi, wie der Wels, wie die Ware, diese Wiese
das Wetter, Lass die Akelei. dieses weiss er, esse die Ware

Werk, Werk, Werk, Waffel, Waffel, Waffel, Wels, Wels, Wels,
Esse die Waffel. Siehe, das Werk. Weil es so sei. Die Ware.
Willi sagt das, wo war die Ware. Esse das Öl. die Wiese, Ja
die Welle war rau. diese Wiese, er warf es. die Ware war so

Formatierungsaufgabe

1. **Setze** im Teil „Übungen" um den ersten Absatz einen Rahmen und **füge** eine sinnvolle Schattierung ein.
2. **Schattiere** den zweiten Absatz in einem Hellrot.
3. **Öffne** die Datei „din-regelheft". Schalte zweimal und ergänze die unten stehende Regel. Speichere ab.

Der Punkt schließt sich direkt ohne ein Leerzeichen an, nach dem Punkt muss ein Leerzeichen eingefügt werden.

1.5.7 Wir lernen die Buchstaben T und Z, Q und P

Zeigefinger – Tastwege (T und Z)

ftf ftf ftf tft tft tft jzj jzj jzj zjz zjz zjz ftt jzz ftz
teuer, teuer, teuer, treu, treu, treu, kurze, kurze, kurze,
Kritik, Kritik, Kritik, Zeuge, Zeuge, Zeuge, gut, gut, gut,
heute, heute, heute, zart, zart, zart, Teige, Teige, Teige,

das Ziel, das Herz, der Arzt, das Zitat, das Kreuz, die Tat
die Kritik, das zarte Kleid, treue Adele, die teure Akelei,
er zielte gerade, es war still, das Tal war ruhig, Feiertag
zarte Kleider, Ute war es leid. Heute zahlt er alles. Kurze

kleiner Finger – Tastwege (Q und P)

aqa aqa aqa qaq qaq qaq öpö öpö öpö pöp pöp pöp aaq ööp öqp
Tipp, Tipp, Tipp, Paula, Paula, Paula, Paola, Paola, Paola,
die Quelle, die Quelle, die Quelle, Qualle, Qualle, Qualle,
Quote, Quote, Quote, Pakete, Pakete, Pakete, pro, pro, pro,

purpur, paar, der Opa, Quantum, der Quader, Quittung, Quarz
das Quartier, der Pass, das Papier, die Post, dieses Paket,
sieh diese Quelle, Er sah das Paket. Er hat die Wahl. Paola
Das ist diese Quelle. Der Tipp ist gut. Siehe diese Posten.

Übungen

die Tage, Es war der Feiertag. Er diskutiert es. das Kreuz,
Er fahre zu Opa. Die Qual der Wahl. Er kreuzt es. Tue dies.
Es ist ölig. Der Tipp ist gut. Es war sehr still. Wo ist er
Paul spielt Lotto. Otto isst gerade Eis. Der Arzt kaufe es.

Trotz der Welle, geht er raus aufs Wasser. Peter ist still.
still, still, still, Zeit, Zeit, Zeit, Kreuz, Kreuz, Kreuz,
die Qual, die Qual, die Qual, die Post, die Post, die Post,
Oskar isst gerade Kekse. Adele lass das. Paul ist zur Post.

Formatierungsaufgabe

1. **Füge** um dein Dokument einen Seitenrand mit Effekt ein.
2. **Formatiere** alle Sätze kursiv.

1.5.8 Wir lernen die Buchstaben V und M, B und N

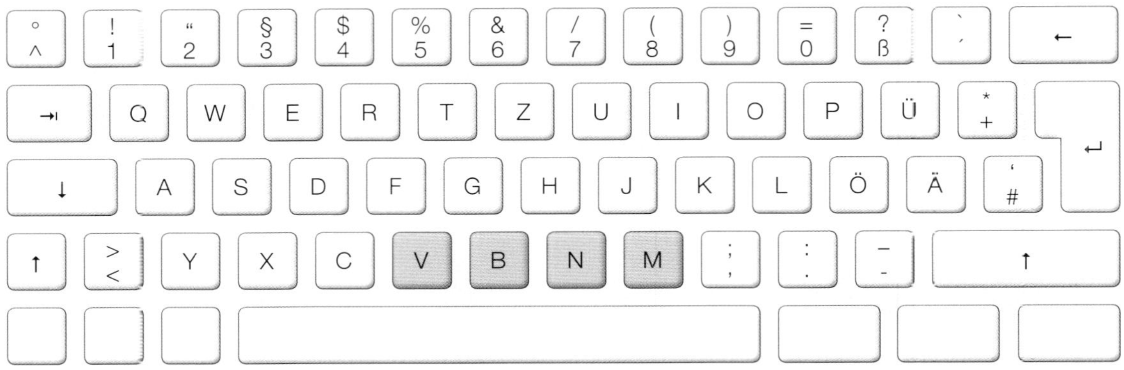

Zeigefinger – Tastwege (V und M, B und N)

```
fbf fbf fbf bfb bfb bfb jnj jnj jnj njn njn njn fbb jnn fbn
Bahn, Bahn, Bahn, seine, seine, seine, deine, deine, deine,
geben, geben, geben, Bett, Bett, Bett, beide, beide, beide,
Burgen, Burgen, Burgen, neun, neun, neun, neue, neue, neue,

fvf fvf fvf vfv vfv vfv jmj jmj jmj nmn nmn nmn ffv jmm fvm
mir, mir, mir, Turm, Turm, Turm, Mais, Mais, Mais, in in in
Musik, Musik, Musik, Nonne, Nonne, Nonne, viel, viel, viel,
meist, meist, meist, Vase, Vase, Vase, Taler, Taler, Taler,
```

Übungen

```
Fieber, Fieber, Fieber, Nase, Nase, Nase, Nerv, Nerv, Nerv,
Verse, Verse, Verse, Vater, Vater, Vater, Darm, Darm, Darm,
Das Meer ist blau. Peter hat Mut. Der Vater isst Eis. Darum
mag ich Anna. Herr Meier mag gern Kekse. Das Vieh ist lieb.

Anna mag Kiel. Eva fuhr mittags mit dem Rad. Heute isst er.
Er hat viel vor. Er hat leider viele Verluste. Mag er dies.
Heute kauft Ute eine Karte ein. Morgen wird es wohl regnen.
Es kann nicht sein. Er mag die Vase. Die Nonne isst Vieles.

Er mag gerne Musik. Das Fieber geht runter. Um neun muss er
ins Bett. Der Turm ist grau. Die Musik ist laut. Er kann es
heute erledigen. Peter hat heute viele Hausaufgaben auf. In
der Klasse ist es laut. Manu hatte die Miete schon gezahlt.
Am Freitag sind Ferien. Mittags fuhr Anna zum Baden. Mutig,
wer morgen Eis isst. Ulf hat die Miete schon heute gezahlt.
```

Formatierungsaufgabe

1. **Formatiere** bei „Übungen" die drei Absätze jeweils mit unterschiedlichen Rahmen.
2. **Füge** zwei verschiedene ClipArts ein und **positioniere** diese „passend".

1.5.9 Wir lernen den Buchstaben C und das Semikolon (Strichpunkt)

Mittelfinger – Tastwege (C und Semikolon)
Das Semikolon (Strichpunkt) wird durch Betätigen des Umschalters und der Taste für das Semikolon (Komma) geschrieben.

```
dcd dcd dcd cdc cdc cdc k;k k;k k;k ;k; ;k; ;k; dcc k;; dc;
mich; mich; mich; sich; sich; sich; Machen; Machen; Machen;
auch; auch; auch; aua; aua; aua; Christi, Christi, Christi,
das Lachen; der Charakter; der Chirurg; die Creme, Centrum,

die acht Kleider; das neue Eis; das Schachspiel; schlechtes
Kinderspiel; mich; meine lachenden Kinder; Mach das richtig
Christian ist mein Freund; er mag Schach gerne. Anna lacht;
die Saite; der Leib; der Laib; Herr Maier; das Schachspiel;
```

Übungen

```
das Eis; lasse das Eis liegen; Das Weltall ist schön; Hass;
das rote Dach; die rosa Kleider; die graue Heuschrecke; ich
Adele isst gerne Fisch; Heike mag gerne Chirurgen; höflich;
Mein Fahrlehrer bildet gut aus. Ich mag Adele. Ach wie toll

Jana arbeitet am PC und schreibt gerade seine Hausaufgaben.
Chrissi strengt sich gut an; deswegen bekommt er eine Zwei.
Anna-Mia trainiert jeden Tag und erreicht ihr Ziel schnell.
Herr Maier ist ein toller Lehrer und Mia mag ihn sehr gern.

Ergonomie am Arbeitsplatz ist sehr wichtig für alle, die am
Schreibtisch sitzen. Kann das sein; es scheint mir nicht so
Mia ist höflich und geduldig; sie ist eine liebe Schülerin.
Herr Mari bittet Mia, ihm das Heft unaufgefordert zu geben.
```

Formatierungsaufgabe
1. **Öffne** die Datei „din-regelheft". Füge ein WordArt als Überschrift mit dem Text „kleines DIN-Regelheft" ein.
2. **Erfasse** die nachfolgende DIN-Regel unterhalb der von dir bereits geschriebenen Regeln.
3. **Speichere** ab.

Das Semikolon schließt sich direkt ohne ein Leerzeichen an, nach dem Semikolon muss ein Leerzeichen eingefügt werden.

1.5.10 Wir lernen den Buchstaben X und den Doppelpunkt

Ringfinger – Tastwege (X und Doppelpunkt)
Der Doppelpunkt wird durch Betätigen des Umschalters und der Taste für den Punkt geschrieben.

sxs sxs sxs xsx xsx xsx l:l l:l l:l :l: :l: :l: sxx l:: dx:
boxe boxe boxe hexe hexe hexe extra extra extra axt axt axt
mixen mixen mixen Texte Texte Texte Max Max Max Box Box Box
exakt exakt exakt Mexiko Mexiko Mexiko Lux Lux Lux Ex Ex Ex

Hunderassen: Dackel, Schäferhund, Terrier, Bulldogge, Mops,
Hundenamen: Merlin, Max, Foxi, Tixi, Einstein, Hanibal, Mo,
Städte: Trier, München, Augsburg, Schweinfurt, Ulm, Berlin,
Farben: rot, gelb, blau, grau, orange, lila, violett, rosa,

Übungen

Max mag einen Hund, dessen Name Hexe ist. Zu Ostern bekomme
ich ein Hexenhaus, das man in den Garten stellen kann. Mein
exakter Zeitplan war aufgestellt: Montag wollte ich kochen,
Dienstag wollte ich Max besuchen, Mittwoch den Text lernen.

Ich mag folgende Hunderassen: Dackel, Terrier und Labrador.
Im Lexikon lese ich gerne. Die Texte finde ich interessant.
Boxen ist eine tolle Sportart. Kennst du dies: Harz, Eifel,
Siebengebirge. Max mag kleine Hexen und auch Zauberer sehr.

In einem Lexikon kann man viele Dinge nachschlagen: Exaktes
Beschreiben muss der Autor beherrschen. Max hat die Axt da.
Verschiedene Sportarten: Boxen, Fahrrad fahren, Tischtennis

Formatierungsaufgabe
1. **Öffne** die Datei „din-regelheft".
2. **Erfasse** die nachfolgende DIN-Regel unterhalb der von dir bereits geschriebenen Regeln.
3. **Füge** ein passendes ClipArt ein.
4. **Speichere** ab.

Der Doppelpunkt schließt sich direkt ohne ein Leerzeichen an, nach dem Doppelpunkt muss ein Leerzeichen eingefügt werden.

1.5.11 Wir lernen die Buchstaben Y, Ä und den Mittestrich

kleiner Finger – Tastwege (Y, Ä und Mittestrich)

aya aya aya yay yay yay öäö öäö öäö äöä äöä äöä ö-ö -ö- öö-
day day day yes yes yes boy boy boy why why why any any any
lady lady lady, you you you, hey hey hey, yours yours yours
very; very; very; family: family: family: Jury, Jury, Jury,

City, City, City, Handy, Handy, Handy, Spray, Spray, Spray,
Okay, Okay, Yet, Yet, Your, Your, Baby, Baby, Handy, Handy,
Sylvia-von-Schön-Allee, Sybille-von-Stein-Str., Anna-Maria,
Bayreuther-Sommer-Str., Speyer, Sydney, Ufer-Allee, Sylvio,

Übungen

Schreibe deinen Vor- und Zunamen auf das Blatt. Heute waren wir im Schiller-Theater in Schweinfurt und dies hat uns gut gefallen. Der Kornhaus-Platz ist in Trier. Dieser ist super schön und wir sind oft dort, auch, wenn es mal regnen soll.

Sybilla ist heute sehr leise und ruhig. Vielleicht ist dies ja wegen des schlechten Wetters so. Was meinst du, Tatjana. In der City-Ring-Allee ist heute viel Verkehr. Yavus findet das auch. Er muss nachher noch mit seinem Baby zum Chirurg.

Der Mittestrich wird auch als Bindestrich verwendet, wie in zusammengesetzten Namen: Dr.-Hausemann-Allee, Max-Neu-GmbH, Anika-Lena. Beachte, dass er ohne Leerschritt direkt an das vorherige bzw. nachfolgende Wort angeschlossen wird. Prima.

Formatierungsaufgabe

1. **Öffne** die Datei „din-regelheft".
2. **Erfasse** die nachfolgende DIN-Regel unterhalb der von dir bereits geschriebenen Regeln.
3. **Ändere** die Schrift in deinem Dokument in Monotype Corsiva, 14 pt, Schriftfarbe Grün.
4. **Speichere** ab.

Der Mittestrich wird auf vielfältige Weise verwendet. Je nachdem, wofür er steht, sind die entsprechenden DIN-Regeln anzuwenden (siehe DIN-Regelheft Kapitel 8)!

1.5.12 Wir lernen die Buchstaben Ü und ß, den Grundstrich und das Fragezeichen

kleiner Finger – Tastwege (Ü, ß, Grundstrich und Fragezeichen)
Das Fragezeichen wird durch Betätigen des Umschalters und der ß-Taste geschrieben.
Der Grundstrich wird durch das Betätigen des Umschalters und der Mittestrich-Taste geschrieben.

```
öüö öüö öüö üöü üöü üöü ößö ößö ößö ßöß ßöß ßöß ßßö öüß ßüö
ö_ö ö_ö ö_ö _ö_ _ö_ _ö_ ö?ö ö?ö ö?ö ?ö? ?ö? ?ö? ?öö ?ö_ _ö?
üben? üben? üben? Über? Über? Über? grüßen, grüßen, grüßen,
Staße_ Straße_ Straße_ Weißt? Weißt? Weißt? Groß Groß Groß,
über die Straße, die E-Mail-Adresse mit Unterstrich, sarah_

Wann kommt die Lösung? Über welche Summe reden wir? Wessen?
Worüber reden wir hier? Gab es in Übersee auch viele Hasen?
Die Straße dort drüben meinst du? Das Üben fällt mir schwer
und ich möchte nun aufhören, geht das? Lübeck ist so schön.

Möchtest du wichtige Stellen im Text hervorheben, so sollst
du die DIN-Regeln einhalten. Diese gelten übrigens auch für
das Schreiben von Briefen und E-Mails. Denke daran, die DIN
immer einzuhalten und lese nach, wenn du mal unsicher bist.
```

Übungen

```
Soll ein Wort getrennt werden, nutze bitte den Mittestrich.
Es gibt auch einen geschützten Mittestrich. Dieser wird wie
folgt eingefügt: Betätige den Umschalter, die Taste Steue-
rung und die Taste für den Mittestrich gleichzeitig. Der ge-
schützte Mittestrich wird eingefügt. Nutze diesen sehr oft.
```

Formatierungsaufgabe
1. **Öffne** die Datei „din-regelheft".
2. **Erfasse** die nachfolgende DIN-Regel unterhalb der von dir bereits geschriebenen Regeln.
3. **Füge** ein ansprechendes Fragezeichen in dein Dokument ein (ClipArt oder WordArt) und positioniere passend.
4. **Speichere** ab.

Das Fragezeichen schließt sich direkt ohne ein Leerzeichen an, nach dem Fragezeichen muss ein Leerzeichen eingefügt werden.

1.5.13 Wir lernen die Ziffern 4 und 9, das Dollarzeichen sowie die Nachklammer

Mittelfinger – Tastwege (4 und Dollarzeichen, 9 und Nachklammer)

```
d4d d4d d4d 4d4 4d4 4d4 k9k k9k k9k 9k9 9k9 9k9 d44 kk9 d49
4 mm, 9 cm, 4 dm, 9 m, 49 km, 4 g, 9 kg, 49 t, 4 ml, 49 dB,
4. April, etwa 4 Uhr, 444, 4 EUR, 99 EUR, 444 EUR, 4,49 EUR
9 444,99 EUR, 9,49 EUR, 49,59 EUR, gegen 9 Uhr, gegen 4 Uhr

d$d d$d d$d $d$ $d$ $d$ k)k k)k k)k )k) )k) )k) d$$ k)) d$)
4 $, 49 $, für 4 $, genau 4 $, Dafür benötige ich 449,99 $.
Mische nun: a) 944 g Mehl, b) 49 g Butter, c) 499 g Zucker.
Wir fahren nun nach: a) Scheinfurt, b) München, c) Augsburg
```

Übungen

```
Für die Zahlengliederungen gibt es besondere Regeln, an die
man sich nach der DIN halten muss. In unserem DIN-Regelheft
sind diese Regeln aufgeführt: Setze bei Nachklammern a), b)
usw. kein Leerzeichen zwischen Buchstaben und den Klammern.

Das Dollarzeichen steht für das Wort Dollar und es wird mit
einem Leerzeichen zur vorherigen Zahl und dem nachfolgenden
Text abgetrennt - es sei denn, dass direkt nach dem Dollar-
zeichen ein Satzzeichen folgt. Dieses wird natürlich direkt
angeschlossen. Beispiele: Ich benötige 444,99 $ bis morgen.

Wir fahren nach: a) Italien, b) Schweden, c) Kiel, d) Oslo.
Am 9. September werden wir heiraten. Kennst du die Schwamm-
Straße 49 in München. Diese ist sehr schön. Für 499,99 Euro
kannst du nach Kiel fliegen und dort 9 Tage im Urlaub sein.
```

Formatierungsaufgabe

1. **Öffne** die Datei „din-regelheft".
2. **Erfasse** die nachfolgende DIN-Regel unterhalb der von dir bereits geschriebenen Regeln.
3. **Füge** in deinem Dokument einen Seitenrahmen mit Effekt ein und **speichere**.

Für die Zahlengliederungen gibt es einige DIN-Regeln. Diese findest du im DIN-Regelheft. Nachklammern schließen sich ohne Leerzeichen direkt an. Hinter den Nachklammern folgt ein Leerzeichen.

1.5.14 Wir lernen die Ziffern 5 und 8, das Prozentzeichen sowie die Vorklammer

Zeigefinger – Tastwege (5 und Prozentzeichen, 8 und Vorklammer)

```
f5f f5f f5f 5f5 5f5 5f5 j8j j8j j8j 8j8 8j8 8j8 f55 j88 f58
8 mm, 5 cm, 8 dm, 5 m, 58 km, 8 g, 5 kg, 58 t, 5 ml, 58 dB,
5. Mai, gegen 5 Uhr, 5 EUR, 88 EUR, 555 EUR, 88.555,55 EUR,
8,55 EUR, 58,58 EUR, 5.555,58 EUR, gegen 5 Uhr, gegen 8 Uhr

f%f f%f f%f%f%%f%%f% j(j j(j j(j (j( (j( (j( f%% j(( f%(
5% Rabatt, 8% Rabatt, 5%ig, 8%ig, (5 Mal), (8 Mal), 5.588
Bei Zahlung innerhalb von 58 Tagen erhalten Sie 5% Rabatt.
```

Übungen

```
8. Stock, Schulstr. 85, Torweg 8, Postleitzahl 88445, 5-mal
Heute, 5. September, ist es wieder so weit. Die Schulen aus
dem Schweinfurter Raum (45 Stück) feiern nun ihr jährliches
Sportfest. Man kann viele tolle Preise (85 Stück) gewinnen.

Alle qualifizierten Schüler (insgesamt über 945) sind schon
sehr aufgeregt. Aus den Abteilungen a) Hochsprung, b) Weit-
wurf, c) 1000-m-Lauf usw. gibt es einiges zu berichten. Das
Preisgeld für die Klassenkasse des jeweiligen Gewinners be-
trägt 50,00 EUR und kommt in diesem Jahr von der Riewer AG.

Jede der Klassen von den verschiedenen Schulen hat sich um-
gehend bereit erklärt, 45% des Gewinns für wohltätige Ein-
richtungen zu spenden. Dieses finden nicht nur die Schüler,
sondern auch die Eltern toll! So macht der Sport viel Spaß.
```

Formatierungsaufgabe

1. **Formatiere** fünf verschiedene Wörter in den Absätzen eins und zwei bei „Übungen" mit verschiedenen Texteffekten.
2. **Formatiere** im letzten Absatz bei „Übungen" fünf Wörter mit der Texthervorhebungsfarbe.
3. **Öffne** die Datei „din-regelheft".
4. Erfasse die nachfolgende DIN-Regel unterhalb der von dir bereits geschriebenen Regeln.
5. **Speichere** ab.

Das Prozentzeichen steht für ein Wort, deswegen wird vor bzw. nach diesem ein Leerzeichen geschrieben. Wird das Prozentzeichen in Zusammensetzungen aus Ziffern und Zahlen verwendet, wird kein Leerzeichen gesetzt.

1.5.15 Wir lernen die Ziffern 6 und 7, Und-Zeichen (&), Schrägstrich

Zeigefinger – Tastwege (6 sowie Und-Zeichen, 7 und Schrägstrich)

f6f f6f f6f 6f6 6f6 6f6 j7n j7j j7j 7j7 7j7 7j7 f66 j77 f67
6 mm, 7 cm, 6 dm, 7 m, 67 km, 6 g, 7 kg, 67 t, 6 ml, 67 dB,
6. Mai, gegen 7 Uhr, 6 EUR, 67 EUR, 667 EUR, 66.777,66 EUR,
6,66 EUR, 67,76 EUR, 6.677,67 EUR, gegen 7 Uhr, gegen 6 Uhr

f&f f&f f&f &f& &f& &f& j/j j/j j/j /j/ /j/ /j/ f&& j// f&/
Zimmermann & Co. KG, Weidert & Söhne, Peterle & Paula GmbH,
Maschinen: Typ 677/77, Typ 7/66, Typ 67/667, Jahrgang 67/68
Berechne: 6 6/7 von 67 Euro, 5 4/5% von 89 $, 6 7/5 Meter,

Übungen

Im BSK-Unterricht beschäftigt sich die Klasse heute mit den
verschiedenen Unternehmensformen. Es gibt zum Beispiel OHG,
AG, GmbH usw. Alle Abkürzungen müssen von den Schülern ge-
kannt werden. Im Schweinfurter Raum gibt es über 467 unter-
schiedliche Unternehmen. Breuer & Söhne GmbH, Maxel AG usw.

Das Zeichen für das Wort UND darf nur in Verbindung mit den
Firmennamen verwendet werden. In einem normalen Text ist es
nicht für das Wort UND einzusetzen. Der Schrägstrich findet
Verwendung bei Bruchzahlen oder Sonstigem und schließt sich
immer direkt an (ohne Leerzeichen). Folgende Beispiele ver-
deutlichen dies: 5/7%, 6 7/6 km, 67 km/h, 122 km/h, 3/4 %.

Formatierungsaufgabe

1. **Formatiere** dein Dokument wie folgt: Schriftart Monotype Corsiva, 14 pt, Schriftfarbe Blau, Zeilenabstand: 1,5 Zeilen.
2. **Füge** ein ClipArt in dein Dokument ein und formatiere passend.

Das Zeichen für das Wort UND (&) darf nur in Verbindung mit Firmennamen verwendet werden. Vor und nach dem Zeichen steht ein Leerzeichen. Der Schrägstrich schließt sich ohne Leerzeichen an.

1.5.16 Wir lernen die Ziffern 3 und 0, Paragrafzeichen und Gleichheitszeichen

Ringfinger – Tastwege (3 und Paragrafzeichen, 0 und Gleichheitszeichen)

s3s s3s s3s 3s3 3s3 3s3 l0l l0l l0l 0l0 0l0 0l0 s33 l00 s30
3. Juni, 03.03., 03:09 Uhr, 03:03:03 Uhr, 3. Stock, 3 Tage,
30 Tage, 300 Euro, 33,33 Euro, 30 Jahre, 300 km, 3.000 EUR,
In 30 Tagen reisen wir nach Spanien. 333,00 EUR kostet das.

s§s s§s s§s §s§ §s§ §s§ l=l l=l l=l =l= =l= =l= s§§ l== s§=
§ 3, § 33 Abs. 4, §§ 33 und 34, Du musst den § 3 einhalten.
Die Summe der Zahlen 34 und 30 = 64. 56 = 56, S = Stuttgart
M = München, TR = Trier, NL = Niederlande, D = Deutschland,

Übungen

In 30 Tagen sind Ferien und wir fahren in Urlaub. Als Erste
aus unserer Familie fahre ich nach Dänemark mit Mia, meiner
Freundin. Ich bekomme 350 Euro Taschengeld mit und kann mir
dort viele schöne Dinge kaufen. Wenn ich wieder zurück bin,
geht es mit Mama und Papa in die Türkei. Ich finde es toll.

Im BSK-Unterricht beschäftigen wir uns jetzt mit vielen Ge-
setzen und Paragrafen. Im § 10 – Rauchen in der Öffentlich-
keit, Tabakwaren des Jugendschutzgesetzes – steht sehr viel
Wissenswertes. Die §§ 4 und 5 sind ebenfalls total wichtig.
Kennst du diese Nummernschilder? N = Nürnberg, A = Augsburg

Formatierungsaufgabe

1. **Öffne** die Datei „din-regelheft".
2. **Erfasse** die nachfolgende DIN-Regel unterhalb der von dir bereits geschriebenen Regeln.
3. **Richte** dein Dokument ins Querformat ein und füge ein passendes ClipArt oder eine passende Grafik ein.
4. **Speichere** ab.

Das Paragrafzeichen (§) steht für ein Wort. Vor und nach diesem muss ein Leerzeichen eingefügt werden. Steht das Paragrafzeichen in Verbindung mit der Nennung der Paragrafennummern für das Wort „Paragrafen", muss es im Text doppelt eingefügt werden: §§ 3 und 5.
Das Gleichheitszeichen (=) steht für das Wort „gleich". Davor und danach ist ein Leerzeichen einzufügen.

1.5.17 Wir lernen die Ziffern 1 und 2, das Ausrufezeichen und das Anführungszeichen

kleiner Finger – Tastwege (1 und Ausrufezeichen, 2 und Anführungszeichen)

a1a a1a a1a 1a1 1a1 1a1 a2a a2a a2a 2a2 2a2 2a2 a11 a22 a12
1. Januar, 01.01., 01:02 Uhr, 01:01:01 Uhr, 1 Auto, 2 Tage,
12 Tage, 100 Euro, 22,11 Euro, 20 Jahre, 222 km, 1.200 EUR,
Am 11.05. feiern wir eine Fete. Es werden 221 Leute kommen.

a!a a!a a!a !a! !a! !a! a"a a"a a"a „a" „a" „a" a!! a"" a!"
Na logisch! Pass auf! Genau! Ich mag es! Schau mal da vorn!
„Siehst du die 12 Vögel?!" „Kennst du diese 122 Personen?!"
Ferienpark „Fun", Modell „Heidi", „Sage das bitte Paulina!"

Übungen

Heute möchten Mia und ihre Eltern nach 22113 Hamburg reisen
und dort ihre Ferien verbringen. „Mama", sagt Pia, „weshalb
fahren wir schon morgens um 02:00 Uhr los?!" „Na weil immer
so viel Verkehr ist und wir dadurch hoffen, nicht unbedingt
in einen 21 km langen Stau zu kommen. In einem solchen Stau
standen wir im letzten Jahr, weißt du das nicht mehr Mia?",
entgegnet die Mutter. „Doch, das weiß ich noch, es war sehr
anstrengend und warm damals im Auto. Diesmal haben wir viel
bessere Chancen gut durchzukommen, weil wir ja schon in der
Früh losfahren", meint Mia. Alle sind schon sehr aufgeregt.

Formatierungsaufgabe

1. **Öffne** die Datei „din-regelheft".
2. **Erfasse** die nachfolgende DIN-Regel unterhalb der von dir bereits geschriebenen Regeln.
3. **Ändere** den Zeilenabstand auf 1,5 Zeilen.
4. **Speichere** ab.

Das Ausrufezeichen schließt sich ohne Leerzeichen an. Hinter dem Ausrufezeichen folgt das Leerzeichen.
Die Anführungszeichen werden ohne Leerzeichen direkt vor und nach den Text, der von diesen „umschlossen ist", geschrieben. Satzzeichen, wie Komma oder Punkt, schließen sich ohne Leerzeichen an die Anführungszeichen an.

1.5.18 Wir lernen die Sonderzeichen Plus (+), geboren (*), mal (*), gestorben (+), Akzente (´, `), das Nummernzeichen (#) und das Apostroph (')

kleiner Finger – Tastwege (Plus, geboren, gestorben, Akzente, Nummernzeichen, Apostroph)

```
ö+ö ö+ö ö+ö +ö+ +ö+ +ö+ ö#ö ö#ö ö#ö #ö# #ö# #ö# ö++ ö## ö-#
ö´ö ö´ö ö´ö ´ö´ ´ö´ ´ö´ ö’ö ö’ö ö’ö ö*ö ö*ö ö*ö ö`ö ö`ö ö`ö
7 + 8 = 15, 9 * 1 = 10, 77 + 19 + 22 + 39 = 157, 9 + 4 = 13
Herr Zimmermann: * 25.06.1940 in Trier; + 15.06.2013 in Rom

Andreas› Mutter ist 55 Jahre alt. Mattis› Bruder mag Tennis.
André mag seinen Namen. Auch Adèle findet ihren Namen toll.
Wir bestellen den Artikel # 1200 sowie den Artikel # 11244.
Für die Sonderzeichen +, *, # usw., gelten die DIN-Regeln.
```

Übungen

```
Wir bestellen den Artikel # 122. Marléne stammt aus Calais.
Maélys, Èva, Théo, Inès sind die beliebtesten französischen
Vornamen im Jahr 2014. Clément und Chloé erreichten Platz 1
und über 1 000 Kinder wurden im Jahr 2014 so genannt. Bitte
bestelle den Artikel # 45. Diesen benötige ich schleunigst.
Herr Alfons Müller: * 15.06.1920 in Roden, + 2012 in Roden.
```

Formatierungsaufgabe
1. **Öffne** die Datei „din-regelheft".
2. **Erfasse** den nachfolgenden Text unterhalb der von dir bereits geschriebenen Regeln.
3. **Füge** eine Grafik vom Eiffelturm in Paris ein.
4. **Speichere** ab.

Die DIN-Regeln zu den Sonderzeichen findest du im DIN-Regelheft!
Den Accent circonflexe findest du unterhalb der Esc-Taste auf deiner Tastatur (^)!

1.5.19 Exkurs: AMTLICHE BUCHSTABIERTAFEL

1. **Informiere** dich über die Amtliche Buchstabiertafel und **lerne** diese gründlich.
2. **Buchstabiere** deinen Vor- und Nachnamen.
3. **Buchstabiere** deine Straße und deinen Wohnort.
4. **Wende** dein neu erworbenes Wissen in der Zukunft an.

Bei manchen Namen oder Wörtern hört man nicht immer, ob es sich bei einem Buchstaben z. B. um ein P oder ein B handelt. Daher gibt es eine amtliche Buchstabiertafel, die Anwendung findet.

Buchstabe	National (D)	International
A	Anton	Alfa
Ä	Ärger	Alfa-Echo
B	Berta	Bravo
C	Cäsar	Charlie
CH	Charlotte	Charlie-Hotel
D	Dora	Delta
E	Emil	Echo
F	Friedrich	Foxtrott
G	Gustav	Golf
H	Heinrich	Hotel
I	Ida	India
J	Julius	Juliett
K	Kaufmann	Kilo
L	Ludwig	Lima
M	Martha	Mike
N	Nordpol	November
O	Otto	Oscar
Ö	Ökonom	Oscar-Echo
P	Paula	Papa
Q	Quelle	Quebec
R	Richard	Romeo
S	Samuel	Sierra
SCH	Schule	–
T	Theodor	Tango
U	Ulrich	Uniform
Ü	Übermut	Uniform-Echo
V	Viktor	Victor
W	Wilhelm	Whiskey
X	Xanthippe	X-Ray
Y	Ypsilon	Yankee
Z	Zacharias	Zoulou

1.6 Dateiformate

Lucas Drucker funktioniert nicht. Er ruft Lena an und bittet diese, seine Hausaufgaben an ihrem PC auszudrucken. „Mail kommt gleich“, meint er! „Kein Problem“, sagt Lena, „mache ich gerne!“

Nachdem Lena mehrere Versuche gestartet hat, die Datei zu öffnen, um sie später zu drucken, gibt sie auf. Irgendwas scheint nicht zu stimmen.

1. **Überlegt,** welche Dateiformate ihr kennt, und **notiert** diese bzw. die Endungen am PC. **Informiert** euch auch mithilfe der Informationen.
2. **Stellt** Vermutungen an, warum es so viele verschiedene Dateiformate gibt, und haltet eure Erkenntnisse ebenfalls in eurem Dokument fest.
3. **Notiert** die Überschrift „Dateiendungen/Dateiformate“ über eurem Text und formatiert diese als WordArt.
4. **Gestaltet** euer Dokument ansprechend und sinnvoll.
5. **Tauscht** euch mit eurem Nachbarn aus und **präsentiert** eure Ergebnisse im Plenum.
6. **Prüft** eure Ergebnisse auf Vollständigkeit und Richtigkeit und **druckt** diese aus.
7. **Heftet** die Produkte in eurem IT-Ordner ab.
8. **Findet** einen Lösungsvorschlag für Lenas Problem und **erläutert,** warum das Öffnen der Datei vielleicht nicht funktioniert haben könnte. **Berücksichtigt** eure Lösungsvorschläge bei eurem eigenen Umgang mit Dateien.

Ihr werdet bald feststellen, dass es viele verschiedene Programme gibt, mit denen ihr arbeiten könnt. Jedes Programm hat ein bestimmtes „Dateiformat“.

Damit ihr es leichter habt, eure gespeicherten Dateien einem Programm zuzuordnen, findet ihr nachfolgend eine Übersicht über verschiedene gängige Programme sowie die passenden Dateiformate/Dateiendungen:

Programm	**Dateiendung (Dateiformat)**
Microsoft Word (Schreibprogramm)	doc oder docx
Microsoft Excel (Kalkulationsprogramm)	xls oder xlsx
Microsoft PowerPoint (Präsentationsprogramm)	ppt oder pptx
Adobe Reader (meist nur ein Leseprogramm, da der Dateiinhalt nicht verändert werden kann)	pdf
Open Office Writer (Schreibprogramm – kostenloses Programm)	odt
Open Office Calc (Kalkulationsprogramm – kostenloses Programm)	ods
Open Office Impress (Präsentationsprogramm – kostenloses Programm)	odp

Es gibt aber natürlich noch viele weitere Programme und die dazugehörigen Dateiendungen. Hier sind fast keine Grenzen gesetzt.

Manche Dateien lassen sich nur mit den zugehörigen Programmen öffnen. An der Dateiendung eurer vorliegenden Datei könnt ihr also sehen, ob diese mit eurem Computer geöffnet werden kann oder ihr vielleicht zuerst ein neues Programm installieren müsst.

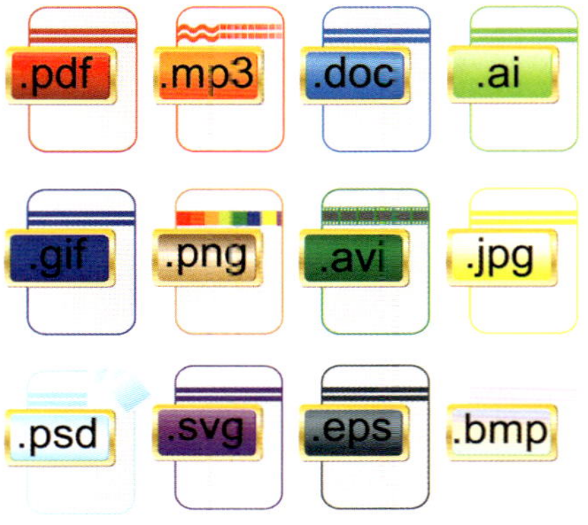

1.7 Ergonomie am Arbeitsplatz

In der Tageszeitung findet Lena einen interessanten Flyer. In der Schule soll genau dieses Thema behandelt werden! Lena überlegt, an dem Seminar teilzunehmen. Vorher möchte sie allerdings ihren Freund Luca fragen, ob dieser sie begleitet.

Ergonomie am Arbeitsplatz – auch schon in der Schule wichtig!

Du hast jetzt bereits beim Arbeiten am PC Rückenschmerzen? Deine Hände und Schultern tun dir weh und die Arbeit macht dir nach wenigen Minuten keinen Spaß mehr?

Um deinem Problem Abhilfe zu schaffen, bieten wir für Schülerinnen und Schüler ab der Klassenstufe 7 ein eintägiges Seminar zum Thema „Ergonomie" an!

Datum:	10.05.JJJJ
Ort:	Wirtschaftsschule Schweinfurt (Eingangshalle)
Uhrzeit:	09:00–15:00 Uhr
Kosten pro Schülerin/Schüler:	10,00 €
mitzubringen:	gute Laune
Anmeldung bis:	01.05.JJJJ mit beiliegendem Formular!

Rückfragen könnt ihr gerne per E-Mail an info@ergonomie.de stellen!
Im Preis ist ein kleiner Snack am Morgen sowie am Nachmittag und das Mittagessen inbegriffen!

Wir freuen uns auf euch!

Eure IHK Schweinfurt

1. **Informiert** euch über den Themenbereich „Ergonomie am Arbeitsplatz" und **notiert** wichtige Informationen übersichtlich auf einem Spickzettel am PC.
2. **Formatiert** ansprechend.
3. **Schaut** euch die Bilder 1 bis 3 an und **überlegt,** auf welchem Bild die Sitzposition richtig ist und warum dies der Fall ist. Notiert eure Ergebnisse ebenfalls auf dem Spickzettel (Word-Dokument).
4. **Schaut** euch in eurem PC-Raum um. Welche Gegenstände fallen euch auf? **Notiert** diese. Die Bilder 4 bis 6 sollen euch als Hilfe dienen.
5. **Überlegt,** warum die Hinweise zu den „Gegenständen" so wichtig sind und schreibt eure Antworten hinter den jeweiligen Gegenstand.
6. **Beschäftigt** euch mit der Ausgleich- und Fingergymnastik. **Sucht** weitere Übungen aus dem Internet oder aus Fachzeitschriften und **notiert** das Vorgehen bei den Übungen übersichtlich.
7. **Diskutiert** eure Ergebnisse im Klassenverband und **überlegt,** ob ihr immer die „Ergonomie" einhaltet (zu Hause, im Alltag oder in der Schule).
8. **Zieht** daraus wichtige Schlüsse für die Zukunft. **Wendet** die Ausgleichs- und Fingergymnastik bei Bedarf an.
9. **Erläutert** Lena, ob es sinnvoll ist, an einem solchen Seminar teilzunehmen und **begründet** eure Meinung.

Ergonomie? Was für ein komisches Wort! Aber eigentlich ist es gar nicht so komisch. Es bedeutet, dass die Arbeitsmittel (also alles, was du z. B. an deinem Schreibtisch zum Arbeiten brauchst) an den Menschen und dessen Bedürfnisse angepasst sein sollen.

1.7.1 Richtiges Sitzen

Bitte achte z. B. beim Sitzen am PC darauf, dass du eine richtige Sitzposition einnimmst, um Rückenschmerzen oder sonstige Schäden zu vermeiden! Eine optimale Sitzposition sieht folgendermaßen aus:

- Sitze gerade! Dein Rücken soll kein „Rundrücken" sein, sondern gerade nach oben gestreckt werden!
- Schlage deine Beine nicht übereinander, sondern stelle sie parallel nebeneinander!
- Setze dich nicht auf die Stuhlkante, sondern auf die gesamte Sitzfläche!
- „Schaukel nicht mit deinem Stuhl herum, sondern bleibe ruhig sitzen"!
- Achte darauf, dass deine Arme ein „L" bilden, wenn du die Hände auf die Tastatur legst!

ACHTE BITTE AUCH ZU HAUSE AUF DIE RICHTIGE SITZPOSITION!

1.7.2 Bestandteile des Bildschirmarbeitsplatzes

Die Gegenstände, die oben von euch bezeichnet wurden, finden sich an einem Arbeitsplatz wieder, der Bildschirmarbeitsplatz genannt wird.

Wissenswertes

Gegenstand	Hinweise
Bildschirm	– Richte den Bildschirm parallel zur Tischkante aus, frontal zu deinem Körper. – Stelle Zeichengröße, Helligkeit und Kontrast je nach Programm oder Dokument ein. – Beachte bei Flachbildschirmen die Angaben des Herstellers bezüglich der Einstellung. – Neige den Bildschirm nach Bedarf (Oberkante etwas nach hinten), „Blickstrahl" trifft in ca. 90°-Winkel auf die Bildschirmfläche. – Nutze ggf. einen „Monitorschwenkarm" für mehr Flexibilität der Einstellung! So kann der Bildschirm durch mehrere Personen bzw. gut für Präsentationen genutzt werden. – Wende während der Bildschirmarbeit immer mal wieder den Blick vom Bildschirm ab und lasse ihn durch den Raum schweifen, damit sich deine Augen entspannen und du deine Körperhaltung veränderst. – Ziehe im Bildschirmbereich indirekte Beleuchtung vor, da diese keine Blendungen und Spiegelungen verursacht. – Erhöhe bei Dunkelheit den Lichtpegel, damit die Augen nicht so schnell ermüden und ein angenehmes Arbeiten (auch das Ablesen von Dokumenten auf dem Schreibtisch) gewährleistet ist.
Tastatur	– Richte die Tastatur parallel zu Bildschirm und Tischkante aus und platziere diese vor dem Monitor, allerdings mit einem Abstand zur Tischkante von etwa 20 cm, damit du deine Handballen noch gut auflegen kannst. – Achte darauf, dass beim Schreiben deine Ellbogengelenke im 90°-Winkel gekrümmt sind (ggf. musst du dafür die Höhe deines Tisches oder Bürostuhls verändern). – Nutze möglichst eine ergonomische Tastatur, damit ein angenehmes Schreiben möglich ist. – Kabellose Tastaturen ermöglichen mehr Flexibilität und du kannst besser mit deiner Maus arbeiten. – Stelle die Füße der Tastatur so ein, dass der Winkel in den Handgelenken möglichst klein ist (kein Abknicken).
Maus	– Achte darauf, dass diese gut über den „Untergrund" rollt und – eine ergonomische Form hat.
Drucker	– Sollte geräuscharm (leise) sein. – Wenig Strom verbrauchen, um Energiekosten zu senken und umweltfreundlich zu arbeiten. – Sollte von seinen Leistungen her den „Anforderungen" entsprechen (muss ich farbig oder doppelseitig drucken usw.). – Sollte nicht zu groß sein, damit er auf den Schreibtisch passt (ansonsten Unterbringung in einem anderen Raum oder an einem anderen Platz notwendig). – Druckpatronen sollten nicht zu teuer und sehr langlebig sein.
Fußstütze	– Stelle diese in der Höhe richtig ein, um gesundheitliche Schäden zu vermeiden. – Achte darauf, dass der Neigungswinkel verstellbar ist. – Berücksichtige, dass diese aus rutschfestem Material im Bereich der Fußauflage besteht (Gummierung mit Abrutschnoppen) und – standsicher, stabil sowie leicht transportierbar ist.
Vorlagenhalter	– Positioniere diesen richtig auf deinem Schreibtisch, um unnötige Kopfdrehungen zu vermeiden (blicke gerade auf diesen). – Achte auf den richtigen Abstand zwischen dem Vorlagenhalter und deinen Augen – dieser muss genauso groß wie der Abstand zu den übrigen Arbeitsmitteln sein.

1.7.3 Ausgleichsgymnastik und Fingergymnastik

Wird viel am PC gearbeitet, ist es wichtig, dass man zwischendurch Pausen einlegt, um gesundheitlichen Problemen vorzubeugen. Auch Ausgleichs- oder Fingergymnastik tragen zu einem guten „Wohlbefinden" bei.

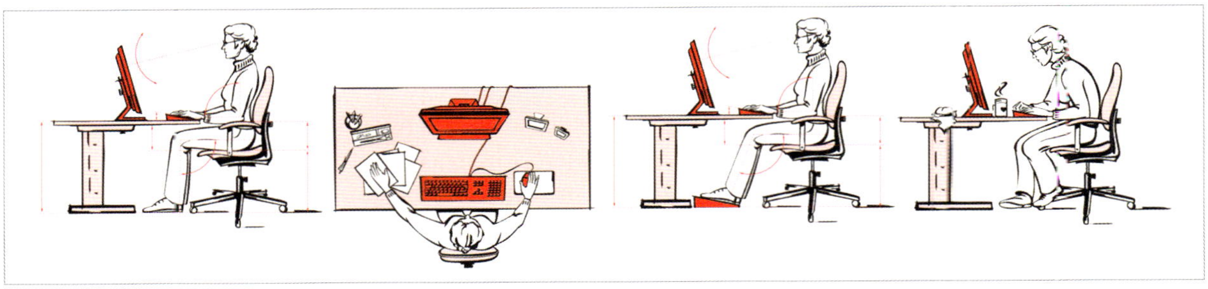

ÜBUNG 1

1. Setze dich gerade auf einen Stuhl.
2. Strecke die Arme nach vorne.
3. Atme tief ein und hebe dabei die Arme senkrecht in die Höhe.
4. Atme aus und senke die Arme wieder.
5. Atme tief ein und strecke die Arme nach hinten, bleibe kurz in dieser Position und atme zwei- bis dreimal aus und ein. Beim letzten Ausatmen senke die Arme wieder nach unten.
6. Wiederhole die Übung etwa dreimal.

ÜBUNG 2

1. Setze dich gerade auf einen Stuhl.
2. Lasse die Arme seitlich hängen und beuge dich nach vorne.
3. Lasse den Kopf zwischen deinen Knien hängen und atme tief ein und aus.
4. Bleibe so für etwa 20 bis 30 Sekunden.
5. Wiederhole die Übung etwa dreimal.

ÜBUNG 3

1. Setze dich gerade auf einen Stuhl.
2. Lasse die Arme seitlich hängen und lege deine Hände auf die Oberschenkel.
3. Hebe deine rechte Schulter in Richtung Ohr und atme tief ein.
4. Senke deine rechte Schulter und atme tief aus.
5. Wiederhole diesen Vorgang mit dem linken Arm.
6. Wiederhole die Übung etwa dreimal.

ÜBUNG 4

1. Stelle dich gerade hin.
2. Strecke die Arme nach vorne.
3. Schüttle deine Arme sowie deine Hände kräftig aus.
4. Atme dabei gleichmäßig ein und aus.
5. Wiederhole die Übung etwa dreimal.

ÜBUNG 5

1. Stelle dich gerade hin.
2. Strecke die Arme nach vorne und deine Finger weit auseinander.
3. Balle anschließend deine Hände zu einer Faust.
4. Strecke die Finger wieder weit auseinander.
5. Atme dabei gleichmäßig ein und aus.
6. Wiederhole die Übung etwa fünf- bis zehnmal.

ÜBUNG 6

1. Blicke öfter während der Arbeit am PC über den Bildschirm hinweg in die „Ferne".
2. Schaue dann wieder in die „Nähe", also auf deinen Bildschirm.
3. Achte darauf, dass du nicht ohne Pausen in den Bildschirm starrst.
4. Wiederhole diese Übung mehrmals während der PC-Arbeit.

1. **Setzt** euch auf euren Stuhl!
2. **Überprüft** eure eigene Sitzhaltung sowie die Sitzhaltung eures Nachbarn!
3. **Korrigiert** eure Sitzposition und gebt auch eurem Nachbarn eine Rückmeldung zu dessen Sitzposition.

1.8 Faktoren der Leistungsfähigkeit

Kurz vor den Osterferien! Lena und Luca treffen sich am Wochenende:

Lena: Hey Luca, du siehst irgendwie fertig aus.
Luca: Ach Lena, das bin ich auch. Ich weiß gar nicht genau, warum.
Lena: Mmm, hast du gerade viel Stress?
Luca: Nun ja, es geht so. Ich fahre in den Osterferien ins Fußballcamp, dann schreiben wir doch nächste Woche noch Mathe und BSK, ich muss morgen Abend auf meinen Bruder aufpassen, weil meine Eltern auf einer Veranstaltung sind und mein Zimmer muss auch noch aufgeräumt werden.
Lena: Das ist ja schon viel. Bekommst du denn alles hin?
Luca: Ich weiß es ehrlich gesagt nicht genau und ich weiß auch nicht, wo ich anfangen soll. Irgendwie scheint alles wichtig.
Lena: Ja, da hast du recht. Wir überlegen jetzt mal gemeinsam, wie wir vorgehen, okay?
Luca: Okay, danke.

1. **Informiert** euch über die Faktoren der Leistungsfähigkeit.
2. **Überlegt,** was euch „belastet", und haltet eure Ergebnisse in einer Mindmap (von Hand oder mit einem Programm) fest.
3. **Diskutiert** eure Ergebnisse und **prüft,** ob ihr ggf. Faktoren ergänzen müsst.
4. **Erstellt** ein Handout (siehe Methodenpool) zum Thema „Stress- und Konfliktbewältigung", welches alle wichtigen Informationen zu diesem Themenbereich enthält. **Formatiert** das Handout ansprechend und nutzt verschiedene Wordfunktionen wie „Nummerierung/Aufzählungen" usw. Berücksichtigt die DIN-Regeln zu Nummerierung/Aufzählungen (siehe DIN-Regelheft).
5. **Präsentiert** eure Ergebnisse im Plenum und geht auch auf die gewählten Formatierungen (Vorgehensweise beim Einfügen dieser) ein.
6. **Prüft** euer Dokument auf Vollständigkeit und Richtigkeit und **nehmt** ggf. Änderungen/Ergänzungen vor.
7. **Druckt** dieses aus.
8. **Gebt** Lena und Luca einen Tipp, wie sie die zu bewältigenden Aufgaben meistern können.
9. **Nutzt** das neue Wissen über den Themenbereich „Faktoren der Leistungsfähigkeit" für euch selbst und **berücksichtigt** die Tipps.

1.8.1 Unterscheidung Leistungsfähigkeit und Leistungsbereitschaft

„Schon wieder eine fünf in Erdkunde, wie kann das denn sein?", fragt Frau Zimmermann ihren Sohn Matti.

Dies kann von zwei Faktoren abhängen, die immer unterschieden werden müssen:

Leistungsfähigkeit	Was kann ich im Rahmen meiner Kenntnisse, Fähigkeiten und Fertigkeiten leisten?
Leistungsbereitschaft	Was will ich leisten (mache ich meine Hausaufgaben ordentlich, lerne ich für Proben ...)?

Durch den technischen Fortschritt ist es dem Menschen in vielen Situationen einfach möglich, geforderte Dinge schnell und korrekt zu erledigen. Natürlich können auch das soziale Umfeld sowie die Lernbedingungen (habe ich einen eigenen Schreibtisch in meinem Zimmer, ist es nachmittags, wenn ich Hausaufgaben mache, laut oder leise usw.) zu einem positiven Arbeitsergebnis beitragen.

Was passiert, wenn ich die beiden Faktoren nicht berücksichtige?

- Unzufriedenheit des Schülers, der Eltern und der Lehrer (und ggf. daraus entstehender Streit/Ärger)
- Überforderung oder Unterforderung des Schülers
- weniger gute „Arbeitsergebnisse" (Proben, Tests, Präsentationen usw.)
- Motivation wird geringer
- Konflikte können entstehen (mit Mitschülern, Eltern, Lehrern usw.)

Was sollte ich unbedingt in diesem Zusammenhang beachten?
Man sollte sich immer „KRITISCH" mit dem Thema Leistungsfähigkeit und Leistungsbereitschaft auseinandersetzen und ehrlich zugeben, wenn man etwas „mal nicht kann" oder „wenn man an einigen Stellen noch Schwächen hat". Lehrer, Eltern und Mitschüler helfen bestimmt gerne weiter.

Motivationsfaktoren
Um die Leistungen eines Menschen (Schülers, Mitarbeiters, Sportlers usw.) zu steigern, spielen zwei Größen eine wichtige Rolle:

Motivation von innen (intrinsische Motivation)	Motivation von außen (extrinsische Motivation)
hervorgerufen durch – Lob und Anerkennung durch Lehrer, Mitschüler, Freunde – interessante Tätigkeit, die Freude bereitet und den Schüler fordert – mögliche Selbstständigkeit und Selbstverwirklichung – „Belohnung" der Arbeitsleistung mit Erfolgen	hervorgerufen durch – gute Zusammenarbeit mit Mitschülerinnen und Mitschülern z. B. bei Gruppenarbeiten, Hausaufgaben – „Art des Lehrers" (wie geht dieser mit den Schülern um, gibt er Hilfestellung und ist ein angenehmer Mensch, ...) – Stellung innerhalb des Klassenverbunds („Wo stehe ich – wer steht über bzw. unter mir?") – gute Bedingungen in der Schule (schöne Pausenräume, „tolle Lehrer und Mitschüler", gute Fachräume, helle Umgebung, Cafeteria usw.)

1.8.2 Stressbewältigung

Eine typische Aussage aus dem Alltag ist: „Ich bin total gestresst!"

Doch, was ist Stress eigentlich? Dieser Begriff stellt eine psychische Belastung dar und darf kein Dauerzustand sein.

Ursachen sind:

- zu erledigende Aufgaben (Hausaufgaben, Vorbereitung von Referaten) sind zu schwierig, zu umfangreich
- Zeitvorgaben sind weniger günstig
- falsche Einschätzung der eigenen Leistungsfähigkeit

Anzeichen für Stress sind:

- hektisches und nervöses Verhalten
- Hände werden feucht
- Bauch- oder Kopfschmerzen
- Schlafstörungen und Müdigkeit
- Ängstlichkeit
- feuchte Hände

Folgen von Stress:

- mangelnde Konzentration und deswegen ggf. schlechte Arbeitsergebnisse (Proben, Tests usw.)
- unzufriedene Schüler, Lehrer, Eltern
- Überempfindlichkeit (z. B. „Ausrasten" in Situationen, die eigentlich nicht „ausrastungswürdig" sind)
- andauerndes Traurigkeitsgefühl und Selbstzweifel
- Suchtgefahr

Tipps zur Vermeidung von Stress:

- Achte auf dich und deinen Körper (Wie geht es dir? Stellst du Anzeichen für Stress fest? usw.).
- Nimm Ratschläge und Hinweise von deinen Mitmenschen ernst und setze dich mit diesen auseinander (du kannst auch gerne mit deinen Eltern oder Lehrern darüber sprechen).
- Versuche, Aufgaben zeitnah zu erledigen und schiebe diese nicht auf (Sonst stehst du später vor einem „Aufgabenberg" und hast zu wenig Zeit, um alles ordentlich zu erledigen!).
- Stellst du fest, dass du etwas nicht schaffst, nimm Hilfe an bzw. frage nach Hilfe.

1.8.3 Konzentration

Aussagen wie „Konzentriere dich mal" oder „Konzentration bitte" hört man sehr häufig, auch im Schulalltag.

Viele Schülerinnen und Schüler können sich gut konzentrieren und erzielen gute Arbeitsergebnisse bzw. können Aufgaben schnell und einfach lösen. Andere hingegen versuchen dies, können aber unter Umständen noch nicht einmal mehr einen Text lesen und sich das Gelesene merken. Ist dies der Fall, kann die Ursache ein Konzentrationsproblem sein.

Anzeichen für Konzentrationsprobleme:

- Du kannst dir nichts mehr merken.
- Du bist nervös .
- Du kannst deine Gedanken nicht „sortieren".
- Du bist unaufmerksam und abgelenkt.
- Müdigkeit

Folgen von Konzentrationsproblemen:

- schlechte Arbeitsergebnisse (Hausaufgaben, Proben, Tests usw.)
- Ärger mit Schülern, Eltern und Lehrern
- Angst zu versagen (und ggf. dadurch bedingt „Blackouts" in Proben oder Tests)

Tipps zur Vermeidung von Konzentrationsproblemen:

- Mache während Arbeitsphasen Pausen.
- Atme ruhig und gleichmäßig ein und aus während der Pausen.
- Konzentriere dich kurze Zeit auf „etwas anderes" als auf das, was du gerade erledigen musst.
- Gehe an die „frische Luft" und treibe etwas Sport.
- Überlege, warum du dich nicht konzentrieren kannst, und notiere mögliche Ursachen. Spreche diese dann ggf. mit deinen Eltern, Lehrern oder Mitschülern durch und versuche, die Ursachen zu beheben.
- „Rede dir gut zu" – du kannst alles schaffen.

1. **Überlege,** was dich stresst und wie leistungsfähig du bist bzw. was dich motiviert.
2. **Erstelle** dir jeweils Mindmaps, in denen du deine Gedanken festhältst.
3. **Überlege** dir, wie du Stress vermeiden und deine Leistungsfähigkeit steigern kannst, und **notiere** deine Gedanken ebenfalls.
4. **Spreche** mit deinen Eltern, Freunden und Lehrern über deine Feststellungen und **berücksichtige** diese für die Zukunft.

Lernbereich 2: Soziale Netzwerke verantwortungsbewusst nutzen

Kapitel 2

Lernbereich 2: Soziale Netzwerke verantwortungsbewusst nutzen

Kompetenzerwartungen
Die Schülerinnen und Schüler

- achten beim Umgang mit sozialen Netzwerken das Recht jedes Einzelnen auf informationelle Selbstbestimmung, die Würde der anderen und deren Persönlichkeitsrechte.
- nutzen ihre Erkenntnisse der Risiken des Zugangs Dritter zu gespeicherten Daten, um mit eigenen und fremden Daten sinnvoll umzugehen und damit missbräuchlicher Nutzung vorzubeugen.
- berücksichtigen bei der Veröffentlichung persönlicher Daten (z. B. Texte, Bilder) im Internet Risiken, die sich durch deren unerwünschte Nutzung durch Dritte ergeben können.
- wenden grundlegende Sicherheitsregeln und Abwehrstrategien an, die dem Schutz und der Sicherheit von Informationen und Daten in Netzen dienen.
- beugen den Suchtgefahren, die mit unreflektierter Nutzung von Informationstechnologien verbunden sind durch eigene Strategien (z. B. Offline-Zeiten festlegen) vor.
- erstellen eine Checkliste über die Kriterien zur Erkennung von Internetsuchtverhalten mithilfe eines Textverarbeitungsprogrammes, leiten daraus Strategien zur Vermeidung von Internetsuchtverhalten ab und wenden diese an.

2.1 Mobbing in sozialen Netzwerken

Die Lehrerin, Frau Riewer, eröffnet die Informationsverarbeitungsstunde mit folgenden Worten:

„Also Leute, in den nächsten Stunden werden wir uns mit dem Themenbereich ‚Soziale Netzwerke verantwortungsvoll nutzen' beschäftigen. Als Einstieg hören wir heute eine Live-Reportage aus dem Internet-Café ‚Surf' zum Thema ‚Soziale Netzwerke – Vorteil oder auch Gefahr'. Ich bin gespannt, wie euch das gefällt.
Bitte seid leise und hört genau zu. Anschließend sprechen wir über das Gehörte.
Außerdem hat der Kollege, Herr Schuhwerk, mich gebeten, dass wir ein kleines Handout für die Schülerzeitung zu dem Themenbereich schreiben.
Und nun Achtung: Es geht los!"

Reporter: Hallo und guten Morgen liebe Hörer. Heute berichten wir live aus dem Internet-Café „Surf". Mein Gast ist die Schülerin Nora. Sie ist 17 Jahre alt und wurde zum Mobbing-Opfer in einem sozialen Netzwerk. Herzlich willkommen, Nora!

Nora: Hallo Herr Gehendges!

Reporter: Nora, bitte erzähle uns doch einmal, was passiert ist.

Nora: Mmmm, also, ähm ...

Reporter: Du brauchst keine Angst zu haben. Es ist in Ordnung, wenn du darüber sprichst. Und es ist wichtig für alle, denen vielleicht genau so etwas wie dir passiert ist oder sogar gerade passiert.

Nora: Okay, ja gut. Es war so, dass ich eine Freundschaftsanfrage von einem sehr netten Jungen erhalten habe. Ich war total aufgeregt und habe das natürlich gleich meiner besten Freundin Paulina erzählt.
Diese freute sich sehr für mich und riet mir, die Anfrage anzunehmen.

Reporter: Aha, und was ist dann passiert?

Nora: Die Anfrage habe ich dann angenommen und am Anfang war alles toll. Wir – also Max, so hieß der Junge – schrieben uns immer. Ich konnte ihm viel erzählen und er hat mich verstanden.

Reporter: Okay, gut. Das hört sich aber doch ganz in Ordnung an.

Nora: Ja, zuerst schon. Ich habe mich mit Max total sicher gefühlt – aber auf einmal war alles anders. Zuerst schrieb er nicht zurück und ich machte mir Sorgen. Dann fing er an, sehr gemein zu mir zu sein und viele Sachen, die ich ihm anvertraut hatte, öffentlich an meiner Pinnwand zu posten – auch zum Beispiel Bilder, die wir uns zugeschickt hatten.

Reporter: So, so. Was hast du denn dann unternommen?
Nora: Am Anfang nichts. Aber als in der Schule dann die Hänseleien anfingen, hat meine Freundin Paulina genauer „nachgehakt" und dann meine Eltern informiert. Die haben mit der Polizei Kontakt aufgenommen und auch mit meiner Schule und Max – der gar nicht Max hieß – wurde dann später gefasst. Aber es hat sehr lange gedauert, bis er gefunden wurde und ich bin mittlerweile auf einer anderen Schule.
Reporter: Nora, wie ging es dir in dieser Zeit?
Nora: Mir ging es sehr schlecht. Ich schämte mich so und habe sogar überlegt, mich umzubringen. Deswegen musste ich dann auch kurzzeitig in Behandlung. Aber jetzt geht es mir wieder besser und ich bin froh, dass ich meine Freundin Paulina und meine Eltern hatte.
Ich kann nur jedem Mobbing-Opfer raten, sich zu wehren.
Reporter: Nora, diesen Rat gebe ich gerne an unsere Zuhörer weiter. Bitte bleibe kurz noch hier bei uns. Die Zuhörer können uns jetzt Fragen zumailen, die wir zwei vielleicht zusammen beantworten können. Wäre das in Ordnung?
Nora: Ja, natürlich. Das ist in Ordnung.
Reporter: Also liebe Zuhörer, wenn ihr Fragen habt, bitte mailt diese an info@mobbing.de. Wir werden diese in 30 Minuten besprechen. Vielen Dank für eure Aufmerksamkeit und bis gleich.

1. **Überlegt,** worum es in dem Interview geht, und **notiert** eure Gedanken in einer Mindmap.
2. **Findet** Fragen, die ihr dem Reporter und Nora stellen könnt. **Notiert** diese und beantwortet die Fragen gemeinsam im Plenum.
3. **Überlegt,** ob euch oder einem Bekannten schon mal etwas Ähnliches passiert ist, und **besprecht** eure Erfahrungen.
4. **Informiert** euch mithilfe der Informationstexte ausführlich über den Themenbereich Mobbing (Cybermobbing)
5. **Öffnet** ein leeres Word-Dokument und **fügt** als Überschrift „Sozialen Netzwerken" ein.
6. **Fasst** wichtige Informationen zum Thema Mobbing kurz und knapp zusammen (ggf. auch gemeinsam im Plenum) und **notiert** diese in eurem Word-Dokument (ggf. stichpunktartig).
7. **Stellt** Regeln auf, wie man sich bei einem Mobbingangriff verhalten bzw. wie man sich vor diesen Angriffen schützen kann, und **notiert** diese unter Berücksichtigung der Funktion Nummerierung und Aufzählungen ebenfalls in eurem Word-Dokument (siehe Programmhandbuch Word).
8. **Gestaltet** euer Handout ansprechend und **speichert** unter dem Dateinamen Mobbing_„Soziale_Netzwerke" ab.
9. **Präsentiert** eure Ergebnisse im Plenum und **geht** dabei auch auf das Vorgehen bei den vorgenommenen Formatierungen ein.
10. **Prüft** alles auf Vollständigkeit und Richtigkeit, **nehmt** ggf. Änderungen/Ergänzungen vor und **druckt** eure Ergebnisse aus. **Heftet** diese in eurem Ordner ab.
11. **Zieht** aus euren Erkenntnissen wichtige Schlüsse für euer künftiges Handeln im Netz und im Umgang mit sozialen Netzwerken.

Leider kommt es immer häufiger vor, dass User über das Internet und gerade über Plattformen wie soziale Netzwerke gemobbt werden. Cybermobbing lautet hier der Fachbegriff.

Egal, wie alt man ist, vor Mobbing-Angriffen ist man nicht sicher. Mobbing ist eine Art psychische Gewalt, die in Form von unterschiedlichen Handlungen (z. B. falsche „Posts", Hochladen von peinlichen Bildern, Beleidigungen an Pinnwänden usw.) zum Tragen kommt und für die Mobbing-Opfer gravierende Folgen haben kann.

Folgen von Mobbing können sein:

- Leistung und Konzentration der Mobbing-Opfer sinkt
- ängstliches Verhalten gegenüber Mitmenschen (Mitschülern, Lehrern, Eltern, Freunden)
- erhöhte Fehlzeiten in der Schule
- „Rückzug" (Kontakt zur Außenwelt wird „gekappt")
- extreme Angstzustände bis hin zu Selbstmordgedanken/Selbstmordversuchen/Selbstmord

Warum allerdings Menschen tatsächlich mobben oder Mobbing-Opfer sind, kann nicht 100%ig gesagt werden. Es kristallisiert sich jedoch heraus, dass „Mobber“ vom Charakter her eher dominant, oft aber auch „feige Menschen“ sind, die sich in der Anonymität des Internets stark und so anderen überlegen fühlen.

Mobbing-Opfer hingegen sind eher ruhig und zurückhaltend.

In manchen Fällen kann es auch sein, dass „Mobbing-Opfer“, wenn sie diesem Kreis entfliehen, selbst zu „Mobbern“ werden.

Den Tätern sollte unbedingt Einhalt geboten werden. Wenn man also auf einen Mobber „stößt“, sollte man sich zur Wehr setzen (wenn man selbst betroffen ist) und Hilfemaßnahmen einleiten, wenn man von einem Mobbingfall erfährt.

Die Polizei hat seit einiger Zeit eine eigene „Interneteinheit“ gebildet, die sich ausschließlich mit dem Thema Internetkriminalität – wozu auch das Cybermobbing zählt – beschäftigt.

Jedoch ist nicht immer nur die Polizei der einzige Ansprechpartner. Auch Eltern, Mitschüler, Vertrauenslehrer oder Sozialarbeiter können in solchen Situationen weiterhelfen.

Verhalten im Mobbingfall

Mobbing-Opfer	**Außenstehende**
– um Hilfe bitten – auf das Mobbingproblem aufmerksam machen – mit Freunden, Eltern, Lehrern über das Problem sprechen – möglichst alles dokumentieren (Ausdrucke, Screenshots usw.), was mit dem Mobbing zu tun hat (als Beweisfunktion) – dabei helfen Freunde, Eltern, Lehrer sicherlich gerne	– Hilfe anbieten – Mobber melden oder mit diesen sprechen – Eingreifen in Mobbing-Situationen – „aktiv hinschauen und nicht wegschauen“ – Mobbing-Opfer unterstützen!!!

Natürlich lassen sich die oben stehenden Ratschläge zum Verhalten im Mobbingfall einfach aufschreiben und in der Praxis manchmal schwieriger umsetzen. Aber wenn man sich diese „zu Herzen“ nimmt, können längere Mobbingangriffe vermieden werden.

Welche Rechte gelten bei Mobbing?
Durch Mobbing wird die Würde des Menschen angegriffen, die nach Artikel 1 Grundgesetz unantastbar ist. Außerdem gibt es mittlerweile weitere gesetzliche Verankerungen, die rechtliche Konsequenzen für Mobber beinhalten, z. B. Bürgerliches Gesetzbuch (BGB), Allgemeines Gleichbehandlungsgesetz (AGG), Strafgesetzbuch (StGB).

Mobbing ist eine Straftat in Form von seelischer Gewalt und muss auch so gesehen und wahrgenommen werden.

1. **Logge** dich in deinem genutzten sozialen Netzwerk ein.
2. **Überprüfe** deine Freundschaftsliste und überlege genau, welche Freunde du tatsächlich persönlich kennst und **handle** ggf.
3. **Lese** die Posts an deiner Pinnwand sehr sorgfältig und **achte** in Zukunft darauf, was du alles bei anderen Usern schreibst und/oder „likest“.
4. **Reagiere,** wenn du mitbekommst, dass du oder ein anderer gemobbt wird.
5. **Gehe** verantwortungsvoll mit deinen Freunden um – auch im Netz.

2.2 Grundregeln für das Verhalten in sozialen Netzwerken

Frau Riewer betritt die Klasse und begrüßt die Schülerinnen und Schüler. Anschließend sagt sie: „So, nun haben wir uns bereits mit dem Thema Mobbing in sozialen Netzwerken auseinandergesetzt. Heute beschäftigen wir uns mit den grundlegenden Verhaltensregeln, die für den Umgang mit sozialen Netzwerken gelten. Dazu benötigen wir das Handout von den letzten Stunden und arbeiten an diesem weiter. Herr Schuhwerk ist schon ganz gespannt auf eure späteren Ergebnisse!

Lena fragt: „Das war die Datei Mobbing_Soziale_Netzwerke, oder?"

„Ja, genau", antwortet Frau Riewer.

1. **Öffnet** die Datei „Mobbing_Soziale_Netzwerke".
2. **Informiert** euch mithilfe der Informationstexte über euren Themenbereich.
3. **Notiert** in eurem Handout die Überschrift „Verhaltensregeln für soziale Netzwerke".
4. **Fasst** die Grundregeln für das Verhalten in sozialen Netzwerken unter Berücksichtigung der Funktion Nummerierungen/Aufzählungen (siehe Programmhandbuch Word) zusammen.
5. **Gestaltet** euer Dokument ansprechend und **hebt** wichtige Aussagen optisch hervor.
6. **Speichert** euer Dokument ab, **kontrolliert** es auf Vollständigkeit und Übersichtlichkeit und **druckt** es aus.
7. **Vergleicht** eure Dokumente, indem ihr diese beispielsweise an eine Pinnwand hängt, und übt konstruktive Kritik.
8. **Nehmt** ggf. Ergänzungen/Änderungen vor und **druckt** bei Bedarf erneut. **Heftet** eure Ergebnisse in eurem Ordner ab.
9. **Berücksichtigt** die Regeln und Erkenntnisse bei eurem eigenen Umgang mit sozialen Netzwerken und **geht** verantwortungsvoll mit eurem Wissen um.

Ist man in sozialen Netzwerken „aktiv", sind einige Grundregeln einzuhalten. Beispielsweise muss der Schutz der eigenen Daten eine Rolle spielen, es ist auf jeden Fall im ersten Schritt ein sicheres Passwort zu wählen. Außerdem sollte genau überlegt werden, was man von sich im Netz preisgibt. Sensible Daten (Geburtsdatum, vollständiger Name sowie Adresse usw.) sind unter keinen Umständen für jeden sichtbar zu machen, denn diese Daten können leicht von anderen für ihre Zwecke verwendet und missbraucht werden.

Beispiel:
Der 15-jährige Christian postet in einem sozialen Netzwerk, dass er und seine Eltern am kommenden Wochenende für zwei Wochen in den Urlaub nach Italien starten werden.

Nach einer knappen Woche Aufenthalt im Urlaubsort werden Christians Eltern informiert, dass in der Wohnung ein Einbruch stattgefunden hat. Der verhaftete Täter war voll geständig und berichtete den Polizisten, dass es recht einfach gewesen sei, sein „Ziel" für den Einbruch zu ermitteln. Christian hatte neben seinen Urlaubsabsichten auch seine Privatadresse hinterlegt, die zudem noch für jedermann sichtbar war.

Die sogenannten Sicherheitseinstellungen in sozialen Netzwerken sind von den Grundeinstellungen her meist sehr „offen" gehalten. Diese müssen unbedingt bei der ersten Nutzung angepasst bzw. verändert werden.

Beispiel:
Folgende Einstellungen nimmt Christian nach seiner Heimkehr am Profil seines sozialen Netzwerkes vor: „Profil ist nur für Freunde vollständig sichtbar" und „Informationen können von Freunden NICHT geteilt werden".

Meldet man sich neu in sozialen Netzwerken an, sind immer die AGBs des Betreibers/Anbieters zur Kenntnis zu nehmen. Es ist nicht sinnvoll, einfach den entsprechenden „Haken" bei „Ich habe die AGBs gelesen und stimme diesen zu" zu setzen, ohne von dem Inhalt dieser Bedingungen Kenntnis genommen zu haben. So können zum Beispiel einige Klauseln enthalten sein, die sich später als nachteilig für den Nutzer erweisen können.

Beispiel:
In den AGBs von Christians genutztem sozialen Netzwerk steht, dass der Betreiber weitgehende Rechte an hochgeladenen Fotos, Texten usw. hat. Durch Christians Zustimmung zu den AGBs kann der Betreiber also die von Christian hochgeladenen Fotos, Texte usw. verwenden, ohne, dass Christian hierüber eine Kontrolle hat.

Von Beleidigungen oder „fiesen Posts" an eigenen oder fremden „Pinnwänden" ist abzusehen. Auch das Verändern von Fotografien und/oder Posten dieser Bilder ist zu unterlassen. Es stellt sogar eine Straftat dar.

Außerdem ist zu berücksichtigen, dass Dokumente oder Aussagen, die von anderen erstellt bzw. getroffen wurden, nicht ohne Zustimmung des „Verfassers" zu veröffentlichen sind. Hier spielt das Urheberrechtsgesetz eine Rolle, welches unter anderem „den Schutz des geistigen Gutes" zum Inhalt hat.

„Vorsicht ist die Mutter der Porzellankiste"
Zweifelhafte Freundschaftsanfragen sollten unbedingt abgelehnt werden. Auch Nachrichten von Fremden sind zu ignorieren, um sich so zu schützen. Im Netz weiß man leider nie, wer sich wirklich hinter einem Profil verbirgt.

Was passiert, wenn Grundregeln nicht eingehalten werden?
Werden die Grundregeln vom Nutzer nicht berücksichtigt, kann dies unangenehme Folgen haben, wie:

- ein Ausschluss aus dem sozialen Netzwerk, in welchem man ein Fehlverhalten begangen hat,
- strafrechtliche Aspekte,
- Probleme mit Eltern, Mitschülern, Freunden, Lehrern,
- Datenmissbrauch usw.

1. **Entwickelt** ein Plakat mit der Überschrift „Fehlverhalten in sozialen Netzwerken".
2. **Gestaltet** dieses übersichtlich und ansprechend.
3. **Verwendet** Bilder oder Grafiken (diese könnt ihr im Internet suchen und ausdrucken – aber **denkt** an die Quellenangaben!) zur Veranschaulichung.
4. **Hängt** alle Plakate an eine Pinnwand und **prüft** diese auf Vollständigkeit, Richtigkeit sowie auf ihre Anschaulichkeit.
5. **Wählt** das aus eurer Sicht am besten gelungenste Plakat aus und **klärt** mit eurer Fachlehrerin, eurem Fachlehrer, ob dieses im Schulgebäude ausgehangen werden darf.

2.3 Suchtgefahren – Ursachen und vorbeugende Maßnahmen

Lena unterhält sich am Nachmittag mit ihrer großen Schwester Lisa. Diese erzählt ihr, dass ein Mitschüler aus ihrer Klasse, der Tim heißt, nicht mehr zum Unterricht kommt und die Eltern nun festgestellt haben, dass Tim wohl internetsüchtig ist.

Außerdem teilt Lisa ihrer kleinen Schwester Lena mit, dass sich Tims Verhalten den Mitschülern gegenüber bereits in den vergangenen Wochen massiv verändert habe und Tim immer den Anschein machte, als „stände er neben sich".

Lena ist total entsetzt und erzählt später ihrem Freund Luca am Telefon von dem Gespräch mit Lisa.

Arbeitsauftrag 1

1. **Informiert** euch über den Themenbereich „Suchtgefahren – Ursachen und vorbeugende Maßnahmen" – ggf. auch mithilfe des Internets oder Fachzeitschriften.
2. **Notiert** wichtige Informationen stichpunktartig auf einem Spickzettel.
3. **Erstellt** in Word eine Checkliste (siehe Methodenpool) zum Thema „Kriterien zur Erkennung von Suchtverhalten" und **gestaltet** diese ansprechend (WordArt, Cliparts, Nummerierungen und Aufzählungen usw.). **Speichert** ab.
4. **Tauscht** mit eurem Nachbarn/eurer Nachbargruppe den PC und **füllt** die Checkliste am anderen Rechner aus. Was fällt euch auf? **Notiert** eure Erkenntnisse und sprecht diese mit der Nachbargruppe durch. **Nehmt** ggf. Änderungen an eurer Checkliste vor.
5. **Druckt** eure Checkliste aus und **präsentiert** diese im Plenum (dazu werden alle Checklisten an eine Pinnwand gehangen oder auf einen Tisch gelegt). **Geht** dabei auf Übersichtlichkeit, Vollständigkeit usw. ein.
6. **Nehmt** ggf. Änderungen/Ergänzungen vor.
7. **Zieht** aus euren Erkenntnissen wichtige Schlüsse für euer eigenes Handeln und euren eigenen Umgang mit dem Internet.

Arbeitsauftrag 2

1. **Entwickelt** Strategien, wie man Internetsucht vermeiden kann, und **stellt** diese in einem übersichtlichen Handout zusammen, welches später (wenn möglich) im Schulgebäude oder Klassenzimmer ausgehangen werden soll.
2. **Fügt** sinnvolle ClipArts zur Veranschaulichung ein und **formatiert** euer Handout ansprechend (Blocksatz, Grafiken, sinnvolle Absätze nach DIN usw.)
3. **Speichert** euer Dokument ab und **präsentiert** es im Plenum. Prüft dieses auf Vollständigkeit und Richtigkeit.
4. **Nehmt** ggf. Änderungen vor. Druckt euer Dokument aus und **heftet** es in eurem Ordner ab bzw. hängt es (wenn möglich) aus.
5. **Überlegt**, was man in Tims Fall als Mitschüler hätte tun können und wer Ansprechpartner in der Schule sein könnte.
6. **Berücksichtigt** eure Erkenntnisse für die Zukunft.

Jederzeit online? „Ich bin immer erreichbar!"

Durch Smartphones und meist eigene Laptops/PCs in den Zimmern der Jugendlichen kein Problem. Doch gibt es auch Gefahren, die durch das ständige „On" entstehen?

Diese Frage lässt sich eindeutig mit JA beantworten. Besonders, wenn Eltern berufstätig sind und ganztags arbeiten, nutzen Jugendliche die Möglichkeit des unbegrenzten Internetzugriffs. Das Nutzen von sozialen Netzwerken spielt dabei eine immer größere Rolle. Jugendliche verlieren durch die „virtuelle

Welt" den Kontakt zur Außenwelt, chatten mit Partnern, die vielleicht nicht ihrer eigenen Altersgruppe entsprechen, und fühlen sich genötigt, immer auf dem neuesten Wissensstand zu sein (wer hat gerade etwas Neues gepostet – kann ich dazu einen Kommentar abgeben usw.).

Auch die in den Netzwerken angebotenen Onlinespiele verführen geradezu zum ständigen virtuellen „Anwesendsein und Mitmachen".

Häufig kommt es außerdem bei Jugendlichen, die in der realen Welt vielleicht etwas schwieriger Freunde finden, zum übermäßigen „Netzwerkkonsum". In ihrem Bereich sind sie anonymer, verwenden unter Umständen ein Pseudonym und bleiben so von ihren Mitschülern „unerkannt". Für sie ist es jetzt einfach und ohne Probleme möglich, ihre Gedanken zu teilen, Bilder zu posten, von anderen ernst genommen und „geliket" zu werden sowie bei der ein oder anderen Angabe zu „schummeln". Sie fühlen sich bestärkt in ihrer Person und geraten immer mehr in eine Abhängigkeit des Netzes, was zu einem kompletten Realitätsverlust führen kann.

Folgen von übermäßiger Internetnutzung gerade in Bezug auf soziale Netzwerke sind:

- schlechtere Leistungen in der Schule
- zwanghaftes Verhalten, immer online sein zu müssen
- Gereiztheit, wenn mal kein Internetzugang zur Verfügung steht (ggf. kein Netz mit dem Handy, kein Laptop in der Nähe usw.)
- „Abkapselung" von der Außenwelt – das Leben spielt sich überwiegend in den sozialen Netzwerken ab
- Kontakt mit „reellen Personen" und damit soziale Kompetenz nimmt ab
- „Kennenlernen" von „zwielichtigen" Personen und evtl. Abhängigkeit von diesen
- Streit mit Eltern, Mitschülern, Freunden, Lehrern
- Schlafentzug/Schlafstörungen

Vorbeugende Maßnahmen

Diese Frage sollte man sich selbst stellen und auch ehrlich beantworten. Schnell findet man nämlich heraus, dass dies häufig der Fall ist! Also: **Beuge vor!**

1. Dies kannst du z. B. dadurch erreichen, dass du für dich selbst genaue Zeiten einteilst, in denen du online bist – zu anderen Zeiten sind soziale Netzwerke „tabu". Trage dann außerdem ein, was du so alles in den sozialen Netzwerken „gemacht hast" (spielen, Bilder hochladen, Kommentare einfügen usw.). Du wirst überrascht sein, was deine „Haupttätigkeit" am Ende des Tages/der Woche gewesen ist.

   Ein übersichtlicher Plan (pro Tag oder pro Woche), den du in Word oder Excel erstellst und immer ergänzt, kann dir dabei helfen.

Beispiel für einen Zeitplan für die Nutzung von sozialen Netzwerken:

Tag (Datum)		
Uhrzeit	**Anzahl Stunden**	**Bemerkung**
08:00 Uhr	keine Nutzung von sozialen Netzwerken!	
09:00 Uhr		
10:00 Uhr		
11:00 Uhr		
12:00 Uhr		
13:00 Uhr		
14:00 Uhr		
15:00 Uhr		
16:00 Uhr		
17:00 Uhr		
18:00 Uhr		
19:00 Uhr		
20:00 Uhr		
21:00 Uhr		

nach 21:00 Uhr KEINE SOZIALEN NETZWERKE MEHR!

2. Außerdem kannst du dich mit deinen Freunden austauschen - wie oft diese online sind, wie sie mit Problemen umgehen usw. Dies geschieht aber nicht „virtuell", sondern „face to face" – ihr trefft euch also in der Realität und sprecht darüber. Du wirst feststellen, dass dieses Vorgehen viele Vorteile hat und dass das soziale Netzwerk in den „Hintergrund" tritt.

3. Suche dir Aktivitäten, die du außerhalb von sozialen Netzwerken betreibst (Fußball oder ein Instrument spielen usw.)! Diese machen Spaß, du findest neue Freunde, die auf deiner „Wellenlänge" liegen und bist ausgeglichen.

„Muss ich in allen sozialen Netzwerken User sein?!"

4. Stelle dir auch diese Frage und beantworte sie kritisch für dich selbst. Häufig ist man zwar in vielen Netzwerken angemeldet, weil man das Gefühl hat, überall „dabei sein zu müssen", doch dies ist oft gar nicht notwendig. Die investierte Zeit für das Checken von Posts, das Hochladen von Bildern usw. kann man besser anderweitig nutzen.

5 Setze dich mit den Gefahren, die durch das Nutzen von sozialen Netzwerken entstehen (vor allem Cyber-Mobbing) intensiv auseinander. Internetseiten wie schueler-gegen-mobbing.de helfen dir weiter. Sind dir diese bewusst, wirst du vermutlich auch dein Nutzungsverhalten ändern.

6. Berücksichtige immer das Zitat des Facebook-Gründers Mark Zuckerberg „Wer glaubt, dass jeder Facebook-Kontakt ein Freund ist, weiß nicht, was Freundschaft bedeutet"!

1. **Überlegt,** wie lange ihr täglich „online" seid und was für euch ein Tag „ohne Smartphone" bedeutet.
2. **Notiert** eure Feststellungen in einem Word-Dokument unter Berücksichtigung der Funktion „Nummerierungen und Aufzählungen" und **fügt** als Überschrift „Mein Umgang mit dem Netz" als WordArt ein.
3. **Vergleicht** und **diskutiert** eure Ergebnisse mit eurem Banknachbarn oder eurem Freund/eurer Freundin.
4. **Achtet** in Zukunft verstärkt auf euer Internetverhalten und setzt euch mit diesem kritisch auseinander.

Lernbereich 3: Informationen gewinnen, suchen, bewerten, verarbeiten und präsentieren, um ein Unternehmen in der Region zu erkunden

Kapitel 3

Lernbereich 3: Informationen gewinnen, suchen, bewerten, verarbeiten und präsentieren, um ein Unternehmen in der Region zu erkunden

3.1 Lernbereich 3.1: Informationen gewinnen und strukturieren

Kompetenzerwartungen
Die Schülerinnen und Schüler

- nutzen Suchmaschinen und Nachschlagewerke, um geeignete Informationen zu regionalen Betrieben (z. B. Branche, Standort, Größe) zu erhalten.
- beurteilen die Informationsaufbereitung in medialen Quellen hinsichtlich ihres Inhalts, Struktur und Darstellungsform.
- prüfen, filtern und bewerten die bei ihrer Recherche gewonnenen Informationen bezüglich Aktualität, Seriosität und Verwendbarkeit.

Im BSK-Unterricht beschäftigen sich Lena und Luca zurzeit mit den Unternehmen, die in ihrer Region ansässig sind. Sogar eine Betriebsbesichtigung im Rahmen des Boys & Girls Day steht auf dem „Plan" und beide freuen sich schon. Nun sollen sich beide über ein Unternehmen ihrer Wahl mithilfe des Internets informieren, die Informationen übersichtlich notieren, diese ggf. für die Betriebserkundung nutzen und später ihre Ergebnisse präsentieren.

1. **Informiert** euch über den Themenbereich „Informationen gewinnen und strukturieren".
2. **Sucht** mithilfe geeigneter Suchmaschinen ein Unternehmen in eurer Region, welches euch interessiert.
3. **Informiert** euch über folgende Themenbereiche und haltet diese mithilfe der Tabellenfunktion in einem Textverarbeitungsprogramm fest. Gestaltet euer Dokument ansprechend und übersichtlich.
   - genauer Name (Firmenbezeichnung) des Unternehmens
   - Firmeninhaber, Geschäftsführer
   - Gründungsjahr der Firma
   - Standort (oder Standorte) der Firma
   - Produkte oder Dienstleistungen, die das Unternehmen anbietet
   - Angaben im Impressum
   - Sonstiges
4. **Präsentiert** eure Ergebnisse im Plenum und geht auch auf die DIN-Regeln, die für Tabellen gelten, ein.
5. **Überlegt,** warum ihr euch bereits im Vorfeld mit dem Unternehmen, in welchem ihr eine Betriebsbesichtigung machen wollt, auseinandersetzt.
6. **Zieht** aus euren Erkenntnissen wichtige Schlüsse für die Zukunft.

3.1.1 Suchmaschinen und Nachschlagewerke

Um an Informationen aus dem Netz zu gelangen, bietet sich der Einsatz von Suchmaschinen an. Mithilfe dieser können schnell und einfach Suchbegriffe eingegeben und im Internet „hinterlegte Informationen" abgerufen werden, die dann vom Sucher als **„Nachschlagewerke"** genutzt werden.

Auch tatsächliche „Nachschlagewerke“, wie z. B. der Duden, sind mittlerweile online hinterlegt und Informationen können über die entsprechende Homepage eingeholt werden (www.duden.de).

Aber Vorsicht:

1. Suchmaschinen denken nicht! Sie verwenden zwar ein bestimmtes System, nach welchem die gesuchten Daten angezeigt werden, die Ergebnisse müssen aber nicht immer die gewünschten Informationen enthalten.
2. Nachschlagewerke, die im Netz genutzt werden, müssen nicht immer korrekte Angaben erhalten!

Beispiele für Suchmaschinen sind:

- www.google.de
- www.bing.de
- www.yahoo.de
- www.ask.de
- usw.

Die „Endung“ (.de für Deutschland, .it für Italien, .uk für United Kingdom usw.) der Suchmaschine oder des sonst genutzten Nachschlagewerkes legt fest, für welches Land diese „gelten“ bzw. in welcher Sprache Ergebnisse angezeigt werden.

Da das Internet eine Fülle von Informationen bietet, sollte man bei der Eingabe der Suchbegriffe berücksichtigen, dass mithilfe von verschiedenen „Suchoperatoren“ (Symbole und Zeichen) bessere Suchergebnisse erzielt werden. Jedoch können diese je nach Suchmaschine unterschiedlich sein. Meist sind die entsprechenden Zeichen in der Hilfefunktion der genutzten Suchmaschine hinterlegt.

Bei Google können diese wie folgt gefunden werden:

Einstellungen – Sucheinstellungen – Hilfe – Ergebnisse filtern und verfeinern – Suchoperatoren: Die entsprechenden Operatoren werden angezeigt.

Symbole und Zeichen sind z. B.

+	verbindet zwei Wörter miteinander – nur Ergebnisse, die beide Wörter enthalten, werden anzeigt
-	schließt Wörter von der Suche aus – nur Ergebnisse ohne das ausgeschlossene Wort werden angezeigt
$	sucht nach Preisen
*****	steht als Platzhalter für unbekannte Wörter
...	...

3.1.2 Impressum

Möchte man sich über ein Unternehmen informieren, findet man vielfältige Informationen zu diesem im sogenannten Impressum, welches als extra Reiter auf jeder Homepage angezeigt werden muss. Die zu veröffentlichenden Angaben sind gesetzlich vorgeschrieben (gem. Telemediengesetz – kurz: TMG) und ein fehlendes Impressum bzw. fehlende Inhalte können hohe Strafen nach sich ziehen.

3.1.3 Auswertung von Inhalten aus dem Netz

Werden Informationen aus dem Internet genutzt, ist es von größter Wichtigkeit, dass man diese genau hinterfragt, also:

- Stimmen die gefundenen Informationen tatsächlich?
- Woher stammen die Informationen (aus seriösen Quellen oder von privaten „Anbietern", die unbekannt und eher unseriös sind usw.)?
- Darf ich die Informationen überhaupt verwenden oder sind diese vielleicht urheberrechtlich geschützt?
- Wie kann ich die gefundenen Informationen darstellen (mithilfe eines Textverarbeitungsprogramms, eines Tabellenkalkulationsprogramms, eines Präsentationsprogramms usw.)?
- Welche Quellenangaben muss ich bei der Darstellung machen?

1. **Überlege,** welche Suchmaschinen du nutzt, und **notiere** dir die verschiedenen Operatoren sowie entsprechende Beispiele in einem Word-Dokument.
2. **Gestalte** dieses ansprechend und übersichtlich und nutze dabei verschiedene Formatierungsmöglichkeiten unter Berücksichtigung der DIN-Regeln.
3. **Speichere** dein Dokument ab und vergleiche dein Ergebnis mit deinem Banknachbarn.
4. **Prüfe** die von deinem Nachbarn gefundenen Operatoren auf Richtigkeit, indem du diese in der jeweiligen Suchmaschine testest.
5. **Nimm** ggf. Änderungen/Ergänzungen vor.
6. **Drucke** dein Ergebnis aus und hefte es in deinem Ordner ab.
7. **Wende** die verschiedenen Operatoren in der Zukunft an.

3.2 Lernbereich 3.2: Daten mit Excel auswerten

Kompetenzerwartungen
Die Schülerinnen und Schüler

- nutzen ein Tabellenkalkulationsprogramm, um Informationen zu Betrieben strukturiert darzustellen.
- sortieren die Informationen nach gegebenen Kriterien und stellen sie in einem geeigneten Diagrammtyp dar.

Nachdem Lena und Luca die Betriebsbesichtigung durchgeführt haben, sollen sie die gewonnenen Erkenntnisse auswerten und übersichtlich darstellen, damit diese später im Unterricht präsentiert werden können. Dazu sollen verschiedene Funktionen des Programmes Excel genutzt werden.

Die Informationen, die dargestellt werden sollen, haben sie von Frau Berger, der Geschäftsführerin der Berger & Thaler Sportswear OHG, während eines Interviews erhalten!

Da die beiden Schüler während des Interviews nicht die Zeit hatten, alle Angaben auszurechnen, haben sie sich jeweils Notizen gemacht, was noch zu erledigen ist, und die Daten zur besseren Übersichtlichkeit als „Aufgaben" bezeichnet und durchnummeriert.

1. **Informiert** euch mithilfe des Programmhandbuches zu Excel über die verschiedenen Funktionen und Formeln und **erledigt** nacheinander die verschiedenen Aufgaben, indem ihr die euch vorliegenden Daten in Excel erfasst, bearbeitet bzw. vervollständigt und auswertet.
2. **Erledigt** alles „Schritt für Schritt".
3. **Präsentiert** eure Teilergebnisse immer im Plenum (am besten über den Beamer) und geht dabei auch auf eure Vorgehensweise beim Erstellen der Tabellen sowie auf die gewählten Formeln ein.
4. **Überlegt**, warum ihr das Programm Excel für die Auswertungen und Darstellungen nutzt, und **notiert** eure Erkenntnisse.
5. **Zieht** aus dieser Schlüsse für die Zukunft und nutzt das Programm Excel, wenn es sinnvoll ist.

Aufgabe 1

Artikel-Nr.	Bezeichnung	Stückpreis	Anzahl	Gesamtsumme
2280 CSM 1401	Fußballtrikot „FC Bayern München", Größe M	49,90 Euro	5	???????
2280 CSM 1601	Fußballtrikot „FC Augsburg", Größe XL	47,90 Euro	7	???????
2280 CSM 2041	Trainingsanzug „Bavaria" Farbe Grün, Größe S	79,90 Euro	9	???????
2280 CSM 2106	Trainingsanzug „Isar" Farbe Rot-Blau, Größe XXL	85,90 Euro	13	???????
2280 CSM 2202	Trainingsanzug „Olymp" Farbe Schwarz-Weiß, Größe L	119,90 Euro	2	???????
2280 CSM 3201	Kapuzenpulli „Olymp" Farbe Grün-Weiß, Größe S	39,90 Euro	22	???????
2280 CSM 4921	Teamtasche „Olympia" Farbe Marine-Schwarz	34,95 Euro	11	???????
Tagesumsatz				???????

Daten in ein Tabellenkalkulationsprogramm übernehmen und die fehlenden Angaben ermitteln – ordentlich formatieren!

3

Lernbereich 3

Aufgabe 2

Artikel-Nr.	Bezeichnung	Stückpreis	Anzahl	Gesamtsumme	Prozentualer Anteil an der Gesamtsumme
2280 CSM 1501	Fußballtrikot „1. FC Nürnberg", Größe S	37,90 Euro	7		
2280 CSM 1701	Fußballtrikot „TSV 1860 München", Größe L	42,50 Euro	5		
2280 CSM 2062	Trainingsanzug „Europa CSM" Farbe Schwarz, Größe XXL	84,00 Euro	14		
2280 CSM 2092	Trainingsanzug „Athletik" Farbe Schwarz-Weiß, Größe XL	69,20 Euro	8		
2280 CSM 2105	Trainingsanzug „Isar" Farbe Schwarz-Weiß, Größe S	74,50 Euro	1		
2280 CSM 3202	Kapuzenpulli „Olymp" Farbe Schwarz-Weiß, Größe M	29,99 Euro	19		
Gesamt					

Daten in ein Tabellenkalkulationsprogramm übernehmen und die fehlenden Angaben ermitteln – ordentlich formatieren, prozentualen Anteil ermitteln und die Zeile Gesamt, wo dies sinnvoll ist, ergänzen!

Aufgabe 3

Artikel-Nr.	Bezeichnung	Stückpreis	Anzahl	Gesamtsumme	Prozentualer Anteil an der Gesamtsumme
2280 CSM 1801	Fußballtrikot „FC Ingolstadt", Größe M	49,90 Euro	3		
2280 CSM 2042	Trainingsanzug „Bavaria" Farbe Schwarz-Weiß, Größe L	75,50 Euro	8		
2280 CSM 2091	Trainingsanzug „Athletik" Farbe Grün, Größe M	88,00 Euro	26		
2280 CSM 2201	Trainingsanzug „Olymp" Farbe Grün-Weiß, Größe XL	89,50 Euro	12		
2280 CSM 2316	Trainingsanzug „Master" Farbe Rot-Weiß, Größe XXL	79,50 Euro	15		
2280 CSM 4715	Teamtasche „Standard" Farbe Rot-Weiß	34,95 Euro	30		
Gesamt					

Daten in ein Tabellenkalkulationsprogramm übernehmen und die fehlenden Angaben ermitteln – ordentlich formatieren, prozentualen Anteil ermitteln, die Zeile Gesamt, wo dies sinnvoll ist, ergänzen und den kleinsten, größten sowie durchschnittlichen Wert ermitteln!

Aufgabe 4

Artikel-Nr.	Bezeichnung	Stückpreis in €	Anzahl am Lager vor Verkauf	Anzahl verkaufte Artikel	Anzahl am Lager nach Verkauf	neuer Lagerwert	prozentualer Anteil am Lagerwert
2280 CSM 2043	Trainingsanzug „Bavaria" Farbe Rot-Weiß, Größe S	74,90	104	13			
2280 CSM 2093	Trainingsanzug „Athletik" Farbe Rot-Weiß, Größe L	65,50	302	22			
2280 CSM 2317	Trainingsanzug „Master" Farbe Orange-Weiß, Größe S – XXL	88,00	29	31			
2280 CSM 3203	Kapuzenpulli „Olymp" Farbe Rot-Blau, Größe S – XXL	22,50	48	8			
2280 CSM 4713	Teamtasche „Standard" Farbe Blau-Weiß-Schwarz	39,90	122	1			
2280 CSM 4813	Teamtasche „Modern" Farbe Blau-Weiß-Schwarz	27,90	200	4			
Gesamt							
durchschn. Anzahl							

Daten in ein Tabellenkalkulationsprogramm übernehmen und die fehlenden Angaben ermitteln – ordentlich formatieren, prozentualen Anteil am Lagerwert ermitteln, nach Stückpreis aufsteigend sortieren, Zeile Gesamt, wo sinnvoll, ergänzen und die durchschnittliche Anzahl der Artikel, die am Lager sind, ermitteln.

Aufgabe 5

Kundenbestellung – Gewährung von 3 % Skonto auf den Stückpreis						
Artikel-Nr.	Bezeichnung	Stückpreis	Anzahl	Gesamtsumme	Skontobetrag	Gesamtsumme abzgl. Skonto
2280 CSM 2104	Trainingsanzug „Isar" Farbe Grün-Weiß, Größe S – XXL	82,00 Euro	16			
2280 CSM 2203	Trainingsanzug „Olymp" Farbe Rot-Blau, Größe S – XXL	79,80 Euro	10			
2280 CSM 2315	Trainingsanzug „Master" Farbe Grün-Schwarz, Größe S – XXL	85,00 Euro	20			
2280 CSM 4714	Teamtasche „Standard" Farbe Grün-Schwarz	35,00 Euro	14			
Rechnungsbetrag						

Daten in ein Tabellenkalkulationsprogramm übernehmen und die fehlenden Angaben ermitteln – ordentlich formatieren, Skontobetrag berechnen, nach Bezeichnung alphabetisch sortieren, Rechnungsbetrag ermitteln.

Aufgabe 6

Umsätze im 1. Quartal der Berger & Thaler Sportswear OHG:

Trikots	122.500,00 Euro
Trainingsanzüge	177.000,00 Euro
Teamtaschen	35.000,00 Euro

Daten in ein Tabellenkalkulationsprogramm übernehmen, den Gesamtumsatz berechnen und alles in einem aussagekräftigen Diagramm darstellen.

Aufgabe 7

Umsätze im 1. Quartal der Berger & Thaler Sportswear OHG:

Artikel	tatsächlicher Umsatz	angenommener Umsatz	Abweichung in Euro
Trikots	122.500,00 Euro	120.000,00 Euro	
Trainingsanzüge	177.000,00 Euro	200.000,00 Euro	
Teamtaschen	35.000,00 Euro	25.000 Euro	
Gesamt			

Daten in ein Tabellenkalkulationsprogramm übernehmen, die Abweichung in Euro ermitteln sowie die Zeile Gesamt vervollständigen und den durchschnittlichen tatsächlichen Umsatz ausweisen, den tatsächlichen Umsatz im Vergleich mit dem angenommenen Umsatz in einem geeigneten Diagramm darstellen.

Aufgabe 8

Umsätze im 1. Quartal der Berger & Thaler Sportswear OHG:

Artikel	tatsächlicher Umsatz	Herstellungskosten	Gewinn
Trikots	122.500,00 Euro	47.500,00 Euro	
Trainingsanzüge	177.000,00 Euro	102.000,00 Euro	
Teamtaschen	35.000,00 Euro	11.200,00 Euro	
Gesamt			

Daten in ein Tabellenkalkulationsprogramm übernehmen, den Gewinn ermitteln sowie die Zeile Gesamt vervollständigen, den Gesamtgewinn gemessen an den einzelnen Artikeln in einem geeigneten Diagramm (Kreis) darstellen.

3.3 Lernbereich 3.3: Dokumente mit Textverarbeitungsprogrammen erstellen und gestalten

Kompetenzerwartungen
Die Schülerinnen und Schüler

- visualisieren mithilfe von Textfeldern relevante Orte (z. B. Unternehmen) in einem digitalen Ortsplan.
- erstellen zur Kontaktaufnahme mit einem Unternehmen ein normgerechtes Anschreiben.
- nutzen die Tabellenfunktion in einem Textverarbeitungsprogramm zur strukturierten Darstellung von Informationen, z. B. in Form eines Beobachtungsbogens.
- nutzen ein Textverarbeitungsprogramm zur normgerechten, übersichtlichen und informativen Darstellung eines Sachverhalts, z. B. Bericht über eine Betriebserkundung.

3.3.1 Normgerechte Anschreiben erstellen

Luca und Lena hat es bei der Berger & Thaler Sportswear OHG so gut gefallen und sie haben so viele Informationen von Frau Berger während des Interviews erhalten, dass sie sich gerne bei Frau Berger schriftlich bedanken möchten. Lena überlegt: „Du Luca, weißt du, wie man ein Anschreiben richtig erstellt?" Luca antwortet: „Mmm, ne, das weiß ich leider auch nicht so genau."

1. **Informiert** euch mithilfe der Informationstexte über euren Themenbereich.
2. **Notiert** euch wichtige Informationen auf einem Spickzettel.
3. **Erstellt** ein Dankesschreiben an Frau Berger unter Berücksichtigung der Schreib- und Gestaltungsregeln nach der DIN 5008.
4. **Präsentiert** eure Ergebnisse über den Beamer und **erläutert,** warum ihr euch für die gewählten Formulierungen entschieden habt. Beantwortet Luca und Lena, wie ein ordnungsgemäßes Schreiben nach den Regeln der DIN 5008 aussieht.
5. **Druckt** eure Ergebnisse aus und **heftet** diese in eurem Ordner ab.
6. **Berücksichtigt** bei anfallendem Schriftverkehr die neu gelernten Regeln nach der DIN 5008.

Unter Anschreiben versteht man Briefe, die an bestimmte Personen oder Unternehmen gerichtet sind und immer einen bestimmten Zweck erfüllen bzw. ein Ziel haben. Damit die Briefe beim Empfänger ankommen und auch der gewünschte Zweck erfüllt bzw. das Ziel erreicht wird, müssen einige Regeln eingehalten werden, die unter anderem in der DIN 5008 (Schreib- und Gestaltungsregeln) festgehalten sind.

DIN ist die Abkürzung für „Deutsches Institut für Normung", welches die Regeln von Zeit zu Zeit überprüft und ggf. anpasst.

In der Praxis unterscheidet man bei den Anschreiben zwischen dem Privatbrief und dem Geschäftsbrief. Der Unterschied der beiden Briefe besteht darin, dass der Privatbrief von Privatpersonen und der Geschäftsbrief im Berufs- und Arbeitsleben verfasst wird.

Die Inhalte der beiden Anschreiben können gleich sein.

Beispiel:
Lenas Vater kündigt seinen Handyvertrag zum nächstmöglichen Zeitpunkt.

Frau Berger von der Berger & Thaler Sportswear OHG setzt das Kündigungsschreiben für die Firmenhandy-Verträge auf.

Früher hat man für den Privatbrief einen besonderen Aufbau verwendet, der noch aus dem Zeitalter der Schreibmaschine stammt. Heute verwendet man für Privatbriefe meistens in Anlehung an der Geschäftsbrief eine Briefmaske, die nach der DIN 5008 wie in den folgenden Beispielen dargestellt, aussieht.

- **Überlege,** welche Inhalte dein Schreiben enthalten soll, und **notiere** diese stichpunktartig.
- **Formuliere** mithilfe der Stichpunkte dein Schreiben.
- **Achte** darauf, dass du einfache und ansprechende Sätze verwendest.
- **Gestalte** dein Schreiben ansprechend unter Berücksichtigung der DIN-Regeln in Bezug auf Absätze, Einzüge usw.
- **Schalte** nach dem letzten Satz deines Briefes zweimal und **füge** den Briefabschluss ein (Freundliche Grüße).
- **Schalte** viermal, sodass drei Leerzeilen entstehen und **füge** an dieser Stelle deinen Vor- und Nachnamen ein.
- **Prüfe,** ob Anlagen mit deinem Schreiben versendet werden sollen, und **vermerke** diese (schalte nach deinem Vor- und Nachnamen zweimal, sodass eine Leerzeile entsteht, und **ergänze** das Wort Anlage (wenn du eine Anlage mit versendest) bzw. Anlagen (wenn du deinem Schreiben mehrere Anlagen beifügst).
- **Formatiere** das Wort Anlage bzw. Anlagen fett.
- **Kontrolliere** dein Schreiben auf Vollständigkeit und Richtigkeit (Rechtschreibung und Grammatik sowie DIN-Regeln) und **drucke** erst nach der Prüfung dein Schreiben aus.
- **Unterschreibe** an der richtigen Stelle (zwischen deinem Briefabschluss und deiner maschinellen Unterschrift) und **versende** deinen Brief.

Lena Zagerl
Schlehenweg 38
97421 Schweinfurt

Tel.: 09721 12355
E-Mail-Adresse: lena@zagerl.de

x
x
x
Berger & Thaler Sportswear OHG
...
...
x
x
x
x

Datum: 20.06.JJJJ

Sie suchen eine Praktikantin?

Sehr geehrte Frau Berger,

Sie suchen eine engagierte und motivierte Praktikantin für die Sommerferien? Gerne stelle ich mich bei Ihnen vor!
x
Zurzeit besuche ich die Wirtschaftsschule in Schweinfurt und konnte mir während einer Betriebsbesichtigung ein Bild von Ihrem Unternehmen machen.
x
...
...
...
Über ein persönliches Vorstellungsgespräch freue ich mich!
x
Freundliche Grüße
x
x
x
Lena Zagerl
x
Anlagen
Lebenslauf
2 Zeugnisse

3.3.2 Wie erstelle ich einen Vordruck für die Betriebsbesichtigung und wie fertige ich einen aussagekräftigen Bericht an?

Frau Berger ist so begeistert von dem Dankesschreiben, dass sie Luca und Lena für einen Tag in die Produktionsstätte einlädt. Sie bietet beiden an, einen Beobachtungsbogen anzufertigen, den die Schüler während des Rundgangs nutzen können.

Außerdem möchte sie, dass die beiden einen Bericht über die Besichtigung anfertigen, der dann in der Firmenzeitschrift der Berger & Thaler Sportswear OHG veröffentlicht wird. Als „Gegenleistung" für Lenas und Lucas Arbeit möchte Frau Berger einen Betrag für die Klassenkasse der beiden spenden.

Die Schüler sind begeistert. Allerdings fragt Luca Lena nach einer Weile: „Du, sag mal, wie geht das noch mal mit dem Beobachtungsbogen? Ich weiß gar nicht mehr genau, wie man diesen erstellen kann. Und einen Bericht habe ich auch noch nie geschrieben, wenn ich ehrlich sein soll."

Lena zuckt mit den Schultern: „Ich auch nicht, aber das bekommen wir schon hin!"

Arbeitsauftrag 1

1. **Überlegt**, welche Inhalte euer Beobachtungsbogen haben muss, und **notiert** diese stichpunktartig.
2. **Informiert** euch über den Themenbereich Vordrucke sowie mithilfe des Programmhandbuches zu Word über die Arbeit mit Tabellen und die entsprechenden DIN-Regeln.
3. **Erstellt** einen Beobachtungsbogen, welchen ihr für die Besichtigung der Produktionsstätte nutzen könnt. **Greift** dabei auch auf vorhandenes Wissen aus dem BSK-Unterricht zurück.
4. **Gestaltet** diesen ansprechend.
5. **Druckt** eure Beobachtungsbögen aus und hängt diese an einer Pinnwand auf bzw. legt sie auf einen Tisch.
6. **Vergleicht** eure Bögen und prüft diese auf Vollständigkeit und Richtigkeit.
7. **Beantwortet** Lena und Luca, wie ihr eure Bögen erstellt und worauf ihr geachtet habt.
8. **Nehmt** ggf. Veränderungen/Ergänzungen an euren Bögen vor und **druckt** diese bei Bedarf erneut aus.
9. **Heftet** die Ergebnisse in eurem Ordner ab.
10. **Wendet** euer neu gewonnenes Wissen in der Zukunft an.

Arbeitsauftrag 2

1. **Überlegt**, welche Inhalte euer Bericht haben könnte, und **notiert** diese in einer Mindmap.
2. **Nutzt** dabei auch die Informationen aus dem Notizzettel, den Luca während der Betriebsbesichtigung angefertigt hat sowie die Hinweise zum Erstellen von Berichten aus dem Methodenpool.
3. **Erstellt** einen Bericht in einem Textverarbeitungsprogramm und **achtet** dabei auf die DIN-Regeln und eine übersichtliche Gestaltung.
4. **Präsentiert** euren Bericht im Plenum und **erläutert** Lena und Luca eure Vorgehensweise.
5. **Prüft** euren Bericht auf Vollständigkeit und Richtigkeit.
6. **Druckt** diesen aus und heftet ihn in eurem Ordner ab.
7. **Berücksichtigt** euer neu gewonnenes Wissen für die Zukunft (auch beispielsweise für den Deutschunterricht!).

Notizzettel von Lena und Luca zur Anfertigung des Berichts

Besichtigung der Produktionsstätte Berger & Thaler Sportswear OHG am 17.05.JJJJ durch Lena und Luca; Beginn 08:00 Uhr, Ende 12:00 Uhr

Begrüßung durch Frau Berger und Vorstellung des 2. Geschäftsführers, Herrn Thaler

Gang zur Produktionsstätte; Herstellung von T-Shirts und Trainingsanzügen in Hallen 1 und 2; Herstellung von Sporttaschen in der Halle 3; 200 Mitarbeiter sind in der Produktion tätig; neue Maschinen zur Beflockung der Kleidung seit acht Monaten, die sehr modern sind und viel Arbeit abnehmen; überwiegend Herstellung in Automation; Serienfertigung; es gibt viele Unfallverhütungsvorschriften, die in Produktionsstätten eingehalten werden müssen; der Mitarbeiter, Herr Zeimet, ist für die Überwachung dieser zuständig; vor drei Monaten ereignete sich ein Unfall und zwar hat sich ein Mitarbeiter aus Unachtsamkeit die Hand in einer Maschine schwer verletzt, weil er vergessen hat, den Sicherheitsriegel zu betätigen – es ist aber Gott sei Dank alles gut ausgegangen und die Hand ist wieder voll einsatzfähig; Verabschiedung durch Frau Berger und Herrn Thaler, Bericht kann per E-Mail an beide gesendet werden; es war ein interessanter Vormittag

Notizen von Lena und Luca

Firmenname	Berger & Thaler Sportswear OHG, Schweinfurt
heutige Geschäftsführer	Renate Berger und Helmut Thaler
Gründer des Unternehmens	Hans Berger, Großvater von Renate Berger
Geschichte	Gründung im Jahre 1948 durch Herrn Hans Berger, 5 Mitarbeiterinnen, Herstellung von Unterwäsche Übernahme des Geschäfts im Jahre 1958 durch den Sohn Fritz Berger (Vater von Renate Berger), Produktion von Unterwäsche 1964 Gründung der Fritz Berger Mode e. K. und Vergrößerung des Unternehmens bis Anfang der 1990er-Jahre auf 150 Mitarbeiterinnen und Mitarbeiter, Produktion von T-Shirts, Trainings- und Freizeitanzügen 2000 Übernahme des Unternehmens durch Renate Berger 2002 Aufnahme eines zusätzlichen Geschäftsführers, Helmut Thaler 02.05.2006 Gründung der Berger & Thaler Sportswear OHG Schweinfurt und stetige Vergrößerung des Unternehmens
Mitarbeiterinnen und Mitarbeiter	250
Vertriebsgebiete	– Deutschland – Italien – Österreich – Schweiz
Produkte	– T-Shirts – Trainings- und Freizeitanzüge – Trikots – Sporttaschen
Produktion	überwiegend Automation in drei Hallen auf dem Firmengelände in Schweinfurt, Serienfertigung

Vordrucke (Formulare)
Unter einem Beobachtungsbogen versteht man einen Vordruck (auch Formular genannt), den man in bestimmten Situationen einsetzen kann.

Vorteile von Vordrucken (Formularen) sind:

- wichtige Angaben werden nicht vergessen
- schnelles und zeitsparendes Ausfüllen möglich
- Übersichtlichkeit ist gewährleistet
- „Ausfüller" weiß, was er alles für Angaben machen muss
- schnelle Bearbeitung durch den „Ausfüller" aufgrund einer klaren Struktur möglich

Soll ein Vordruck (Formular) erstellt werden, sind keine besonderen Vorschriften für das Formular nach der DIN 5008 einzuhalten, es sei denn, es werden z. B. Tabellen in einem Formular verwendet. Diese müssen natürlich nach den geltenden DIN-Regeln formatiert werden. Gleiches gilt für Absätze, Einrückungen ... Unter Formulare fallen Checklisten, Beobachtungsbögen, Fragebögen, Telefonnotizen usw.

Beispiel eines Telefonnotizzettels
Lisa schimpft mal wieder mit Lena, weil diese die telefonische Nachricht ihres Freundes Matti nicht an Lisa weitergeleitet hat.

Um unnötigen Ärger zu vermeiden, ruft Herr Zagerl am Abend den Familienrat zusammen und stellt den von ihm neu entworfenen Telefonnotizzettel vor. Alle Familienmitglieder einigen sich darauf, in Zukunft Informationen aus angenommenen Anrufen für andere Familienmitglieder auf dem Notizzettel aufzuschreiben und entsprechend weiterzugeben.

Familie Zagerl

von: ______________________________

an: ______________________________

Wer hat angerufen?

____

Was ist zu tun?

❑ Rückruf unter der Nummer:

____

❑ Nichts, Anrufer versucht es später wieder

Notizen

____
____
____
____

Datum des Anrufs ____________________

Berichte erstellen
Häufig kommt es vor, dass man für verschiedene Situationen Berichte anfertigen muss. Diese können auf vielfältige Weise Verwendung finden, z. B. in Tageszeitungen, für Mitschülerinnen und Mitschüler bzw. Lehrerinnen und Lehrer, Unternehmen usw. und dienen als Informationsquelle.

Tipps zum Schreiben eines Berichts:

- Finde eine aussagekräftige, aber neutrale Überschrift.
- Gib objektiv und sachlich die Informationen wieder.
- Formuliere kurze und knappe Sätze.
- Verwende keine Umgangssprache und keine wörtliche Rede sowie keine Zitate.
- Drücke keine Gefühle in deinem Bericht aus (formuliere neutrale Sätze).
- Schreibe im Präteritum und achte auf korrekte Rechtschreibung und Grammatik.
- Gib Antwort auf die W-Fragen, die sich in Einleitung, Hauptteil und Schluss gliedern:

Einleitung	Hauptteil	Schluss
– **Wann** (Datum, Uhrzeit) – **Was** (Ereignis) – **Wo** (Ort) – **Wer** (Teilnehmer, Beteiligte)	– **Was** (in zeitlicher Reihenfolge werden die Einzelheiten des Geschehens sachlich wiedergegeben) – **Wie** – **Warum**	– **Welche** Folgen (Folgen des Ereignisses sowie Ergebnisse)

Um den Ort des Geschehens näher zu beschreiben, können als Anlage von Berichten Ortspläne/Stadtpläne, sonstige Karten beigefügt sein. Mithilfe von Textfeldern können in digitalen Ortsplänen Standorte markiert werden.

Bei der Formatierung des Textfeldes ist darauf zu achten, dass dieses keine Füllung enthält (rechte Maustaste, Form formatieren – Füllung – keine) und die Linienfarbe (rechte Maustaste, Form formatieren – Linienfarbe – Farbe auswählen) sowie – Stärke (rechte Maustaste, Form formatieren – Linienart – Breite auswählen) ggf. angepasst werden müssen.

Auch die Größe des Textfeldes muss meistens verändert werden (durch Ziehen an den Ecken ist dies schnell und einfach möglich).

Beispiel:
Markierung mit einem Textfeld

3.4 Lernbereich 3.4: Ergebnisse mithilfe eines Präsentationsprogramms darstellen

Kompetenzerwartungen
Die Schülerinnen und Schüler

- erstellen mithilfe einer geeigneten Software eine Präsentation, um die Ergebnisse z. B. einer Betriebserkundung darzustellen. Dabei setzen sie grundlegende Planungsschritte, Gestaltungs- und Strukturierungsmöglichkeiten sachgerecht um.
- berücksichtigen beim Vortrag die Präsentationsregeln und gehen konstruktiv mit dem Feedback ihrer Mitschülerinnen und Mitschüler um.
- arbeiten bei der Erstellung von einfachen elektronischen Dokumenten (z. B. Text, Tabelle) sowohl selbstständig als auch zielgerichtet im Team. Dabei bewerten sie in der Gruppe Prozess und Ergebnis ihrer Arbeit, um gemeinsam Strategien zur Optimierung zu entwickeln.

In den letzten Wochen haben sich Lena und ihre Mitschüler viel mit dem Unternehmen Berger & Thaler Sportswear OHG auseinandergesetzt. Für den Tag der offenen Tür ihrer Wirtschaftsschule soll die Klasse eine PowerPoint-Präsentation über das Unternehmen erstellen und mithilfe dieser einen Vortrag für die Besucher halten.

1. **Informiert** euch über den Themenbereich „Präsentationen erstellen" mithilfe des Methodenpools, der Informationstexte und des Programmhandbuches für PowerPoint.
2. **Bildet** Gruppen und **überlegt,** wie ihr eure PowerPoint-Präsentation aufbauen wollt (ggf. Brainstorming – siehe Methodenpool). **Macht** euch Notizen und nutzt diese später als Hilfe. Eckdaten zur Berger & Thaler Sportswear OHG könnt ihr den Notizen von Lena und Luca entnehmen.
3. **Erstellt** eure Präsentation und **berücksichtigt** dabei die Regeln für das Erstellen von PowerPoint-Präsentationen.
4. **Entwickelt** eine Checkliste, mit der ihr später die anderen Präsentationen bewerten könnt. Informationen hierzu findet ihr ebenfalls im Methodenpool.
5. **Bereitet** euch auf die Präsentation vor.
6. **Präsentiert** die Ergebnisse und berücksichtigt die entsprechenden Präsentationsregeln in Bezug auf euer Auftreten.
7. **Bewertet** die Präsentationen mithilfe eurer Checklisten und **gebt** im Plenum konstruktives Feedback.
8. **Nehmt** ggf. Änderungen/Ergänzungen an eurer Präsentation vor und **druckt** diese als Handzettel aus.
9. **Überlegt,** wie ihr euch während der Präsentation und der Gruppenarbeit gefühlt habt, und **zieht** daraus Schlüsse für euer künftiges Handeln.

3.4.1 Regeln für das Erstellen von PowerPoint-Präsentationen

Beachte:

- Der Titel der Folie muss zum Inhalt passen und möglichst einzeilig sein
- möglichst gleichen Sprachstil beim Folientitel verwenden (immer Fragen oder immer Aussagen)
- möglichst Stichpunkte verwenden und keinen Fließtext schreiben
- klare Aussagen treffen
- einheitliches Design, welches zum Thema passt, verwenden (am besten über die Funktion Folien-Master in PowerPoint)
- angemessene Schriftgröße verwenden (mindestens 20 pt)
- angemessenen Zeilenabstand verwenden (1,5zeilig)

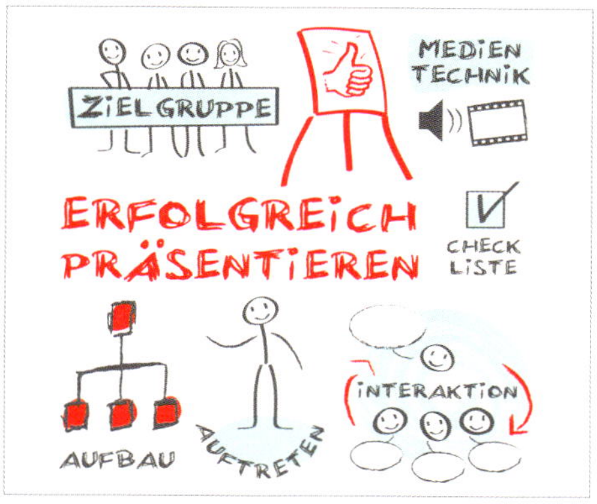

- maximal drei verschiedene Schriftgrößen und Schriftarten verwenden
- auf die Schriftfarbe achten (heller Hintergrund = dunkle Schrift, dunkler Hintergrund = helle Schrift)
- vorsichtig mit Farben sein (möglichst nur zwei bis drei verschiedene Farben in der gesamten Präsentation verwenden, da diese für „Unruhe" sorgen können)
- Folien nicht bis zum Rand beschriften
- möglichst nicht mehr als sechs bis sieben Infopunkte pro Folie aufführen
- Bilder und Grafiken (Diagramme) zur Veranschaulichung verwenden – manchmal sogar anstelle von Text
- Bilder und Grafiken (Diagramme) müssen zum Inhalt der Präsentation passen.
- Sind Tabellen einzubetten, müssen diese lesbar sein und komplett dargestellt werden. Umfangreichere Tabellen sollten daher eher nicht in eine Präsentation eingefügt werden.
- sparsam mit Animationen und Effekten umgehen und den Grundsatz „weniger ist mehr" beherzigen
- auf passende Zeitfestlegung bei Animationen/Effekten achten (Diese dürfen nicht zu schnell, aber auch nicht zu langsam ein- bzw. ausgeblendet werden. Es muss zum einen alles in Ruhe gelesen werden können, zum anderen darf jedoch keine Langeweile oder gar Unruhe durch zu lange Verzögerungen entstehen.)

Tipp:
Prüfe vor dem Präsentieren deine erstellte PowerPoint-Präsentation über den Beamer! Häufig kommt es vor, dass die am PC angezeigten Farben über den Beamer verändert „ausgestrahlt" werden und ggf. Teile deiner PowerPoint-Präsentation nur schlecht oder sogar gar nicht lesbar sind. Jetzt können noch schnell und einfach Änderungen vorgenommen werden – während der „richtigen" Präsentation ist dies nicht mehr möglich.

3.4.2 Präsentieren und vortragen – aber wie?

Nervöses Verhalten vor Präsentationen oder einem Vortrag? Dieses Gefühl haben viele Menschen. Doch mit einigen Tipps und Tricks wird die Präsentation bzw. der Vortrag trotz Nervosität ein voller Erfolg!

Beachte:

- Wähle Kleidung, in der du dich wohlfühlst, die aber auch zu deiner Präsentation/deinem Vortrag passt.
- Bereite dich gut auf deine Präsentation vor (kenne dein Thema und sei sicher in diesem).
- Erstelle dir einen „Spickzettel", den du als Sicherheit während der Präsentation/des Vortrages in deiner Hand hältst.
- Versuche, möglichst frei zu sprechen und nutze deinen Spickzettel nur, wenn du wirklich unsicher bist oder nicht weiterkommst.
- Finde eine passende Sprachgeschwindigkeit (nicht zu langsam, aber auch nicht zu schnell).
- Spreche laut und deutlich und verwende keine Umgangssprache.
- Spreche Hochdeutsch, damit dich auch jeder versteht.
- Wenn ihr euch in der Gruppe ein Thema geteilt habt, achte auf deinen Einsatz (vereinbare mit deinem „Vorredner" bzw. „Nachredner" ein Zeichen, z. B. ein Nicken, damit jeder weiß, wann er an der Reihe ist).
- Schaue deine „Zuschauer" an – aber nicht immer nur einen, sondern lasse den Blick im Raum „schweifen".
- Denke daran, dass deine Hände nicht in den Hosentaschen sein sollen, sondern locker an deinem Oberkörper herunterhängen.

- „Zapple" nicht, sondern bleibe möglichst ruhig stehen.
- Lasse dich nicht verunsichern (falls deine Mitschüler dich provozieren wollen, schaue einfach weg und diese nicht mehr an – suche dir einfach ein paar Punkte im Raum, auf welche du deine Blicke richtest).
- Verweise bei Zwischenfragen auf das Ende der Präsentation, wenn dich diese aus dem „Konzept" bringen.
- Beende deine Präsentation/deinen Vortrag positiv (z. B. „Danke für die Aufmerksamkeit, gibt es Fragen?").

Übe die Präsentation zu Hause vor dem Spiegel oder vor einem Freund, einer Freundin, deinen Eltern usw.

Übung macht den Meister! Je öfters du präsentiert hast, umso ruhiger wirst du vor Präsentationen.

Lernbereich 4: Kalkulationen mit einem Tabellenkalkulationsprogramm durchführen, um als privater Endverbraucher wirtschaftlich zu handeln

Kapitel 4

Lernbereich 4: Kalkulationen mit einem Tabellenkalkulationsprogramm durchführen, um als privater Endverbraucher wirtschaftlich zu handeln

Kompetenzerwartungen
Die Schülerinnen und Schüler

- stellen am Beispiel einer Einnahmen- und Ausgabenrechnung Zahlenwerte in einer sinnvoll aufgebauten Tabelle dar, bei der die Kalkulationssoftware einfache Rechenschritte (z. B. Summenbildung) automatisch durchführt. Dazu wählen sie das geeignete Softwareprogramm aus und erschließen sich mit Hilfestellung die dazu notwendigen Funktionen des Softwareprogramms.
- erstellen für wiederkehrende Kalkulationen ein Berechnungsschema, z. B. Sparplan.

Im BSK-Unterricht beschäftigt sich Lenas Klasse zurzeit mit der Einnahmen- und Ausgabenrechnung. Da viele Hausaufgaben anstehen und Lena diese gerne am Nachmittag erledigen möchte, lädt sie ihren Klassenkamerad Luca zu sich ein und bittet ihn um Hilfe. Mit Excel hat sie noch nicht so viel gearbeitet.

1. **Überlegt**, wie ihr eine Einnahmen- und Ausgabenrechnung bzw. einen Sparplan mithilfe des Programmes Excel erstellen könnt und wie eure Tabellen aussehen müssen. Notiert wichtige Informationen.
2. **Greift** dabei auf Wissen aus dem Fach BSK zurück und **nutzt** außerdem das Programmhandbuch für Excel.
3. **Erledigt** unter Berücksichtigung der euch vorliegenden Informationen für Lena und Luca die Hausaufgaben.
4. **Achtet** auf eine sinnvolle und ansprechende Gestaltung eures Dokuments und **nutzt** passende Formeln.
5. **Speichert** ab und **präsentiert** eure Ergebnisse im Plenum. **Geht** dabei auch auf das Erstellen der Tabellen sowie das Einfügen der Formeln ein.
6. **Nehmt** ggf. Änderungen vor und **druckt** eure Dokumente aus (jeweils einmal mit und einmal ohne Formeln).
7. **Heftet** alle Dokumente in eurem Ordner ab.

Zur Erinnerung:
Um verschiedene Berechnungen durchzuführen und Daten übersichtlich darzustellen, bietet sich das Programm Excel (Tabellenkalkulationsprogramm) an. Müssen wiederkehrende Angaben berechnet werden, ist es sinnvoll, sich eine „Maske", also eine vorgefertigte Tabelle, in Excel anzulegen, die dann von den Zahlenwerten her immer auf die aktuelle Situation angepasst wird.

Auf die in der Tabelle hinterlegten Formeln hat das Abändern von Zahlen keinen Einfluss, lediglich das Ergebnis, welches durch die Formeln ermittelt wird, verändert sich.

Einnahmen- und Ausgabenrechnung
Um eine Übersicht über seine Einnahmen und Ausgaben zu erhalten, ist es sinnvoll, eine Einnahmen- und Ausgabentabelle anzulegen. Nähere Informationen zu dieser habt ihr bereits im BSK-Unterricht erhalten und wichtige Details besprochen.

Vorgehensweise beim Erstellen einer Tabelle für die Einnahmen- und Ausgabenrechnung:

- **Überlegt,** wie ihr eure Tabelle gestalten wollt, und **notiert** eure Gedanken.
- **Erstellt** in Excel eine übersichtliche Tabelle und übernehmt die Zahlenwerte in diese.
- **Fügt** sinnvolle Formeln zur Berechnung ein. **Achtet** darauf, dass diese kopierfähig sind.
- **Speichert** euer Dokument ab.
- **Arbeitet** immer mit zwei Tabellenblättern, wenn ihr mit euren Berechnungen und dem Gestalten eurer Tabelle fertig seid:
  - **Tabellenblatt 1** enthält die Tabelle mit allen Berechnungen.
  - **Tabellenblatt 2** enthält die Tabelle, in welcher die Formeln eingeblendet werden. So könnt ihr immer nachvollziehen, wie ihr auf euer Ergebnis gekommen seid.
- **Kontrolliert** in der Seitenansicht oder Druckansicht, ob euer Blatt auf eine Seite passt (wäre dies nicht der Fall, könnt ihr entweder Spalten bzw. Zeilen von der Größe her anpassen oder später bei den Druckoptionen angeben, dass das Dokument auf einer Seite dargestellt werden soll).
- **Druckt** eure Dokumente immer mit und ohne Formeln aus und **heftet** diese hinter den Arbeitsauftrag in eurem Ordner ab.

Sparplan

Möchte man sich einen „größeren Wunsch" erfüllen, reicht das Ersparte meist nicht aus und es bietet sich das Aufstellen eines Sparplans an. Diesen kann man entweder handschriftlich oder am PC mit einem Tabellenkalkulationsprogramm erstellen. Ein Mustersparplan müsste im BSK-Unterricht bereits besprochen worden sein.

Die Vorgehensweise für das Erstellen eines Sparplans ist identisch mit der Einnahmen- und Ausgabenrechnung, nur dass die Tabelle eben anders gestaltet und ggf. mit anderen Formeln versehen wird.

4

Lernbereich 4

Hausaufgaben für das Fach BSK

Übungsaufgabe 1

- **Übernimm** die u. a. Tabelle wie abgebildet mit allen Formatierungen.
- **Ergänze:**
  27.03. – Ausgaben Wassergebühren – 100,00 €,
  28.03. – Geburtstagsgeschenk von Oma – 125,00 €,
  29.03. – Ausgaben Müllgebühren – 33,00 €.
- **Ermittle** die Summe der Einnahmen.
- **Ermittle** die Summe der Ausgaben.
- **Ermittle** die Differenz zwischen den Einnahmen und Ausgaben.
- **Ermittle** den größten Ausgabenbetrag im Monat März.
- **Ermittle** den kleinsten Ausgabenbetrag im Monat März.
- **Kopiere** deine Inhalte von Tabelle 1 in Tabelle 2 und **blende** dort die Formeln ein.
- **Speichere** unter „Übungsaufgabe 1" ab (ggf. auch auf einem Stick).
- **Präsentiere** im Unterricht dein Ergebnis und **gehe** dabei auch auf deine Vorgehensweise beim Erstellen der Tabelle sowie beim Einfügen der Formeln ein.
- **Nimm** ggf. Änderungen vor.
- **Drucke** dein Ergebnis aus und **hefte** es in deinem Ordner ab.

Haushaltstabelle Monat März			
			Familie Zagerl
Datum	Beschreibung	Einnahmen	Ausgaben
01.03.15	Gehalt	4.200,00 €	
02.03.15	Miete		1.000,00 €
03.03.15	Überweisung Kfz-Steuer		
03.03.15	Zinsgutschrift	12,55 €	
04.03.15	Rate Pkw		389,00 €
05.03.15	Einkauf Weingroßhandel Zeimet GmbH		181,00 €
05.03.15	Rückerstattung Einkommensteuer	2.125,00 €	
07.03.15	Taschengeld Kinder		200,00 €
10.03.15	Abbuchung Versicherung		79,00 €
10.03.15	Abbuchung Versicherung		31,60 €
10.03.15	Einkauf Lebensmittel		281,92 €
13.03.15	Barabhebung		500,00 €
13.03.15	Abbuchung Strom		127,00 €
19.03.15	Gutschrift Lottogewinn	31,60 €	
19.03.15	Gutschrift Lottogewinn	222,00 €	
22.03.15	Einkauf Lebensmittel		104,22 €
24.03.15	Überweisung Rechnung Fachliteratur		28,40 €
28.03.15	Verkauf bei Ebay	12,90 €	
30.03.15	Abbuchung Heizölrechnung		580,00 €

Übungsaufgabe 2

Dir liegen folgende Angaben zu Einnahmen und Ausgaben von Max für den Monat Juni vor:

- Kauf einer Brille für 25,90 €
- Kauf einer DVD für 22,50 €
- Taschengeld (Einnahme) in Höhe von 120,00 €
- Geburtstagsgeld von Opa in Höhe von 50,00 €
- Geburtstagsgeld von Tante Gertrud in Höhe von 20,00 €
- Kauf eines gebrauchten Tablets bei eBay 83,20 €
- Kauf eines Angelsets für 39,90 €
- Kauf eines Radiergummis, Bleistiftes, Heftes für insgesamt 8,50 €

Vorgehensweise

- **Erstelle** eine Einnahmen- und Ausgabentabelle für Max und **formatiere** ansprechend.
- **Ermittle** die Summe der Einnahmen.
- **Ermittle** die Summe der Ausgaben.
- **Ermittle,** ob Max sich noch eine DVD für 12,90 € am Monatsende kaufen kann.
- **Ermittle** den größten sowie den kleinsten Ausgabenbetrag im Monat Juni.
- **Kopiere** deine Inhalte von Tabelle 1 in Tabelle 2 und **blende** dort die Formeln ein.
- **Speichere** unter „Übungsaufgabe 2" ab (ggf. auch auf einem Stick).
- **Präsentiere** im Unterricht dein Ergebnis und **gehe** dabei auch auf deine Vorgehensweise beim Erstellen der Tabelle sowie beim Einfügen der Formeln ein.
- **Nimm** ggf. Änderungen vor.
- **Drucke** dein Ergebnis aus und **hefte** es in deinem Ordner ab.

Übungsaufgabe 3

- **Übernimm** die Tabelle wie abgebildet (mit allen Formatierungen).
- **Ermittle** die benötigte Sparsumme.
- **Ermittle** die Anzahl der Sparmonate.
- **Kopiere** deine Inhalte von Tabelle 1 in Tabelle 2 und **blende** dort die Formeln ein.
- **Speichere** unter „Übungsaufgabe 3" ab (ggf. auch auf einem Stick).
- **Präsentiere** im Unterricht dein Ergebnis und **gehe** dabei auch auf deine Vorgehensweise beim Erstellen der Tabelle sowie beim Einfügen der Formeln ein.
- **Nimm** ggf. Änderungen vor.
- **Drucke** dein Ergebnis aus und **hefte** es in deinem Ordner ab.

Sparplan	
Kaufpreis	255,00 €
vorhandenes Sparguthaben	35,00 €
benötigte Sparsumme	
monatlicher Sparbetrag	15,00 €
Anzahl Sparmonate	

Übungsaufgabe 4

Matti und Rebecca möchten in einen Freizeitpark fahren. Der Eintritt kostet pro Schüler 28,00 €, die Kosten für die Zugfahrt betragen 12,00 € pro Schüler. Als Taschengeld im Freizeitpark möchten Matti und Rebecca jeweils 25,00 € mitnehmen.

- **Übernimm** die Tabelle wie abgebildet (mit allen Formatierungen).
- **Ermittle** jeweils die Summe der Ausgaben von Matti und Rebecca.
- **Ermittle** die Summe der Ausgaben pro Monat (von Januar bis April) sowie die Gesamtsumme der Ausgaben.
- **Berechne** den Sparbetrag, den beide Schüler am 30.04. noch auf ihrem Sparkonto haben.
- **Ermittle** die Gesamtkosten, die für den Aufenthalt im Freizeitpark anfallen.
- **Berechne** das restliche Sparguthaben.
- **Kopiere** deine Inhalte von Tabelle 1 in Tabelle 2 und **blende** dort die Formeln ein.
- **Speichere** unter „Übungsaufgabe 4" ab (ggf. auch auf einem Stick).
- **Präsentiere** im Unterricht dein Ergebnis und **gehe** dabei auch auf deine Vorgehensweise beim Erstellen der Tabelle sowie beim Einfügen der Formeln ein.
- **Nimm** ggf. Änderungen vor.
- **Drucke** dein Ergebnis aus und **hefte** es in deinem Ordner ab.

Übersicht über die Ausgaben und das vorhandene Guthaben					
	Ausgaben				
	Januar	Februar	März	April	Summe
Matti	122,00 €	89,20 €	41,00 €	67,50 €	319,70 €
Rebecca	81,00 €	54,10 €	22,00 €	54,60 €	211,70 €
Summe	203,00 €	143,30 €	63,00 €	122,10 €	531,40 €
	Sparbetrag am 01.01.	Sparbetrag am 30.04.	Gesamtkosten pro Schüler Freizeitpark	restliches Sparguthaben	
Matti	422,00 €	102,30 €	65,00 €	37,30 €	
Rebecca	446,50 €	234,80 €	65,00 €	169,80 €	

Lernbereich 5: Digitale Werbeträger gestalten und bewerten

Kapitel 5

Lernbereich 5: Digitale Werbeträger gestalten und bewerten

Kompetenzerwartungen
Die Schülerinnen und Schüler

- nutzen bei der Gestaltung eines einfachen Werbeträgers (z. B. Handzettel) die grafischen und anderen gestalterischen Funktionen und Elemente eines Textverarbeitungsprogramms.
- analysieren und bewerten ihre Reaktionen auf personalisierte Werbung, um daraus Schlüsse für ihr persönliches Kaufverhalten abzuleiten.

5.1 Was sind Medien und welche Medienarten gibt es?

Heute geht es im Fach Informationsverarbeitung um die Medienarten.

Lena unterhält sich mit Luca über das Seminar „Ergonomie am Arbeitsplatz – auch schon in der Schule wichtig", an welchem beide Schüler vor einiger Zeit teilgenommen haben.

Sie sagt zu Luca: „Du, welch ein Glück, dass ich den Flyer in der Zeitung entdeckt hatte!" Luca antwortet: „Ja, das stimmt, die Medien, die es heutzutage gibt, sind schon toll als Informationsquelle."

1. **Informiert** euch über die verschiedenen Medienarten mithilfe des Internets und der Übersicht über die Medienarten.
2. **Übernehmt** die unten stehende Tabelle in ein Word-Dokument und **ergänzt** die fehlenden Inhalte in den jeweiligen Spalten. Berücksichtigt dabei die DIN-Regeln, die Anwendung finden.
3. **Präsentiert** eure Ergebnisse und **prüft,** ob ihr ggf. Begriffe ergänzen oder verschieben müsst.
4. **Diskutiert,** ob euch weitere Medienarten einfallen, und **ergänzt** diese ggf.
5. **Überlegt,** wo Medien im Alltag Anwendung finden und welchen Zweck sie haben.
6. **Notiert** eure Überlegungen unter eurer Tabelle in einer Autoform (Form) und **fügt** Grafiken/ClipArts zur Veranschaulichung ein. **Gestaltet** euer Dokument ansprechend.
7. **Druckt** dieses aus.
8. **Präsentiert** euer Gesamtergebnis in einer szenischen Darstellung (siehe Methodenpool) und **klärt** Lena über die verschiedenen Medienarten auf!
9. **Zieht** Schlüsse für den sinnvollen Einsatz von Medien und berücksichtigt deren Wirkung im Alltag.

Wir sprechen immer von Medien. Doch was zählt alles zu diesem Oberbegriff? Einige Medien findest du in der „ÜBERSICHT ÜBER DIE MEDIEN".

ÜBERSICHT ÜBER VERSCHIEDENE MEDIEN

Zeitung Hörbücher E-Mail
Bücher Briefe Radio
Fernseher Zeitschriften Fotos
CD/DVD Plakate Lernprogramme

Medienart	Beispiele	Vorteile	Nachteile	Wirkung
Medien, die mit dem PC erstellt werden/auch im Internet veröffentlicht werden				
Audio-visuelle Medien (also „Hören und Sehen")				
Print-Medien (Medien, die man „nur sehen", also lesen kann)				

Wozu werden Medien genutzt?
Diese Frage lässt sich nicht immer eindeutig beantworten. Einige Menschen nutzen die Medien als Informationsquelle, andere zur Kommunikation oder Unterhaltung und Unternehmen dienen Medien z. B. als Werbeplattform (Werbeträger) und/oder Präsentationsmittel.

Wirkung von Medien (Werbeträgern)
Medien wirken auf Menschen unterschiedlich.

Je nachdem, um welchen „Wahrnehmungstyp" es sich bei dem Menschen handelt, werden „Botschaften" aus den verschiedenen Medien unterschiedlich gut aufgenommen. Man unterscheidet hier zwischen visuellen (SEHEN) und audio-visuellen (SEHEN und HÖREN) Typen.

Werden Medien als Werbeträger genutzt, bieten sich verschiedene „Darstellungsformen" an.

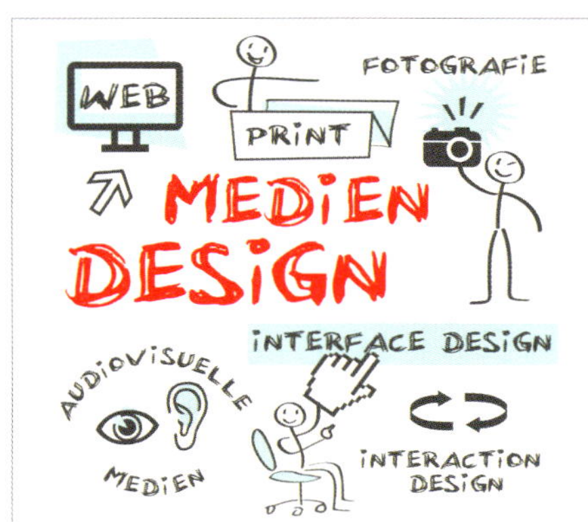

Beispiele:

- Flyer
- Handzettel
- Plakate
- usw.

Sie haben oft das Ziel, Menschen für neue Produkte zu begeistern, diese über technische Innovationen zu informieren und natürlich das Unternehmen, welches die Werbemaßnahme durchführt, bekannter zu machen.

5.2 Grundlagen der Werbepsychologie

Frau Riewer beendet die Informationsverarbeitungsstunde und gibt den Schülern folgende Hausaufgabe auf:

„Bitte bringt zur nächsten Unterrichtsstunde verschiedene Werbeträger mit. Diese möchten wir dann im Unterricht analysieren und selbst Werbeträger am PC erstellen".
Lena und Luca sind begeistert. Beide haben von der Betriebsbesichtigung noch ein paar Flyer und packen diese gleich in ihren Schulranzen. Außerdem hat Lena den Flyer des Seminars „Ergonomie am Arbeitsplatz – auch schon in der Schule wichtig" aufgehoben und steckt diesen ebenfalls in die Schultasche. Sie ist schon sehr gespannt, wie das Erstellen von Werbeträgern am PC funktioniert.

Luca fragt Lena: „Hast du schon mal Flyer oder Ähnliches erstellt?!" Lena schüttelt den Kopf.

1. **Informiert** euch über die Grundlagen der Werbepsychologie und greift auch auf vorhandenes Wissen zum Thema „Medienarten und die jeweilige Wirkung" zurück.
2. **Analysiert** den von Lena und Luca mitgebrachten Flyer und **notiert** euch wichtige Inhalte, die ein Flyer enthalten muss.
3. **Erstellt** mit euren Notizen ein übersichtliches Plakat zu eurem Themenbereich.
4. **Gestaltet** euer Plakat ansprechend, ggf. mit ausgedruckten Grafiken/Bildern aus dem Internet oder ClipArts/Formen des Programms Word.
5. **Bereitet** euch auf die Präsentation vor.
6. **Präsentiert** eure Ergebnisse im Plenum und **erläutert,** wie Werbeträger auf den Betrachter wirken.
7. **Prüft** die Plakate auf Vollständigkeit und Richtigkeit und **nehmt** ggf. Änderungen/Ergänzungen vor.
8. **Zieht** aus euren Erkenntnissen Schlüsse für euer zukünftiges Handeln und euren Umgang mit Werbeträgern.

Flyer von Lena und Luca

**Ergonomie am Arbeitsplatz –
auch schon in der Schule wichtig!**

Du hast jetzt bereits beim Arbeiten am PC Rückenschmerzen? Deine Hände und Schultern tun dir weh und die Arbeit macht dir nach wenigen Minuten keinen Spaß mehr?

Um deinem Problem Abhilfe zu schaffen, bieten wir für Schülerinnen und Schüler ab der Klassenstufe 7 ein eintägiges Seminar zum Thema „Ergonomie" an!

Datum:	10.05.JJJJ
Ort:	Wirtschaftsschule Schweinfurt (Eingangshalle)
Uhrzeit:	09:00–15:00 Uhr
Kosten pro Schülerin/Schüler:	10,00 €
mitzubringen:	gute Laune
Anmeldung bis:	01.05.JJJJ mit beiliegendem Formular!

Rückfragen könnt ihr gerne per E-Mail an info@ergonomie.de stellen!
Im Preis ist ein kleiner Snack am Morgen sowie am Nachmittag und das Mittagessen inbegriffen!

Wir freuen uns auf euch!

Eure IHK Schweinfurt

Warum findet eigentlich Werbung statt und was bedeutet Werbung? Eine Werbemaßnahme, also Werbung, hat das Ziel, z. B. ein Produkt, ein Unternehmen, eine Veranstaltung usw. bekannt(er) zu machen und beim Verbraucher „Bedürfnisse" zu wecken.

Beispiel:
Lena geht mit ihrer Schwester Lisa durch Schweinfurt. Auf einem großen Werbeplakat wird ein Kleid präsentiert. Lisa bleibt vor dem Plakat stehen und betrachtet das Kleid eine Weile.

Lisa:	Du, Lena, dieses Kleid muss ich unbedingt haben, es sieht so toll aus! Bitte geh mit mir in den Laden, in dem ich das Kleid kaufen kann.
Lena:	Hast du nicht schon ein solches Kleid?
Lisa:	Nein, so ein tolles Kleid habe ich noch nicht – och bitte, bitte, lass uns das Kleid kaufen!
Lena:	Na gut, dann komm!
Lisa:	Danke! Ich freu mich so!

Das Plakat hat bei Lisa das „Bedürfnis“ geweckt, unbedingt ein neues Kleid kaufen zu wollen. Hätte Lisa das Plakat nicht gesehen, wäre sie vermutlich nicht in das Geschäft gegangen, in welchem das Kleid gekauft werden kann und hätte wohl auch kein neues Kleid erworben.

Was beeinflusst unser Kaufverhalten?

1. **„Was ich kenne, das kaufe ich auch!“**
   Werden Produkte in einer Werbung gesehen, kommen sie einem bekannt vor, wenn man sie später wieder in einem Geschäft sieht. Also neigt man dazu, dieses Produkt zu kaufen. Je öfter das Produkt in der Werbung gesehen wird, umso größer ist der „Kaufwunsch“.

2. **„Das sieht gut aus“ – das kaufe ich!**
   Oft lassen wir uns von „Äußerlichkeiten“, wie Verpackungen, Farben oder tollen Bildern, beeinflussen, ohne dass wir das Produkt in der „Verpackung“ wirklich kennen.

3. **„Die Marke mag ich – das Produkt kaufe ich“.**
   Unbewusst neigen viele Menschen dazu, Markenprodukte zu kaufen und von dem Markennamen Rückschlüsse auf die Qualität des Produktes zu ziehen. Unter Umständen könnte diese aber schlechter sein, als die Qualität eines vergleichbaren „No-Name-Produkts“.

4. **„Kleine Geschenke erzeugen den Zwang zum Kauf“**
   Gratisproben in Drogerien oder kostenlose Verkostungen in Lebensmittelläden? Das kennt jedes Kind und die Angebote werden gerne von jedermann genutzt.
   Häufig überzeugen die Proben und das Produkt wird gekauft. Je nach der Einstellung des Kunden fühlt sich dieser jedoch auch verpflichtet, als „Gegenleistung“ für das erhaltene „Geschenk“ das Produkt gleich zu erwerben.

5. **„Diesem Promi vertraue ich, das Produkt ist gut“**
   Bewusst oder unbewusst vertrauen wir Menschen, die wir kennen oder von denen wir glauben, sie zu kennen. Macht ein Promi, den ich mag, Werbung für ein bestimmtes Produkt, vertraue ich diesem und bin eher bereit, das Produkt zu kaufen.

Es gibt natürlich eine Vielzahl von Werbestrategien, die von den Unternehmen und Werbeagenturen immer weiterentwickelt und verbessert werden. Dabei spielt das Medium, mit welchem die Werbung durchgeführt wird, aber auch die Strategie selbst eine wichtige Rolle.

Tipps für eine erfolgreiche Werbung:

- Sei kreativ, plane aber dein Vorgehen.
- Erstelle ansprechende Werbemittel (Flyer, Plakate, Handzettel usw.).
- Beachte die Dinge, die das Kaufverhalten beeinflussen.
- Nutze verschiedene Medien.
- Gehe bei der Werbemaßnahme immer auf deine Zielgruppe ein (für wen ist das Produkt bestimmt und wie kann ich diese Zielgruppe erreichen).
- Stelle alle notwendigen Informationen für den angehenden Käufer bereit (bei Werbung für Produkte z. B. Produktname, Produktpreis, Verkaufsstellen usw.).

5.3 Werbeträger erstellen

Nachdem sich die Klasse von Lena intensiv mit der Wirkung von Werbeträgern bzw. den Grundlagen der Werbepsychologie auseinandergesetzt hat, sollen die Schüler nun selbst Werbeträger wie Flyer erstellen. Für den ersten Arbeitsauftrag liegen ihnen folgende Angaben vor:

- Schulfest der Wirtschaftsschule am 10.06. d. J.
- Beginn 09:00 Uhr, Ende 17:00 Uhr
- Eröffnungsrede durch Herrn Schulleiter Gärtner in der großen Aula
- wir bieten: große Tombola, riesiges Kuchenbuffet und eine große Auswahl an Grillspezialitäten, Getränkestand mit frisch gepressten Säften und sonstigen Köstlichkeiten, Vorträge der 7. Klassen zum Thema „Umgang mit Geld" um 11:00 Uhr und um 16:00 Uhr
- um 14:00 Uhr Auftritt der Schulband unter Leitung des Musiklehrers Wolle Anlauff
- Anmeldung ist nicht erforderlich – jeder ist herzlich willkommen!

1. **Informiert** euch über das Erstellen von Werbeträgern – auch mithilfe des Programmhandbuches für Word.
2. **Überlegt,** wie ihr die euch vorliegenden Informationen darstellen möchtet und **notiert** eure Gedanken.
3. **Erstellt** einen Flyer und **fügt** in euer Dokument Formen und Grafiken zur Veranschaulichung ein.
4. **Berücksichtigt** die Grundlagen der Werbepsychologie.
5. **Prüft** eure Ergebnisse auf Vollständigkeit und Richtigkeit und **druckt** diese aus.
6. **Hängt** eure Ergebnisse an eine Pinnwand und bewertet diese im Plenum. **Erläutert,** warum ihr euch für das Erstellen eines Flyers entschieden habt und geht auf die Wirkung der einzelnen Flyer ein.
7. **Nehmt** ggf. Änderungen/Ergänzungen vor und **druckt** ggf. nochmals aus.
8. **Heftet** eure Ergebnisse in eurem Ordner ab.
9. **Berücksichtigt** eure neuen Erkenntnisse für euer Handeln in der Zukunft.

Das „Aussehen" von Werbeträgern beeinflusst stark unser Kaufverhalten. Daher ist es wichtig, dass z. B. Flyer (Handzettel) ansprechend, aber auch übersichtlich und aussagekräftig gestaltet werden.

Flyer (Handzettel)
Bei Flyern handelt es sich meist um doppelseitig und bunt bedruckte Werbeblätter, die in verschiedenen Formaten gestaltet werden können, wie Hochformat, Querformat, mit Spalten und in unterschiedlichen Papiergrößen.

Sollen weniger wichtige Informationen präsentiert werden, können Flyer auch schlicht und einfarbig gestaltet und in einem kleineren Format erstellt werden.

Beispiele für die Darstellung von Flyern:

Flyer im Hochformat DIN A4 einseitig

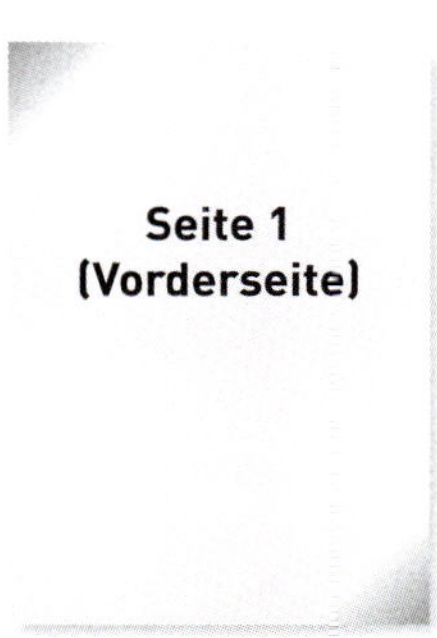

Flyer im Hochformat DIN A4 doppelseitig

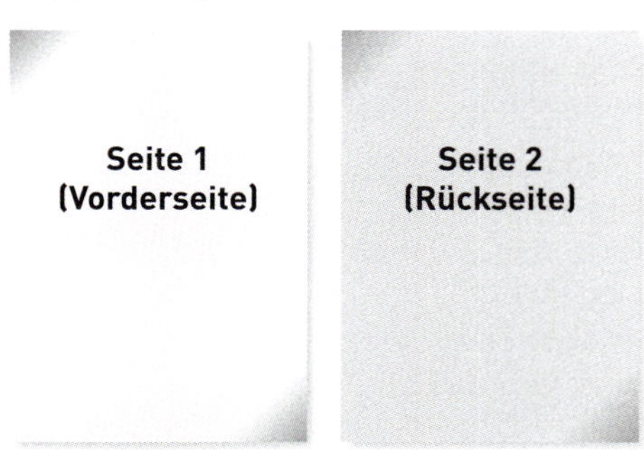

Flyer im Format DIN A5

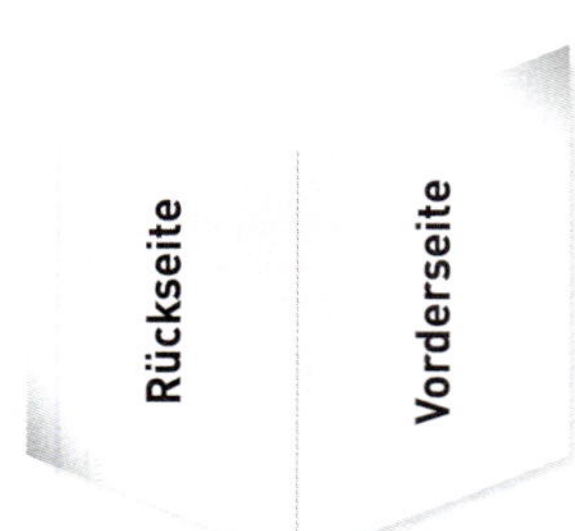

vierseitiger Flyer (Querformat)

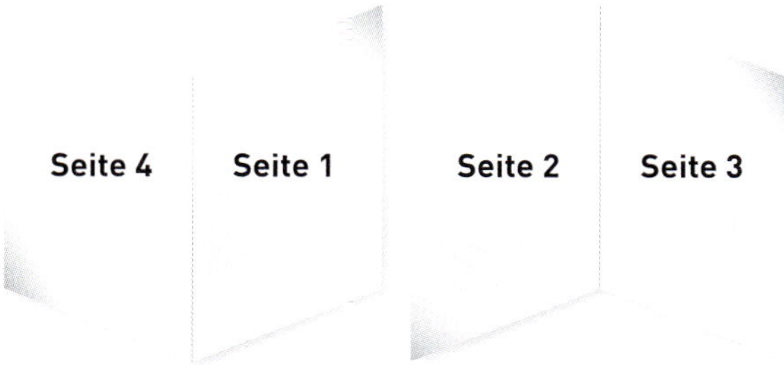

sechsspaltiger Flyer (Querformat)

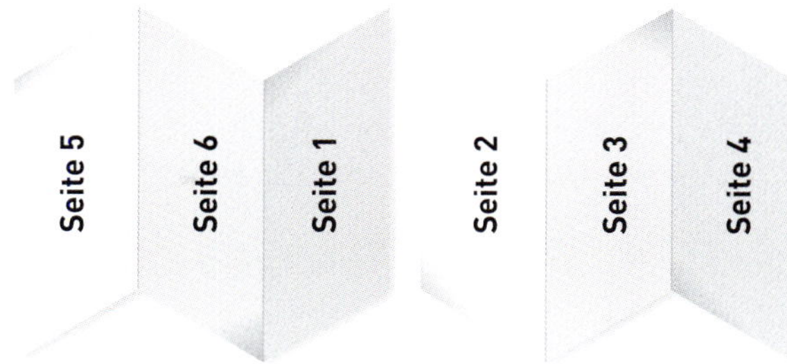

Übersicht über verschiedene Flyerformate und Beispiele für Gestaltungsmöglichkeiten

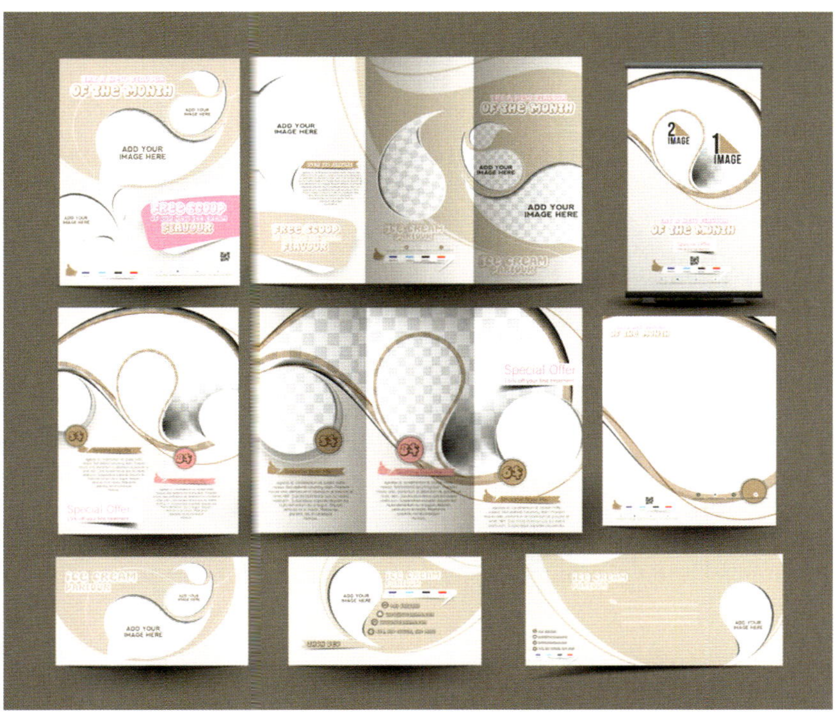

Wichtig bei dem Erstellen von Flyern ist, dass man sich im Vorfeld für ein Format entscheidet. Da Flyer meist gefaltet werden, muss der Text je nach dem gewählten Format richtig platziert werden (siehe Beispiele).

Auch muss unter Umständen beim Ausdrucken darauf geachtet werden, dass das Blatt richtig in den Drucker eingelegt wird, damit der Text an der gewünschten Stelle steht.

Einzuhalten sind außerdem die Typografischen Regeln (Gestaltungsregeln), die im DIN-Regelheft erläutert sind.

Tipps für das Erstellen von Flyern:

- Finde eine passende, kurze Überschrift, die neugierig macht.
- Verwende ansprechende Farben und Schriften, die gut lesbar sind, aber auch zum Inhalt deines Werbeträgers passen.
- Hebe wichtige Inhalte farblich hervor – gestalte unwichtigere Inhalte eher in Schwarz-Weiß.
- Verwende eine passende Schriftgröße (nicht zu groß und nicht zu klein) und formuliere kurze Sätze oder sogar nur aussagekräftige Stichpunkte.
- Arbeite mit aussagekräftigen Bildern (dafür weniger Text) und positioniere wichtige Bilder und Grafiken möglichst mittig auf deinem Werbeträger.
- Achte auf einen Wiedererkennungswert (wenn du z. B. für Produkte Werbung machst, achte darauf, dass auf den verschiedenen Werbeträgern ein wiederkehrendes Bild vorhanden ist).
  Beispiel: Fast jeder kennt „das goldene M", das auf den Werbeplakaten oder auf Verpackungen bzw. an den Verkaufsstätten abgebildet ist, und jeder weiß, um welche Produkte bzw. welches Unternehmen es sich handelt.

Lenas Lieblingseisdiele feiert bald 25-jähriges Jubiläum. Antonio, der Sohn des Inhabers, geht mit Lena in die gleiche Klasse. In der großen Pause treffen sich beide auf dem Schulhof.

Lena: Hey Antonio, du siehst aber nicht sehr gut gelaunt aus.
Antonio : Ach, Lena, geht so.
Lena: Was ist denn los?
Antonio: Du weißt doch, dass wir im Fach Informationsverarbeitung vor Kurzem einen Flyer am PC erstellen mussten.
Lena: Ja, weiß ich, und?
Antonio: Mmm, also das Muster aus der Schule hat mein Papa gesehen und jetzt denkt er, dass ich dieses gemacht habe. Er war so begeistert, dass er mich gleich beauftragt hat, den Werbeflyer für das Jubiläum von unserer Eisdiele zu erstellen.
Lena: Antonio! Das ist doch super!
Antonio: Nun ja, an dem Tag, als ihr die Flyer in der Schule erstellt habt, war ich krank. Mein Muster war von einem anderen Schüler. Frau Riewer hatte mir das für meine Mappe mitgegeben und ich sollte zu Hause das Thema eigentlich nacharbeiten.
Lena: Aha. Und das hast du natürlich nicht gemacht.
Antonio: Nein, leider nicht. Und weil mein Papa so schnell wieder aus meinem Zimmer verschwunden war, konnte ich ihm auch noch nicht sagen, dass ich eigentlich gar nicht richtig weiß, wie man solch einen Flyer erstellt.
Lena: Du Antonio, weißt du was? Luca und ich kommen heute Nachmittag zu dir und wir erstellen den Flyer gemeinsam. Dann können wir dir helfen, wenn du Fragen hast, und dir zeigen, wie die verschiedenen Formatierungen eingefügt werden. Luca wollte heute eh zu mir rüberkommen!
Antonio: Ehrlich? Das wäre ja super!
Lena: Ja, ehrlich! Um 14:30 Uhr sind wir da! Geht das?
Antonio: Ja, klar! Das geht! Danke!

1. **Informiert** euch über den Inhalt, den der Flyer für Antonios Vater haben soll.
2. **Überlegt,** welches Format ihr für den Flyer wählt, und **erstellt** diesen unter Berücksichtigung der Typografischen Regeln (siehe DIN-Regelheft). **Gestaltet** ansprechend.
3. **Druckt** euren Flyer aus und **heftet** ihn an eine Pinnward.
4. **Vergleicht** eure Ergebnisse und **prüft,** ob die Flyer anschaulich und unter Berücksichtigung der Typografischen Regeln gestaltet sind.
5. **Nehmt** ggf. Änderungen/Ergänzungen vor und **druckt** bei Bedarf nochmals aus.
6. **Heftet** eure Ergebnisse in eurem Ordner ab.

Lieber Antonio, folgende Inhalte muss unser Flyer haben! Danke dir!

Papa

Unsere Eisdiele Venezia feiert am 25.06.JJJJ 25-jähriges Jubiläum!
In der Zeit von 11:00 Uhr bis 22:00 Uhr haben wir für Sie geöffnet!

Wir bieten Ihnen:

Eis zum Jubiläumspreis:	alle Sorten pro Kugel 0,50 €
verschiedene Eisbecher:	jeder Becher 4,00 €

1. Jubelbecher (4 Kugeln Eis, Sahne, Soße und frische Früchte)
2. Eisbecher Giglione (nach dem Geheimrezept von Oma Giglione)
3. Kokosbecher (4 Kugeln Eis, Sahne, Kokossoße, Kokosstücke und -flocken)
4. Coppa Italiano (Eis, frischer Joghurt, frische Früchte und Soße)

Jeder 100. Besteller erhält sein Eis gratis!

Wir freuen uns auf Sie!
Eisdiele Venezia, Inhaber Franco Giglione, Gunnar-Wester-Straße 21, Stadtgalerie Schweinfurt, 97421 Schweinfurt, Tel. 09721 12440

5

Lernbereich 5

Bald sind Ferien! Am liebsten fahren Lena und Luca in dieser Zeit in Freizeitparks. Während einer Internetrecherche stößt Luca auf eine interessante Anzeige. Er radelt sofort zu Lena, um ihr diese zu zeigen. An dem Wettbewerb möchte er unbedingt teilnehmen – und Lena natürlich auch!

Würzburg-Fun-Park

Der Freizeitpark für Jung und Alt

Schülerwettbewerb

Wir suchen einen kreativen Kopf bzw. kreative Köpfe, die an unserem Schülerwettbewerb teilnehmen! Gefragt sind außerdem Geschick im Umgang mit dem PC und Freude am Besuch von unserem Freizeitpark.

Entwerft für uns ein Werbeplakat im DIN-A4-Format, welches die unten stehenden Inhalte haben muss. Sendet euer fertiges Plakat unter Angabe eures Namens, eurer besuchten Schule und Klasse und eurer vollständigen Adresse an:

wettbewerb@wuerzburg-fun-park.de

Die besten drei Plakate werden für Werbezwecke, natürlich mit Angabe eures Namens, verwendet. Dafür erhalten die Gewinner jeweils eine Jahreseintrittskarte für unseren Park und 500,00 € für die Klassenkasse! Unter den übrigen Einsendern werden weitere 50 Jahreskarten verlost. Also: Mitmachen lohnt sich!

Wir freuen uns auf eure Ideen! Euer Würzburg-Fun-Park

Inhalte des Plakats:

- Würzburg-Fun-Park – die Freizeitsaison ist eröffnet!
- tolle neue Fahrgeschäfte wie „Die fliegende Kugel", extra lange „Racing-Achterbahn" und vieles mehr
- In den Ferien erhalten Schüler durch Vorlage des Schülerausweises 25 % Rabatt.
- Neu: unsere Familienkarte (Eintritt für zwei Erwachsene und zwei Kinder für 45,00 €)
- Ab 01.07.JJJJ präsentieren wir Ihnen neue Show-Acts und einen sagenhaften Biergarten für Jung und Alt, der nur mit dem Tretboot über den Zaubersee zu erreichen ist.

Es lohnt sich! Kommen Sie vorbei! Wir freuen uns auf Sie! Ihr Würzburg-Fun-Park

Stauffenbergstr. 101, 97084 Würzburg, Tel. 0931 100100,
E-Mail: info@wuerzburg-fun-park.de, Homepage: www.wuerzburg-fun-park.de

1. **Informiert** euch über den Inhalt, den das DIN-A4-Plakat haben soll.
2. **Erstellt** das Plakat und **gestaltet** dieses ansprechend. **Fügt** auch Bilder und Grafiken ein und arbeitet ggf. mit der Funktion Nummerierungen/Aufzählungen. Verwendet auch Formen in eurem Dokument.
3. **Präsentiert** euer Plakat über den Beamer im Plenum und **geht** dabei auf die Vorgehensweise beim Erstellen ein.
4. **Erläutert**, welche Unterschiede ein Flyer im A4-Format zu anderen Formaten mit sich bringt.
5. **Nehmt** ggf. Änderungen/Ergänzungen vor und druckt euer Plakat aus.
6. **Heftet** dieses in eurem Ordner ab.
7. **Berücksichtigt** eure Erkenntnisse in Bezug auf die Wirkung und Unterschiede der verschiedenen Formate (DIN A4, DIN A5, Hochformat, Querformat usw.) für künftige Projekte.

Lernbereich 6: Kaufverträge im Internet abschließen

Kapitel 6

Lernbereich 6: Kaufverträge im Internet abschließen

Kompetenzerwartungen
Die Schülerinnen und Schüler

- bereiten mit einem geeigneten Softwareprogramm im Internet gefundene Informationen (z. B. zu Kaufangeboten sowie Zahlungs- und Lieferbedingungen) anschaulich auf. Dabei überprüfen sie die Seriosität der Anbieter anhand ihrer Bewertungen.
- beachten beim Abschluss von Kaufverträgen im Internet die rechtlichen Besonderheiten, die sich dabei ergeben (Widerrufsrecht, versandkostenfreie Rücksendung, Urheberrecht) und vermeiden unbeabsichtigte Vertragsabschlüsse.

6.1 Informationen mithilfe einer geeigneten Software übersichtlich darstellen und auswerten

Lena hat bald Geburtstag. Am Wochenende trifft sie sich mit ihrem Freund Luca.

Lena: Hey Luca, alles klar?
Luca: Ja, alles klar. Und bei dir?
Lena: Mmm, bei mir geht es so.
Luca: Ja? Warum?
Lena: Na, du weißt doch, ich habe bald Geburtstag und hätte von meinen Eltern gerne ein Tablet. Aber mein Papa meint, dass diese sehr teuer sind und ich soll mich mal über das Internet schlau machen, wo man das Tablet,das ich möchte, am günstigsten bekommt.
Und dann will er noch, dass ich ihm das übersichtlich darstelle.
Luca: Ja, und? Das ist doch einfach und wir können das doch zusammen machen!
Lena: Einfach? Puh, wie willst du das denn machen?
Luca: Na, wir erkundigen uns im Internet und fassen dann alle Daten in einer Excel-Tabelle zusammen! Lass uns gleich loslegen – es ist ja nicht mehr lange bis zu deinem Geburtstag!
Lena: Ach Luca, wenn ich dich nicht hätte!

1. **Informiert** euch zuerst über euren Themenbereich und dann mithilfe des Internets über die verschiedenen Tablets, die zurzeit auf dem Markt angeboten werden.
2. **Entscheidet** euch für ein Modell und **vergleicht** dieses mit Modellen, die etwa die gleichen technischen Voraussetzungen haben (Speicherkapazität, Größe des Displays usw.).
3. **Öffnet** eine leere Excel-Arbeitsmappe und **speichert** diese unter dem Dateinamen „Tabletvergleich" ab.
4. **Richtet** eure Arbeitsmappe ins Querformat ein und stellt die Seitenränder jeweils auf 2 cm um.
5. **Erstellt** eine Tabelle nach dem folgenden Muster und **recherchiert** für mindestens drei verschiedene Tablets die Daten.

Tabletvergleich

Geburtstagsgeschenk für Lena

genaue Bezeichnung Tablet (mit Herstellerangabe)	Internet-Anbieter	Bewertung Internet-Anbieter (falls vorhanden)	technische Daten	Preis	evtl. gewährte Rabatte in Prozent	evtl. gewährte Rabatte in Euro	Portokosten	Gesamtkosten für Tablet

6. **Berechnet** ggf. gewährte Rabatte sowie die Gesamtkosten, die jeweils für das Tablet anfallen, mit geeigneten Formeln.
7. **Formatiert** die Währungsbeträge mit dem Eurozeichen, die Prozentbeträge mit dem Prozentzeichen (Achtung: ggf. müsst ihr eure Formel anpassen).
8. **Speichert** erneut ab und **druckt** die Tabelle aus.
9. **Präsentiert** eure Ergebnisse in einer szenischen Darstellung: ein Schüler übernimmt die Rolle von Lena und ein Schüler die Rolle des Vaters.
   - **Erläutert,** warum Bewertungen von Internetanbietern für die Kaufentscheidung eine Rolle spielen, und
   - **schlagt** Lenas Papa das Tablet, das ihr kaufen würdet, vor.
   - **Begründet** eure Meinung.
10. **Prüft** eure Ergebnisse auf Vollständigkeit und Richtigkeit und **nehmt** ggf. Änderungen/Ergänzungen vor.
11. **Druckt** ggf. noch einmal die Tabellen aus (mit und ohne Formeln) und **heftet** diese in eurem Ordner ab.
12. **Nutzt** euer neu erworbenes Wissen für die Zukunft.

6.1.1 Daten übersichtlich darstellen und auswerten

Sollen Daten übersichtlich dargestellt und ausgewertet werden, bietet sich das Programm Excel an. Mit diesem ist es schnell und einfach möglich, eine aussagekräftige Tabelle zu erstellen, die recherchierten Daten in diese zu übernehmen und auszuwerten, sei es durch den Einsatz von Formeln und/oder Diagrammen.

Wichtig ist, dass man sich im Vorfeld überlegt, wie die Tabelle gestaltet werden und wie die spätere Auswertung erfolgen soll. So wird unnötiges „Umformatieren" bzw. unnötige Arbeit im Nachhinein vermieden.

Vorgehensweise

- **Überlege** dir, welche Daten du darstellen möchtest, und **notiere** diese.
- **Entwerfe** einen Tabellenkopf und **prüfe,** ob du alle Daten in diesen übernehmen kannst (ergänze ggf.).
- **Überlege**, wie die Auswertung deiner Daten erfolgen soll und ob du bestimmte Formeln zur Berechnung benötigst.
- **Füge** alle Daten in deine Tabelle ein und **nimm** die Berechnungen vor – **achte** darauf, dass du mit kopierfähigen Formeln arbeitest!
- **Prüfe** deine Tabelle auf Vollständigkeit und Richtigkeit und **überschlage** die Ergebnisse. Falls dir eventuelle Fehler auffallen, **überprüfe** deine Formeln.
- **Formatiere** ansprechend und **denke** immer ans Speichern!

6.1.2 Seriosität von Anbietern im Internet – ein wichtiger Faktor für die Kaufentscheidung

Immer mehr Kaufverträge werden heutzutage über das Internet abgeschlossen. Leider „tummeln" sich in diesem nicht immer nur seriöse Anbieter, sondern es gibt auch einige „schwarze Schafe".

Wer Ärger vermeiden und mit den Produkten und Serviceleistungen von Internetanbietern zufrieden sein möchte, sollte sich von der Seriosität der Anbieter überzeugen.

Bei einigen Kaufportalen können die Verkäufer selbst, aber auch die angebotenen Produkte von Käufern „bewertet" werden.

Hierfür gibt es verschiedene Möglichkeiten, z. B.:

- Vergabe von Noten (z. B. Note 1 = Bestnote, Note 6 = schlechteste Note)
- Vergabe von Punkten (z. B. 10 Punkte = sehr gut, 0 Punkte = sehr schlecht)
- „verbale Bewertungen" in Form von Stellungnahmen/Äußerungen

Auch führen manche Unternehmen zu ihren Produkten, ihrem Service und ihrem Onlineshop sogenannte Online-Umfragen durch. Die Ergebnisse aus diesen werden dann auf der Homepage des Onlineshops veröffentlicht und sollen für den Kunden eine Orientierung sein.

Vor einer Kaufentscheidung sollte man sich unbedingt die Bewertungen und Ergebnisse aus Online-Befragungen anschauen bzw. durchlesen und erst dann entscheiden, ob der Internetanbieter der richtige Verkaufspartner für einen selbst ist.

6.2 Rechtliche Besonderheiten beim Internetkauf

Die Lehrerin, Frau Riewer, eröffnet die Stunde und begrüßt alle Schülerinnen und Schüler.

„Heute werden wir uns mal mit den rechtlichen Besonderheiten in Bezug auf den

Kauf im Internet

befassen. Euer BSK-Lehrer sagte mir gestern, dass ihr das Thema „Wir schließen einen Kaufvertrag ab" gerade im Unterricht behandelt. Und bei Käufen im Internet wird ja auch ein Kaufvertrag abgeschlossen, für den es verschiedene rechtliche Besonderheiten gibt.

Unsere Erkenntnisse werden wir dann in einer PowerPoint-Präsentation festhalten, die ihr auch für den BSK-Unterricht nutzen könnt! Also Leute, auf geht's!"

1. **Informiert** euch über den Themenbereich „Rechtliche Besonderheiten beim Internetkauf" und **notiert** wichtige Informationen stichpunktartig.
2. **Erstellt** mithilfe eurer Stichpunkte eine PowerPoint-Präsentation mit folgenden Inhalten:
   Folie 1: „Kauf im Internet"
   Folie 2: „Präsentation von: euer Name und eure Klasse"
   Folie 3: „Inhaltsverzeichnis"
   Folie 4: „Erläuterung Internetkauf"
   Folie 5: „Vor- und Nachteile Internetkauf"
   Folie 6: „Erläuterung Urheberrechtsgesetz"
   Folie 7: „Lizenz- und Nutzungsrecht"
   Folie 8: „AGBs"
   Folie 9: „Widerrufsrecht"
   Folie 10: „Quellenangaben"
   Folie 11: „Schlussfolie"
   Falls ihr für einen Themenbereich mehr als eine Folie benötigt, ändert sich logischerweise die Anzahl der Folien, dies ist aber nicht schlimm.
3. **Berücksichtigt** die Gestaltungsregeln für PowerPoint-Präsentationen.
4. **Bereitet** euch auf die Präsentation vor und **präsentiert** eure Ergebnisse.
5. **Übt** konstruktives Feedback in Bezug auf die gehaltene Präsentation.
6. **Prüft** die Präsentation auf Vollständigkeit sowie Richtigkeit und **nehmt** ggf. Änderungen vor.
7. **Druckt** eure Präsentationen als Handzettel aus und **heftet** sie in eurem Ordner ab.
8. **Berücksichtigt** eure Erkenntnisse in Bezug auf die Besonderheiten beim Internetkauf für die Zukunft.

Kaufen im Internet – rund um die Uhr – alles was das Herz „begehrt" – schnell und einfach!

Mittlerweile wird der Umsatz von vielen Unternehmen maßgeblich durch das Vertreiben von Artikeln über das Internet bestimmt. Schnell mal ein Produkt „googeln" und gleich findet man viele Anbieter, bei denen man den gewünschten Artikel bestellen kann.

6

Lernbereich 6

Doch Vorsicht! Käufe im Internet bringen sowohl Vor- als auch Nachteile mit sich:

Vorteile	Nachteile
– schnelles Einkaufen, bequem von der Couch aus – rund um die Uhr bestellbar – man ist an keine Ladenöffnungszeiten gebunden – einfacher Preisvergleich möglich – Widerrufsrecht binnen 14 Tagen – Shoppen in Ruhe und immer dann, wenn man gerade Zeit hat – Digitale Produkte können sofort erworben und genutzt werden. – häufig versandkostenfreie Bestellungen und Rücksendungen möglich	– Ware kann vor dem Bestellen nicht angeschaut werden (dadurch ggf. hohe Rücksendequote). – Unternehmen sind ggf. unbekannt und bieten weniger gute oder keine Serviceleistungen. – meist kein konkreter Ansprechpartner bei Problemen – Man sieht den Menschen „auf der anderen Seite des Bildschirms" nicht.

Auch müssen einige rechtliche Bestimmungen eingehalten werden, die nachfolgend aufgeführt sind:

6.2.1 Urheberrecht – geregelt im Urheberrechtsgesetz (UrhG)

Das Urheberrechtsgesetz regelt den Schutz des geistigen Eigentums. Es trifft unter anderem Aussagen, was man unter dem Begriff „Urheber" versteht, welche Texte, Dokumente, Filme, Musikdateien, Bilder usw. vervielfältigt (kopiert) und genutzt werden dürfen usw.

Auszüge aus dem Urheberrechtsgesetz vom 09.09.1965 (BGBl. I S. 1273), zuletzt geändert durch Gesetz vom 01.10.2013 (BGBl. I S. 3728) mit Wirkung vom 01.01.2014:

§ 7 – Urheber	Der Schöpfer des Werkes wird als Urheber bezeichnet. Diesem gehören die Rechte an dem entsprechenden Gut.
§ 11 – Allgemeines	Das Urheberrecht schützt den Urheber in seinen geistigen und persönlichen Beziehungen zum Werk und in der Nutzung des Werkes. Es dient zugleich der Sicherung einer angemessenen Vergütung für die Nutzung des Werkes.

Die entsprechenden Paragrafen gelten sowohl für die klassische „Papierform" als auch für alle Daten, die im Internet zur Verfügung stehen – also für die „digitale Form".

Um nicht gegen das Urheberrechtsgesetz zu verstoßen und um Ärger zu vermeiden, sollte man also immer vorher im Gesetz nachlesen, was erlaubt und was verboten ist.

Bei Verstößen gegen das Urheberrechtsgesetz kann es zu hohen Geld- oder Haftstrafen, Unterlassungsaufforderungen durch den Urheber, Lizenzentschädigungen kommen.

6.2.2 Lizenz, Nutzungsrecht

Unter einer Lizenz oder dem Einräumen eines Nutzungsrechts versteht man die Erlaubnis, etwas zu tun oder etwas zu verwenden.

Oft wird die Vergabe einer Lizenz durch den Abschluss eines Vertrags geregelt. Der Inhaber der Lizenz erteilt durch diesen Vertrag einer anderen Person ein Nutzungsrecht, welches genau definiert ist.

Im Urheberrechtsgesetz, § 31 „Einräumung von Nutzungsrechten", wird eine solche Möglichkeit zum Beispiel geregelt:

Auszug aus dem Urheberrechtsgesetz vom 09.09.1965 (BGBl. I S. 1273), zuletzt geändert durch Gesetz vom 01.10.2013 (BGBl. I S. 3728) mit Wirkung vom 01.01.2014:

§ 31 – Einräumung von Nutzungsrechten	Der Urheber kann einem anderen das Recht auf Nutzung des Werkes zusprechen. Meist wird für die Nutzung ein entsprechendes Entgelt an den Urheber gezahlt. Zeitlich kann die Nutzung begrenzt werden.

Inhalte von Lizenzverträgen (Lizenzbestimmungen) können sein:

- genaue Beschreibung der Lizenz, die vergeben wird
- Lizenzgegenstand
- genaue Festlegung der Nutzung
- Laufzeit
- zu zahlendes Entgelt
- Folgen von Vertragsverstößen (Vertragsstrafen)

Bei Käufen über das Internet kommt es häufig vor, dass man den Lizenzbestimmungen vor dem Kauf zustimmen muss (meist setzt man einen Haken an der entsprechenden Stelle im Onlineformular). Erst durch diese Zustimmung gelangt man dann zum nächsten Schritt des Onlineformulars und der Kauf oder der Downloadvorgang kann fortgeführt/abgeschlossen werden.

Beispiel:
Lena möchte ein neues Programm auf ihrem Rechner installieren, mit welchem sie Kleider selbst designen kann. Damit Lena das Programm installieren und nutzen kann, muss sie den Lizenzbestimmungen des Anbieters zustimmen. Unter anderem ist in diesen Bestimmungen geregelt, wie die Software verwendet werden kann.

Auszug aus den Lizenzbestimmungen:
„Für das Nutzen der Software fallen keine Gebühren an. Wir gewähren Ihnen mit unserer Lizenz das Recht, eine Kopie unseres Programmes dauerhaft auf Ihrem Computer zu installieren, auszuführen und zu verwenden. Dies gilt jedoch nur, wenn Sie sich an alle sonstigen Bestimmungen dieser Lizenzvereinbarung halten."

Bestätigung

❑ „Ich bestätige, dass ich die Lizenzbestimmungen gelesen habe und stimme diesen zu."

WEITER

Sobald Lena den Haken an der entsprechenden Stelle gesetzt hat, kann sie über den Button WEITER auf die nächste Seite ihres Onlineformulars springen.

6.2.3 AGBs

Die Buchstaben „AGB" sind die Abkürzung für „allgemeine Geschäftsbedingungen". Oft gebraucht man auch umgangssprachlich den Begriff „Kleingedrucktes". Dieser kommt daher, dass die allgemeinen Geschäftsbedingungen oft auf der Rückseite von Verträgen in einer kleineren Schrift abgedruckt sind, damit auch alle Regelungen auf das DIN-A4-Blatt passen.

Bei den Inhalten handelt es sich um vorformulierte Vertragsbedingungen, die von einer Vertragspartei für eine andere Vertragspartei aufgestellt wurden.

Inhalte können sein:

- Zahlungsbedingungen
- Lieferbedingungen
- Nutzungs- und Lizenzrechte (Urheberrecht)
- Gewährleistungen
- Haftung bei Mängeln
- Gerichtsstand usw.

Bevor ein Vertrag im Internet rechtskräftig abgeschlossen wird, muss der Käufer den AGBs zustimmen und bestätigen, dass er diese zur Kenntnis genommen (gelesen) hat.

Beispiel:

❑ „Ich bestätige, dass ich die AGBs gelesen habe und stimme diesen zu." WEITER

6.2.4 Widerrufsrecht

Da man bei dem Kauf von Waren im Internet keine Möglichkeit hat, diese vorher zu testen bzw. nur auf Bildern anschauen kann, gibt es ein generelles Widerrufsrecht.

Dies bedeutet, dass man vom Kaufvertrag zurücktreten kann, indem man diesen innerhalb einer Frist von 14 Tagen in Textform widerruft und die Ware an den Verkäufer zurücksendet. Gründe für den Widerruf müssen nicht angegeben werden.

Die 14-tägige Frist beginnt mit dem Tag zu laufen, an dem die Ware dem Käufer zugestellt wurde.

Vorgefertigte „Retourenscheine" liegen meist sogar schon den Sendungen bei. Wichtig ist, dass man vor dem Rücksenden prüft, ob dies kostenfrei ist oder ob ggf. Portokosten anfallen.

Programmhandbuch Word

Kapitel 7

7 Programmhandbuch Word

7.1 Word-Dateien öffnen, speichern und schließen

→ Dateien öffnen:

❶ Register Datei – ÖFFNEN anklicken – entsprechende Datei aussuchen

❷ im nun erscheinenden Fenster entsprechenden Ordner und Datei auswählen

❸ ÖFFNEN anklicken und die ausgesuchte Datei öffnet sich.

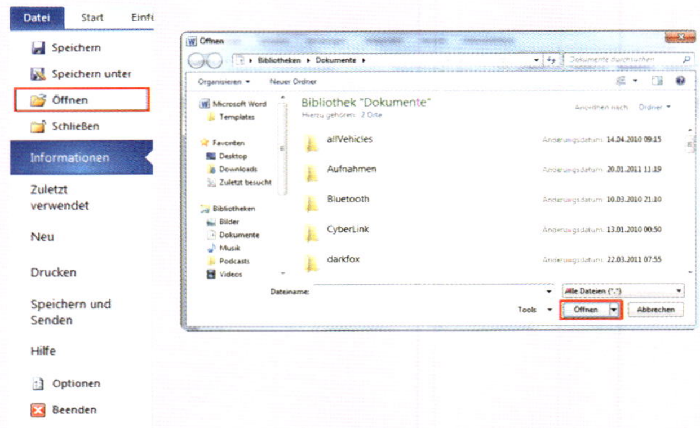

→ Dateien speichern:

❶ Register Datei – SPEICHERN anklicken

oder

❷ Register Datei – SPEICHERN UNTER anklicken (wenn die Datei nicht überspeichert werden soll) – im nun erscheinenden Fenster Speicherort auswählen

❸ Speichernamen eingeben

❹ SPEICHERN anklicken und die Datei wird gespeichert.

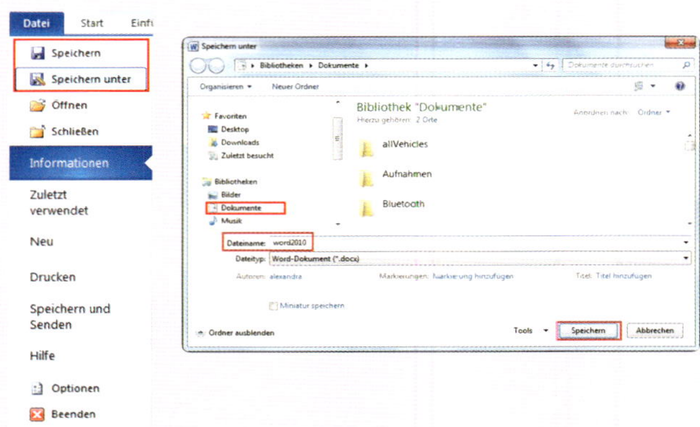

→ Dateien schließen:

❶ Register Datei – SCHLIEßEN anklicken

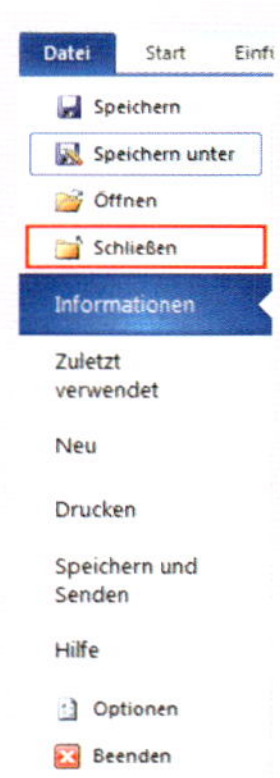

7.2 Daten ausschneiden und kopieren

→ **Ausschneiden:**

❶ Textstelle oder Bereich, der ausgeschnitten werden soll, markieren

❷ Kontextmenü AUSSCHNEIDEN

oder

Strg X

oder
Symbolleiste Ausschneiden anklicken

→ **Kopieren:**

❶ Textstelle oder Bereich, der kopiert werden soll, markieren

❷ Kontextmenü KOPIEREN

oder

Strg C

oder
Symbolleiste Kopieren anklicken

→ **Einfügen der ausgeschnittenen bzw. kopierten Zellinhalte:**

❶ an entsprechender Stelle ins Dokument stellen, an welcher der kopierte/ausgeschnittene Text eingefügt werden soll

❷ Kontextmenü EINFÜGEN

oder

Strg V

oder
Symbolleiste Einfügen (**Zwischenablage**) anklicken

7.3 Zeichenformatierung

7.3.1 Schrift ändern

Bei der Zeichenformatierung ist es wichtig, dass man diese Hervorhebungen unter Berücksichtigung der DIN anwendet

Hervorhebungen können auch durch Farben erzeugt werden. Dabei gilt: immer eine Farbe nehmen, die sowohl am Bildschirm als auch im Ausdruck (Farbdruck ODER Schwarz-Weiß-Druck) gut lesbar ist. Helle Farben wie Pastelltöne und Gelbtöne neigen dazu, dass sie im Ausdruck nicht mehr gut lesbar sind.

→ Schriftgröße und Schriftart ändern:

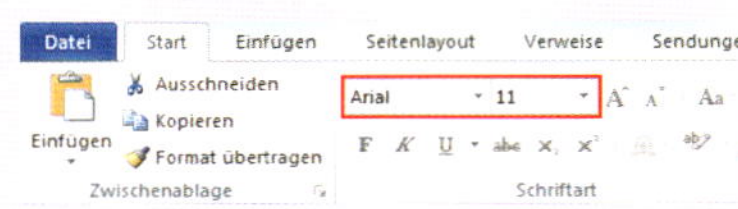

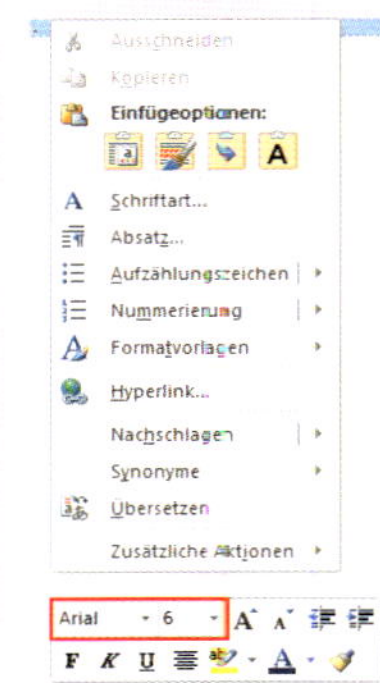

❶ Text markieren

❷ Register START – hier die Veränderungen der Schriftart und Schriftgröße vornehmen

oder

Kontextmenü – Änderungen ebenfalls vornehmen

→ Schriftfarbe ändern:

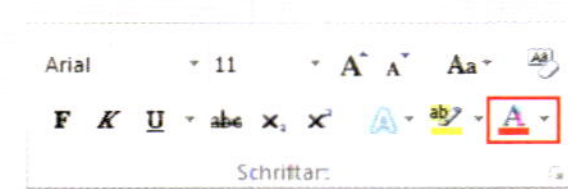

❶ gleiches Vorgehen wie oben

❷ entsprechende Schriftfarbe über das Symbol auswählen

7.3.2 FETT, KURSIV, UNTERSTRICHEN, LINKSBÜNDIG, ZENTRIERT, RECHTSBÜNDIG

→ FETT, KURSIV, UNTERSTRICHEN:

❶ Text markieren

❷ Register START – entsprechendes Symbol anklicken

→ LINKSBÜNDIG, ZENTRIERT, RECHTSBÜNDIG:

❶ Text markieren

❷ Register START – entsprechendes Symbol anklicken

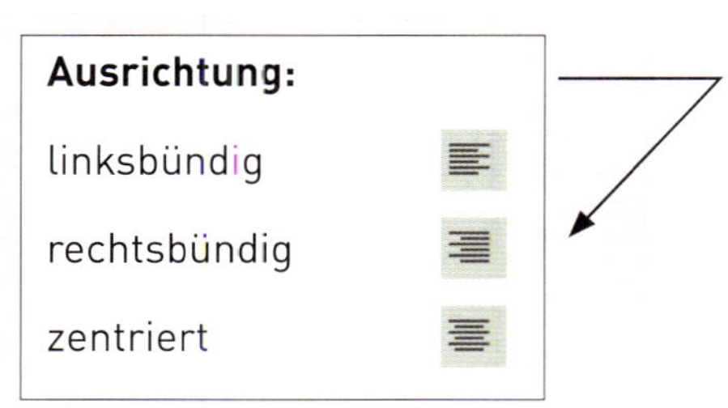

Die DIN sagt, dass Satzzeichen innerhalb einer Hervorhebung mitformatiert werden. Stehen diese am Ende einer Hervorhebung, so sollen sie nur mit in diese einbezogen werden, wenn sie vom Inhalt her zum hervorgehobenen Text gehören.

Die Großmutter erzählt: **„Peter und Heidi gehen zufrieden nach Hause."**

7.4 Gestaltungselemente

7.4.1 Rahmen und Schattierung

Um Texte oder Textpassagen besonders hervorzuheben, bieten sich Rahmen und Schattierungen an. Diese können um einzelne Bereiche im Dokument oder um ein gesamtes Blatt als „Seitenrand" gelegt werden.

→ Rahmen um Markierung hinzufügen:

1. Bereich markieren, um den die Rahmen gelegt werden sollen
2. Register START – Pfeil bei dem Symbol für Rahmen aufklappen
3. gewünschten Rahmen wählen

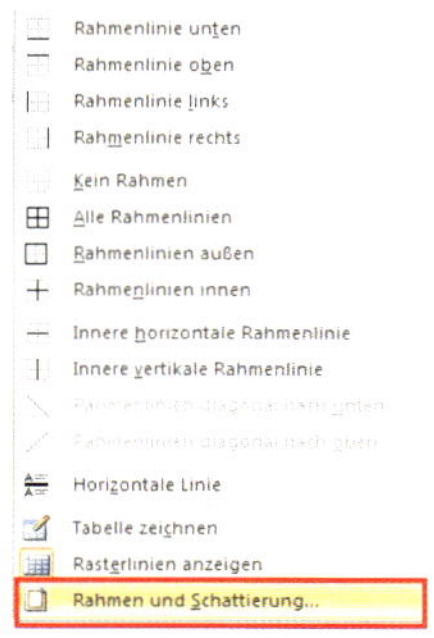

oder

1. auf den Befehl „Rahmen und Schattierung" gehen
2. Register RAHMEN
3. entsprechenden Rahmen in den Fenstern auswählen (auch Farbe und Breite)
4. OK

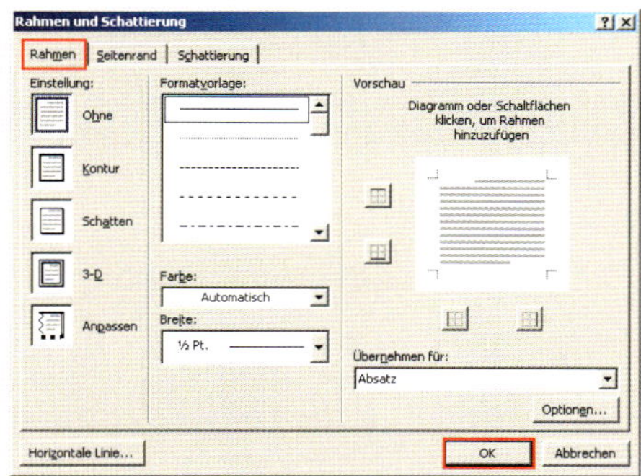

→ Rahmen als Seitenrand hinzufügen:

1. auf den Befehl „Rahmen und Schattierung" gehen
2. Register SEITENRAND
3. entsprechenden Seitenrand auswählen (auch Farbe, Breite)
4. OK

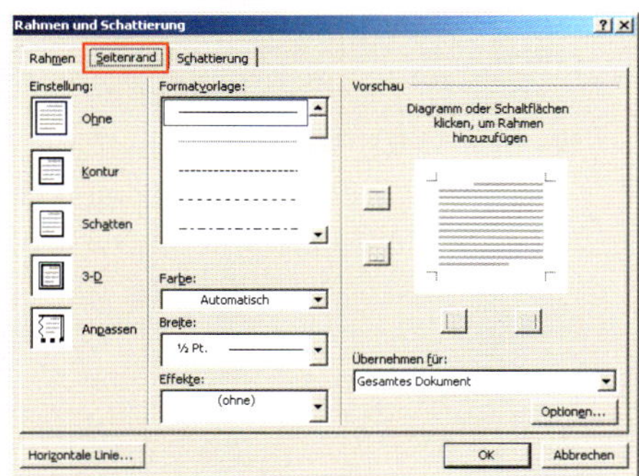

→ Schattierung:

1. Vorgehensweise wie oben
2. Register „Schattierung" auswählen und entsprechende Schattierung einfügen (Füllung)

oder

3. Register START, entsprechendes Symbol verwenden und die Schattierungs- bzw. Hintergrundfarbe aussuchen

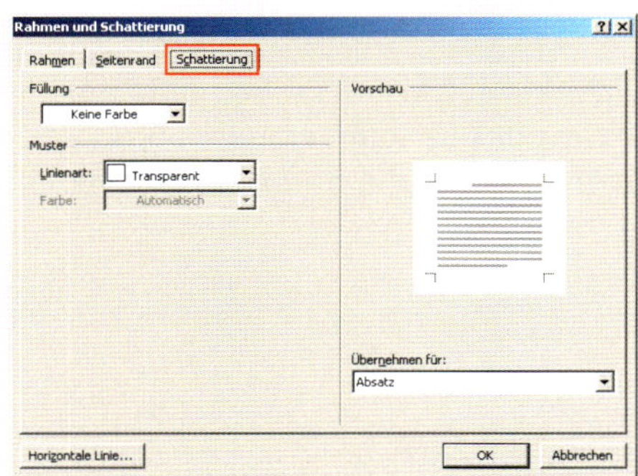

7

Word

7.4.2 WordArt einfügen

Sollen Überschriften in Texten optisch hervorgehoben werden, bietet sich neben FETT, KURSIV, UNTERSTRICHEN die Möglichkeit an, eine Überschrift als WordArt zu gestalten.

→ WordArt einfügen

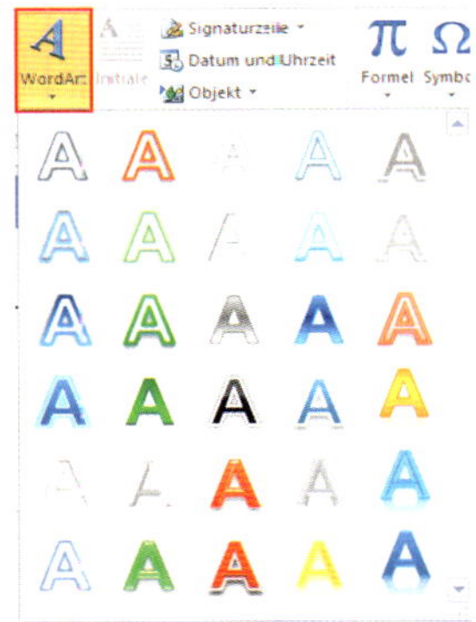

❶ Text markieren, der als WordArt formatiert werden soll

❷ Register EINFÜGEN

❸ Symbol für WordArt anklicken und entsprechendes WordArt aus dem Fenster auswählen

Berücksichtigt die DIN und die Typografischen Regeln! Überschriften sollten immer 1/3 größer als der Rest des Textes geschrieben werden. Sie sind außerdem mit mindestens einer Leerzeile zum nachfolgenden Text abzutrennen.

7.4.3 Symbole und Sonderzeichen

→ Symbole und Sonderzeichen einfügen:

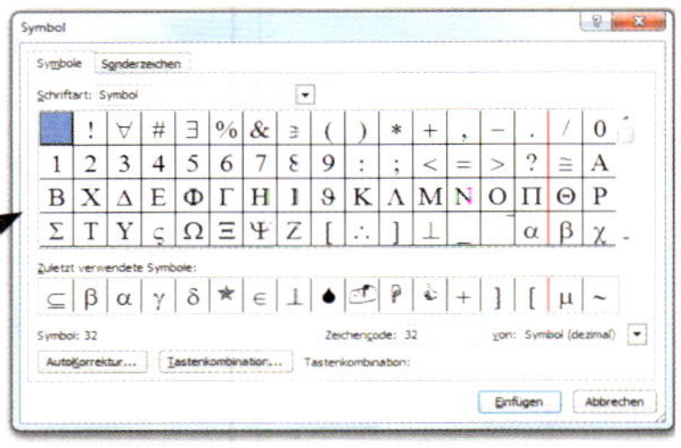

❶ Register EINFÜGEN – Symbol oder Sonderzeichen auswählen und diese werden eingefügt

oder

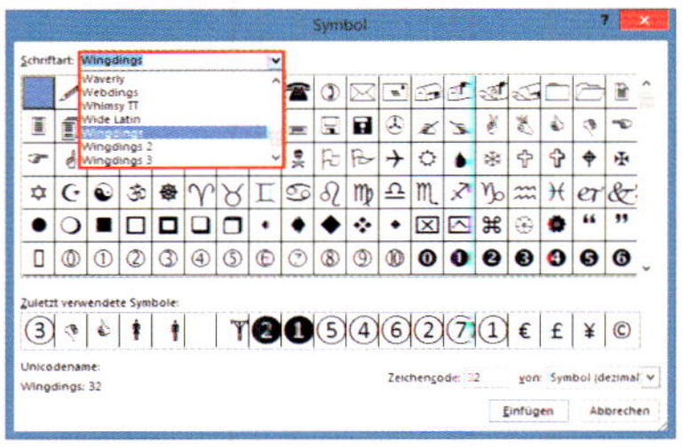

❷ WEITERE SYMBOLE anklicken
im entsprechenden Register Symbol/Sonderzeichen
Schriftart auswählen – Symbol auswählen – EINFÜGEN – SCHLIEßEN anklicken

Berücksichtigt die DIN, wenn ihr mit Sonderzeichen arbeitet.

Fast immer, wenn die Sonderzeichen für ein Wort stehen, müsst ihr vor und nach dem Sonderzeichen ein Leerzeichen setzen (diese ersetzen ja schließlich ein Wort und vor sowie nach Wörtern stehen ebenfalls immer Leerzeichen).

7.4.4 Formen einfügen (Autoformen)

Um Dokumente optisch besser zu gestalten oder um spezielle Einträge in einem Dokument vorzunehmen (z. B. Kommentare, „Unterschriften von Bildern“, Sprechblasen usw.), bieten sich Formen (in Altversionen „Autoformen“ genannt) an.

→ Formen in ein Dokument einfügen:

1. Register EINFÜGEN – FORMEN anklicken
2. gewünschte Form anklicken
3. mit dem nun erscheinenden Kreuz (+) entsprechende Formgröße definieren
4. Die Form wird eingefügt.

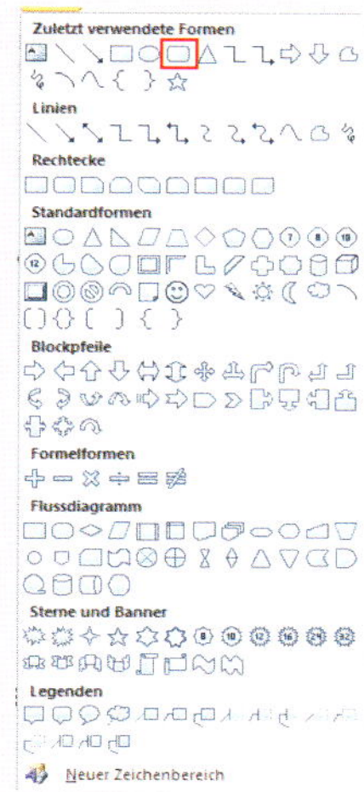

→ Formen formatieren:

1. Form anklicken
2. Register ZEICHENTOOLS FORMAT erscheint
3. gewünschte Formatierung vornehmen (Rahmen, Schattierung verändern, Texteffekte einfügen, Text ausrichten ...)

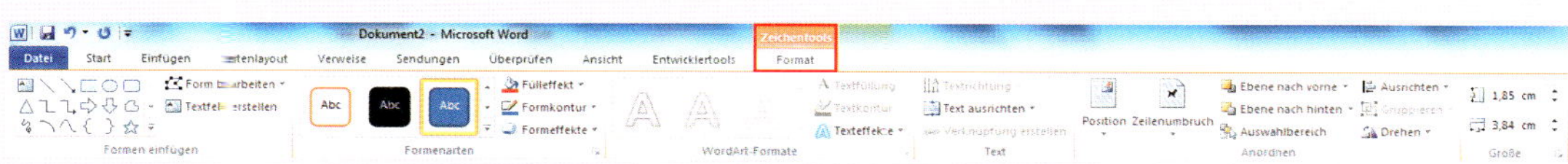

7.4.5 Grafiken und ClipArts

Gestalten Sie einen Flyer oder ein anderes Dokument, bietet sich der Einsatz von Bildern (Grafiken) oder ClipArts an. Dabei kann der Grundsatz „Lassen Sie **Bilder** sprechen!!“ berücksichtigt werden.

→ Bilder einfügen:

1. Register EINFÜGEN – GRAFIK
2. **Quelle** des Bildes auswählen (z. B. Bilder, Onlinegrafiken)
3. EINFÜGEN anklicken und das Bild wird eingefügt

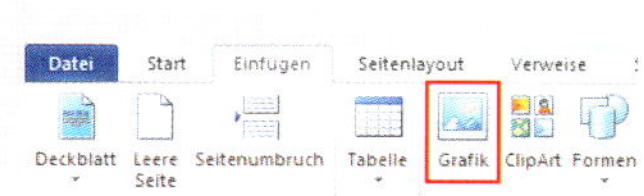

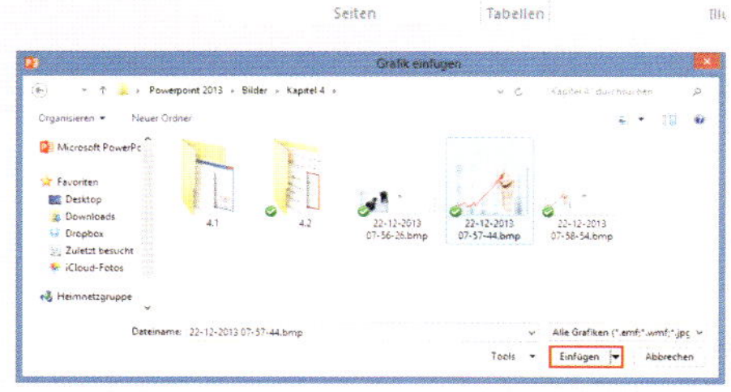

→ ClipArts einfügen:

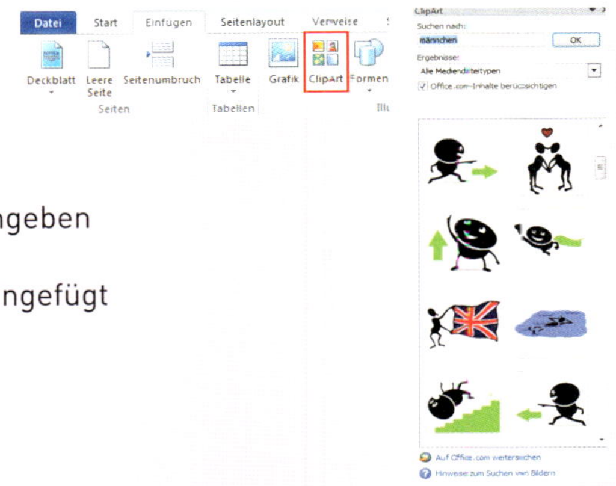

❶ Register EINFÜGEN – CLIPART

❷ im neuen Fenster „CLIPART" (erscheint rechts)
bei „Suche nach" entsprechenden Suchbegriff eingeben

❸ gewünschtes ClipArt anklicken und dieses wird eingefügt

→ Position und Größe von Grafiken/ClipArts anpassen:

❶ Bild auswählen

❷ Mit den **Anfassern** lässt sich die **Größe** individuell **anpassen.**

❸ Mit dem Mauszeiger über das Bild gehen. Sobald der **Mauszeiger** sich in ✥ verwandelt, das Bild an die neue Position **verschieben.**

❹ Kontextmenü GRÖßE UND POSITION

❺ Neben der Position und Größe kann die **Bilddrehung,** z. B. 25 Grad, bestimmt werden

oder

mit der Maus über gehen und Bild mit **gedrückter linker Maustaste** drehen

Über die Registerkarte Bildtools ist es möglich, Grafiken und ClipArts zu verbessern.

→ Grafiken und ClipArts verbessern:

1. Grafik oder ClipArt mit **Doppelklick** auswählen
2. Register BILDTOOLS FORMAT – KORREKTUREN
3. **Bildkorrekturen** (z. B. Helligkeit/Kontrast) durchführen

   Detailliertere Bildkorrekturen können über die Schaltfläche OPTIONEN FÜR BILDKORREKTUREN aufgerufen werden.

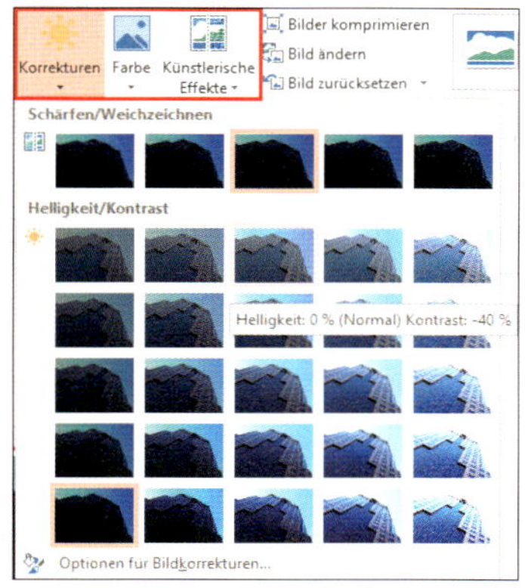

→ Grafiken/ClipArts künstlerische Effekte geben:

1. Bild mit **Doppelklick** auswählen
2. im Register BILDTOOLS – FORMAT die Schaltfläche KÜNSTLERISCHE EFFEKTE anklicken
3. passenden **Effekt** auf das Bild **anwenden** (hier: Struktur)

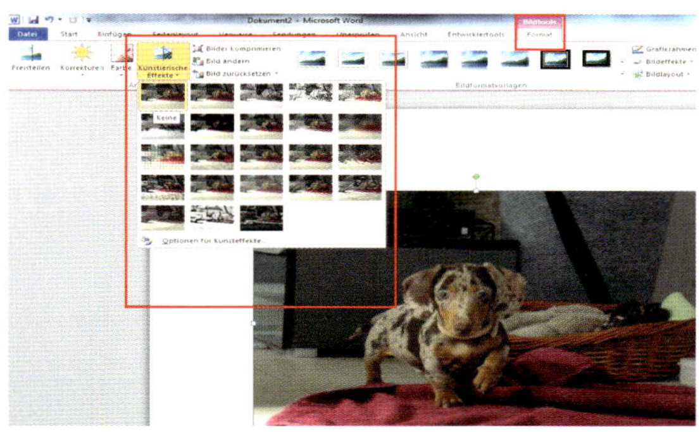

Sollen nur Teilbereiche einer Grafik/eines ClipArts „genutzt“ werden, lassen sich die überflüssigen Bildelemente durch Zuschneiden entfernen.

→ Bilder zuschneiden:

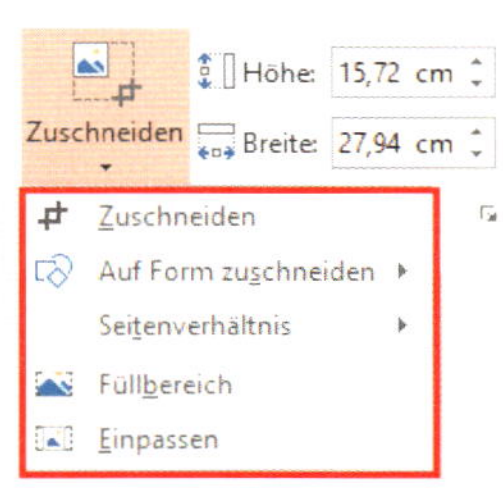

1. Grafik/ClipArt mit **Doppelklick** auswählen
2. Register BILDTOOLS – FORMAT
3. Bild (z. B. in einem bestimmten Seitenverhältnis) **zuschneiden**

   oder

   mit der Maus an den **Anfassern** individuell anpassen, aus dem Bild mit der Maus „rausklicken“ und die Größe wird übernommen

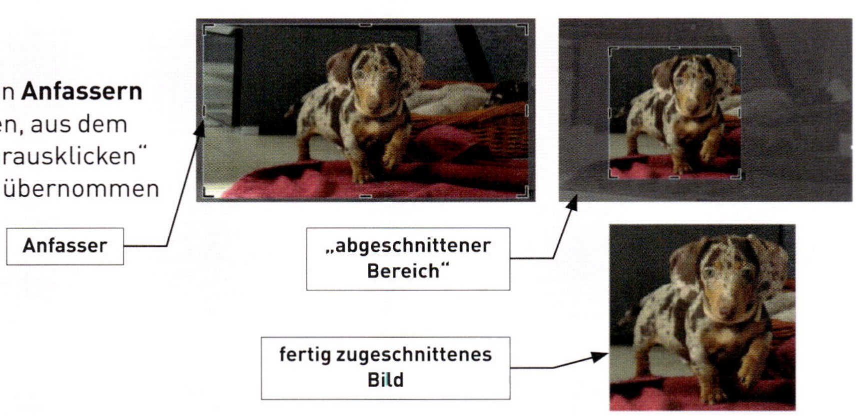

Bildtipps:

1. Benutze **qualitativ gute Bilder** (z. B. bzgl. der Bildauflösung)

schlechte Qualität

gute Qualität

2. Verwende **Bilder mit eindeutigem Inhalt, die zum Dokument passen.**

3. Verwende **wenige Bilder** und **platziere** diese **richtig. Zu viele** Bilder in einem Dokument können zu Irritationen führen.

falsch

richtig

4. Verwende **gleichartige Bilder.**
Die Bilder sollten nicht nur inhaltlich zusammenpassen, sondern **von gleicher Art** sein. Eine Kombination aus **ClipArt und Foto** passt beispielsweise nur in seltenen Fällen zusammen (z. B. im Film „Falsches Spiel mit Roger Rabbit"). Wähle Bilder von ähnlicher Machart und **Farbgebung.**

ClipArt und Foto

Foto und Foto

7.4.6 Aufzählungen und Nummerierungen

Sollen Inhalte in einem Dokument übersichtlich dargestellt werden, bieten sich Aufzählungen oder Nummerierungen an.

→ Aufzählungszeichen/Nummerierung einfügen:

❶ Kontextmenü AUFZÄHLUNGSZEICHEN anklicken

❷ **Aufzählungszeichen** auswählen

❸ oder ein Symbol/Bild/Schriftart als neues Aufzählungszeichen definieren über „NEUES AUFZÄHLUNGSZEICHEN DEFINIEREN" – gewünschte Formatierung auswählen – OK

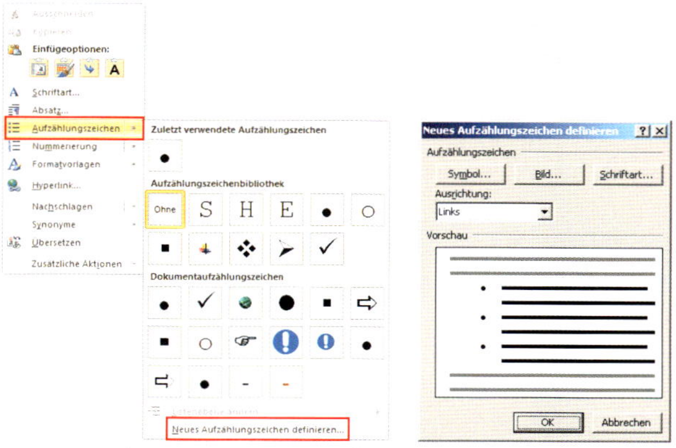

oder

❶ die Option NUMMERIERUNG anklicken

❷ gewünschte Nummerierung auswählen oder ein neues Zahlenformat definieren

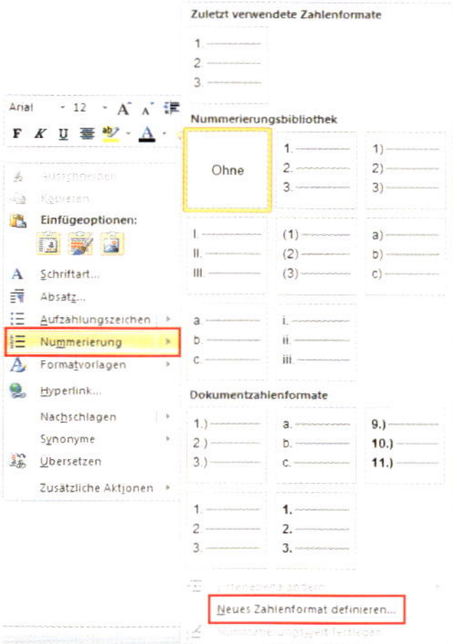

Nachdem die Aufzählungszeichen eingefügt sind, müssen diese nach der DIN formatiert werden.

→ Formatieren nach DIN

❶ Kontextmenü LISTENEINZUG ANPASSEN anklicken

❷ **Aufzählungszeichenposition = 0 cm ODER Aufzählungszeichenposition = 2,5 cm**

❸ OK

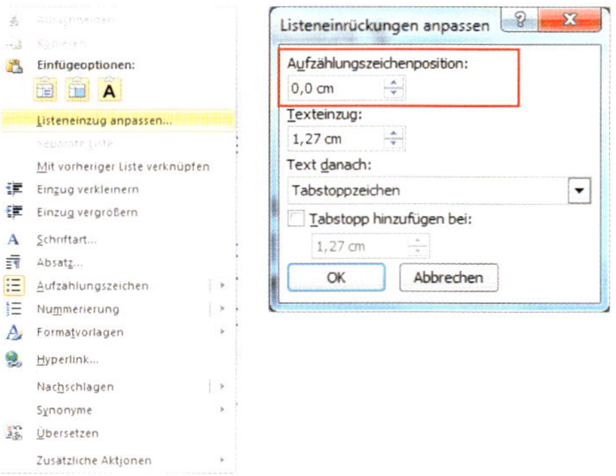

7

Word

7

Word

7.4.7 Tabelle

Sollen Daten strukturiert dargestellt werden, bietet sich die Tabellenfunktion an, wobei ebenfalls die DIN bei der Tabellenerstellung Anwendung findet.

→ Tabelle einfügen:

❶ Register EINFÜGEN

❷ gewünschte Spalten- und Zeilenzahl markieren

❸ mit Maus klicken (Tabelle wird eingefügt)

oder

❹ Register EINFÜGEN

❺ Tabelle einfügen

❻ gewünschte Spalten- und Zeilenzahl eingeben – OK

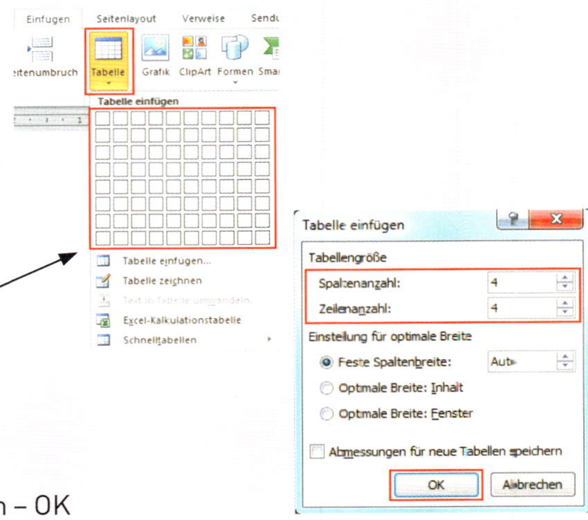

→ Tabelle – was sagt die DIN?

Artikel	Preis in Euro
Bikewear – Body	89,90
Bikewear – Classes	49,50

- Tabellen sind innerhalb der Seitenränder eines Dokumentes zu zentrieren.
- Tabellen sollten immer eine Überschrift, welche jedoch im Tabellenkopf integriert sein kann, enthalten.
- Dieser ist zu zentrieren zwischen dem linken und rechten sowie dem oberen und unteren Zellbereich und zu schattieren sowie FETT zu formatieren.
- Tabellen werden mit mindestens einer Leerzeile zum vorherigen und nachfolgenden Text gegliedert.
- Der Abstand des Textes innerhalb einer Zelle zum Zellenrand soll mindestens 0,1 cm betragen.

Nachfolgend sind die von Ihnen angefragten Artikel aufgeführt:

Artikel	Preis in Euro
Bikewear – Body	89,90
Bikewear – Classes	49,50

Es gelten die Ihnen bekannten Zahlungsbedingungen. Diese

- Text sollte linksbündig, Zahlenformate rechtsbündig formatiert werden.
- Passt eine Tabelle nicht auf eine Seite, muss auf der zweiten Seite, auf der die Tabelle angezeigt wird, der Tabellenkopf wiederholt werden.

→ Tabelle nach DIN formatieren:

❶ Tabelle markieren

❷ Kontextmenü „Tabelleneigenschaften"

❸ Register Tabelle – Ausrichtung zentriert – und OPTIONEN – hier die Abstände zum Seitenrand der Zelle (OBEN; UNTEN; LINKS; RECHTS) mit mindestens 0,1 cm (nach DIN) eingeben

❹ Register Zelle – ZENTRIERT – mit OK Angaben bestätigen

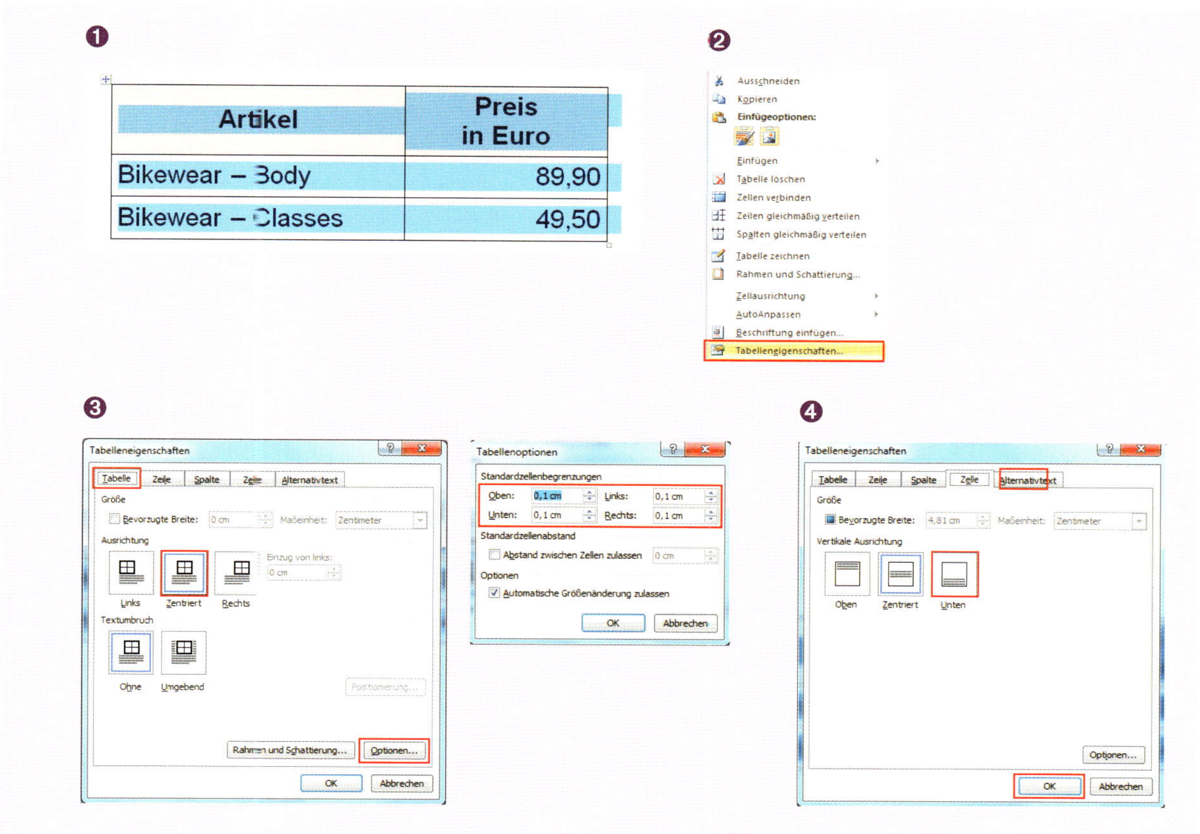

7.4.8 Silbentrennung

Um einen „Flatterrand" zu vermeiden, bietet sich in einem Dokument mit Text die Silbentrennung an. Die Silbentrennoptionen regeln, nach welchem „Abstand" ein Wort getrennt wird (0,25/0,5/0,75 ...). Diese können vom Anwender manuell bestimmt werden.

→ Silbentrennung einfügen:

❶ Register SEITENLAYOUT – SILBENTRENNUNG

❷ Automatisch *(Word nimmt die Trennung automatisch vor)*
oder
Manuell *(ist vom Anwender manuell durchzuführen)*
auswählen

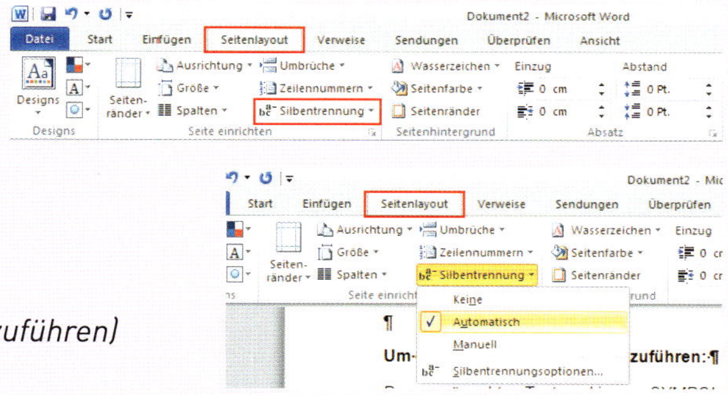

→ Silbentrennoptionen:

❶ Register SEITENLAYOUT – SILBENTRENNUNG – SILBENTRENNOPTIONEN

❷ Silbentrennzone entsprechend eingeben – OK

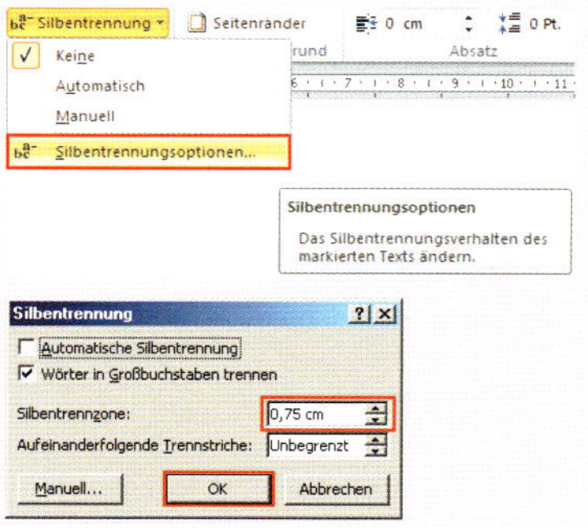

7.4.9 Hilfefunktion in Word

Sucht man z. B. einen bestimmten Befehl in Word und kann diesen nicht finden, bietet sich die Hilfefunktion in Word an.

→ Hilfefunktion in Word aufrufen:

❶ Taste F1 drücken

❷ im nun erscheinenden Fenster entsprechenden Suchbegriff eingeben

❸ auf den Button SUCHEN klicken und die Suchergebnisse werden angezeigt

7.4.10 Textfelder

Sollen „Daten" innerhalb eines Dokuments beliebig positioniert werden, bietet sich der Einsatz eines Textfeldes an.

→ Textfeld einfügen

❶ Register Einfügen – TEXTFELD

❷ gewünschtes Textfeld auswählen

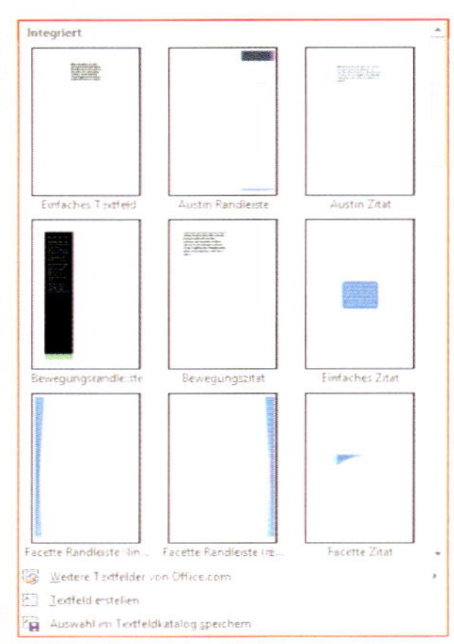

❸ Textfeld wird eingefügt, der Text kann eingegeben und das Textfeld beliebig verschoben werden

❹ Formatierungen des Textes wie gewohnt über die Register vornehmen

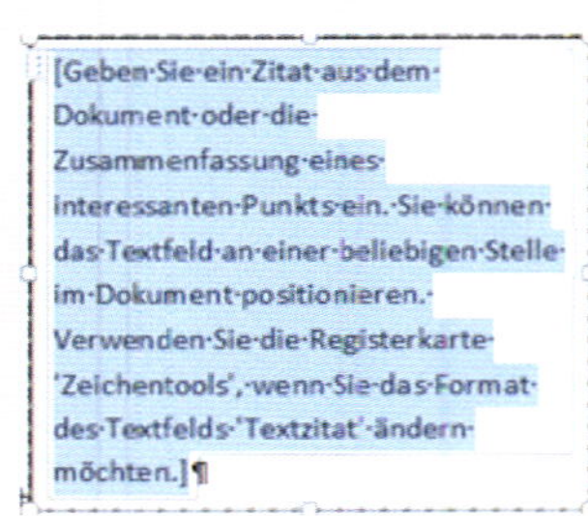

❺ Das Textfeld wird wie die Formen formatiert: auf Textfeld klicken – rechte Maustaste – FORM formatieren – entsprechende Änderungen vornehmen.

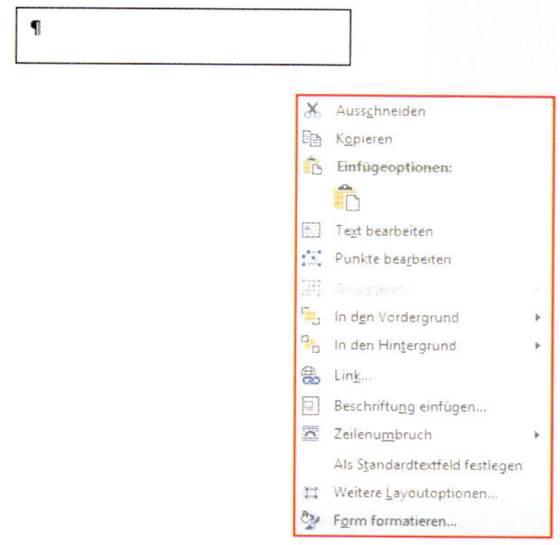

DIN-Regelheft – Regeln nach der DIN 5008

Kapitel 8

8 DIN-Regelheft – Regeln nach der DIN 5008

8.1 Abkürzungen

Wird in einem Text mit Abkürzungen gearbeitet, ist zu berücksichtigen, dass zwischen Abkürzungen mit Punkt ein Leerzeichen steht. Der abgekürzte Buchstabe steht für ein Wort und zwischen Wörtern stehen bekanntlich auch immer Leerzeichen.
Handelt es sich um ein abgekürztes Wort, welches mit einem Punkt abschließt, steht nach dem Punkt ein Leerzeichen und das Folgewort schließt sich an.

Beispiele:

- z. B. (zum Beispiel)
- d. M. (dieses Monats)
- i. A. (im Auftrag)
- usw. (und so weiter)
- bzw. (beziehungsweise)

Handelt es sich um Abkürzungen ohne Punkt, wird nach der Abkürzung ein Leerzeichen geschrieben und das nächste Wort folgt.

Beispiele:

- DPD
- GmbH
- OHG
- AG

8.2 Absätze, Einzüge (Einrückungen) und Zentrieren nach DIN

8.2.1 Absätze und Einzüge nach DIN

Sollen Textteile mit Absätzen gegliedert oder eingerückt werden, muss dies nach der DIN erfolgen.

→ Absätze – was sagt die DIN?:

Absätze sind mit einer Leerzeile zum vorherigen und nachfolgenden Text kenntlich zu machen.

ABSATZ 1, ABSATZ 1
x
ABSATZ 2, ABSATZ 2
x
ABSATZ 3, ABSATZ 3...

→ Einzüge einfügen (Einrückung vornehmen):

❶ Register SEITENLAYOUT

❷ Einzug nach DIN auf 2,5 cm eingeben

❸ ENTER (Einzug wird vorgenommen)

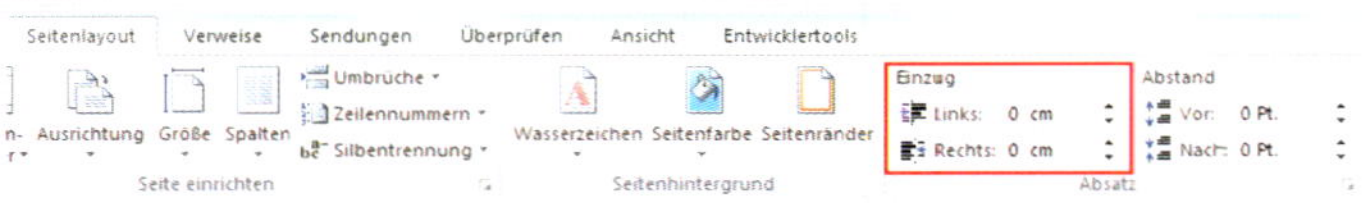

Bei eingerückten und/oder zentrierten Textteilen muss eine Leerzeile vor und nach dem Einzug bzw. der Zentrierung eingefügt werden.

8.3 Mittestrich und Gedankenstrich

Der **Mittestrich** wird auf vielfältige Art und Weise eingesetzt.

Er steht für:

- das Wort „bis" (08:30 Uhr – 10:30 Uhr, Schulstr. 80 – 82), Ausnahme: **von** 13:00 Uhr **bis** 13:40 Uhr
- Trennungsstrich
- Kopplung und Aneinanderreihung von Wörtern und Ziffern: der Bindestrich verbindet mehrteilige Wörter; er steht in Zusammensetzung mit Abkürzungen; es gibt Fälle, in denen nur einzelne Buchstaben mit einem Wort mit Bindestrich verbunden werden (Fun-Park, Johann-Wolfgang-von-Goethe-Universität, 4-Zylinder-Motor)
- Streckenangaben (München – Schweinfurt – München)
- Verwendung als Spiegelstrich/Aufzählungsstrich
  (- Butter,
  – Zucker,
  – Mehl, ...)
- für das Wort „gegen" (1 FC Köln – 1 FC Kaiserslautern), Ausnahme: Bei Rechtsstreitigkeiten wird das zusammengesetzte Zeichen ./. für das Wort „gegen" verwendet.

Außerdem wird der Mittestrich beim Zusammentreffen von drei gleichen Mit- oder Selbstlauten verwendet.

Damit ein Wort am Satzende nicht getrennt wird, setzt man einen „geschützten Mittestrich" ein. Dieser wird durch gleichzeitige Betätigung der Tasten „Steuerung, Umschalter und Mittestrich" gesetzt.

Folgende Regeln bei den o. a. Einsatzmöglichkeiten sind zu beachten (nach der DIN 5008):

- Als Ersatz für das Wort „gegen" wird vor und hinter dem Mittestrich ein Leerzeichen gesetzt Borussia Dortmund – Bayern München.
- Als Ersatz für das Wort „bis" wird ebenfalls davor und dahinter ein Leerzeichen gesetzt
- Bei Aufzählungen wird zwischen dem Aufzählungs-/Spiegelstrich und dem nachfolgenden Text ein Leerzeichen eingefügt.
- Der Trennungsstrich wird unmittelbar hinter das Wort (ohne Leerzeichen) gesetzt.
- Bei der Kopplung und Aneinanderreihung wird der Mittestrich ebenfalls direkt hinter das Wort gesetzt.
- Bei Streckenangaben wird ein Leerzeichen vor und hinter den Mittestrich gesetzt.

Gedankenstrich

Wird ein Gedankenstrich verwendet, muss vor und hinter diesem ein Leerzeichen eingefügt werden. Stehen Satzzeichen nach dem 2. Gedankenstrich, sind diese direkt anzuschließen.

Beispiele:
Wir gehen heute – wenn das Wetter schön ist – ins Schwimmbad.
Du nimmst an – vermutlich unwissentlich –, dass es heute regnet.

8.4 Nummerierungen und Aufzählungen – was sagt die DIN 5008? (siehe auch Programmhandbuch Word – „Nummerierung und Aufzählungen“)

Wird in einem Dokument mit der Funktion Nummerierungen/Aufzählungen gearbeitet, ist es wichtig, dass die Regeln nach der DIN 5008 eingehalten werden:

- Die Aufzählungszeichenposition muss entweder auf 0 cm und der Texteinzug auf 0,7 cm oder auf 2,5 cm und 3,2 cm eingestellt werden.
- Die Nummerierungen/Aufzählungen sind mit einer Leerzeile zum vorherigen bzw. nachgelagerten Text abzutrennen.

Beispiele:

Aufzählungszeichenposition 0 cm

Meine To-do-Liste:
x
- Hausi Mathe machen
- Zimmer aufräumen
- neuen Bleistift kaufen
- Unterschrift Deutscharbeit
- ...

x

Aufzählungszeichenposition 2,5 cm

Meine To-do-Liste:
x
- Hausi Mathe machen
- Zimmer aufräumen
- neuen Bleistift kaufen
- Unterschrift Deutscharbeit
- ...

x

8.5 Satzeichen – Hervorhebungen

Unter Hervorhebungen versteht man z. B. das Formatieren eines Textes oder von Textteilen durch Fettschrift, Kursivschrift, Unterstreichungen usw.

Die DIN sagt, dass Satzzeichen am Ende einer Hervorhebung nur mitformatiert werden, wenn sie inhaltlich zum hervorgehobenen Textteil gehören.

Stehen Satzzeichen innerhalb eines Textteils, sind sie mitzuformatieren.

Beispiele:

Peter und Heidi, die beiden Schüler, gehen zufrieden nach Hause.

Peter und Heidi gehen zufrieden nach **Hause.**

8.6 Sonderzeichen und Wortvertreter

Fast immer, wenn die Sonderzeichen für ein Wort stehen, muss vor und nach dem Sonderzeichen ein Leerzeichen gesetzt werden (diese ersetzen ja schließlich ein Wort und vor sowie nach Wörtern stehen ebenfalls immer Leerzeichen).

Die genauen Regeln findet ihr in der nachfolgenden Tabelle:

Zeichen	Erläuterung	Beispiel
[ ]	eckige Klammer ohne Leerzeichen – diese werden direkt angeschlossen	[Sommerferien]
†	gestorben mit Leerzeichen davor und danach	† 25.07.JJJJ
10°	Grad ohne Leerzeichen	10°
15 °C	Zwischen der Zahl und dem Gradzeichen steht ein Leerzeichen, zwischen dem Gradzeichen und der Celsiusangabe steht kein Leerzeichen.	15 °C
#	Nummernzeichen mit Leerzeichen davor und danach – dieses darf allerdings nur in Verbindung mit darauffolgenden Zahlen verwendet werden!	... # 4
*	geboren mit Leerzeichen davor und danach	* 22.08.JJJJ
@	at-Zeichen ohne Leerzeichen	lena.zagerl@gmx.de
"	Zoll ohne Leerzeichen	5"
=, +, −, ×, ·, :, >, <	Rechenzeichen mit Leerzeichen davor und danach	25 + 5 = 30 3 × 5 = 15 15 : 3 = 5 x + 5 > 15 y + 7 < 32
§	Paragrafzeichen mit Leerzeichen davor und danach, Verwendung allerdings nur in Verbindung mit einer nachfolgenden Zahl.	Es gilt § 4.
§§	Stehen die beiden Paragrafzeichen für die Mehrzahl, also das Wort „Paragrafen", und werden in Verbindung mit konkreten Paragrafennummern genannt, muss davor und dahinter ein Leerzeichen gesetzt werden. Zwischen den §§ steht jedoch KEIN Leerzeichen.	Es gelten die §§ 4 und 5.
$	Dollarzeichen mit Leerzeichen davor und danach	Das Shirt kostet 55 $.
€	Eurozeichen mit Leerzeichen davor und danach	Die Jeans kostet 89 €.
%	Prozentzeichen mit Leerzeichen davor und danach (Ausnahme bei Zusammensetzungen wie 100%ig)	5 % Rabatt
&	„Und"-Zeichen mit Leerzeichen davor und danach, dieses darf nur bei Firmennamen verwendet werden.	Berger & Thaler Sportswear OHG
()	Vor- und Nachklammer ohne Leerzeichen – diese werden direkt angeschlossen	(bis heute)
/	Vor und nach dem Schrägstrich darf kein Leerzeichen eingefügt werden.	2015/2016

8.7 Tabellen – was sagt die DIN 5008?

→ Tabellen – was sagt die DIN?

Artikel	Preis in Euro
Bikewear – Body	89,90
Bikewear – Classes	49,50

- Tabellen sind innerhalb der Seitenränder eines Dokumentes zu zentrieren.
- Tabellen sollten immer eine Überschrift, welche jedoch im Tabellenkopf integriert sein kann, enthalten.
- Dieser ist zu zentrieren zwischen dem linken und rechten sowie dem oberen und unteren Zellbereich und zu schattieren sowie FETT zu formatieren.
- Tabellen werden mit mindestens einer Leerzeile zum vorherigen und nachfolgenden Text gegliedert.
- Der Abstand des Textes innerhalb einer Zelle zum Zellenrand soll mindestens 0,1 cm betragen.

Nachfolgend sind die von Ihnen angefragten Artikel aufgeführt:

Artikel	Preis in Euro
Bikewear – Body	89,90
Bikewear – Classes	49,50

Es gelten die Ihnen bekannten Zahlungsbedingungen. Diese

- Text sollte linksbündig, Zahlenformate rechtsbündig formatiert werden.
- Passt eine Tabelle nicht auf eine Seite, muss auf der zweiten Seite, auf der die Tabelle angezeigt wird, der Tabellenkopf wiederholt werden.

8.8 Typografische Regeln (Gestaltungsregeln) – was sagt die DIN 5008?

Unter typografischen Regeln versteht man Gestaltungsregeln, also was muss ich einhalten, wenn ich mein Dokument formatiere:

- Überschriften sollten immer 1/3 größer als der Rest des Textes geschrieben werden. Sie sind außerdem mit mindestens einer Leerzeile zum nachfolgenden Text abzutrennen.
- höchstens drei verschiedene Schriftarten, Schriftgrößen und Schriftfarben verwenden
- Beim Einsatz von Bildern und Grafiken sollten diese zum Text passen.
- auf die DIN-Regeln achten und diese einhalten
- Wird mit Farben gearbeitet, sollten diese sowohl am Bildschirm als auch im Ausdruck (Farbdruck oder Schwarz-Weiß-Druck) gut lesbar sein. Helle Farben wie Pastelltöne und Gelbtöne neigen dazu, dass sie im Ausdruck nicht mehr gut lesbar sind.
- Hervorhebungen (fett, kursiv, unterstrichen usw.) sollten sinnvoll eingesetzt und das Dokument mit diesen nicht „überflutet" werden.

Weniger ist mehr!

8.9 Zahlengliederungen

Telefon- und Faxnummern, Postfachnummern, Bankleitzahlen, IBAN usw. werden nach den DIN-Regeln wie folgt gegliedert:

Was?	Gliederung	Anmerkungen
Telefon- und Faxnummern ohne Durchwahl	06503 7009	Die Vorwahl sowie die Rufnummer werden ohne eine Gliederung geschrieben. Zwischen der Vorwahl und der Rufnummer steht ein Leerzeichen.
Telefon- und Faxnummern mit Durchwahl	06503 7009-450	Die Durchwahlnummer wird nach dem Mittestrich angefügt. Vor und nach dem Mittestrich steht kein Leerzeichen.
Postfachnummern	3 45 45 55 45 55 43	Postfachnummern werden von rechts nach links in zwei Stellen gegliedert.
PLZ	54290 Trier	Postleitzahlen werden nicht gegliedert.
BLZ	585 501 30	BLZ werden zweimal in drei und einmal in zwei Stellen von links nach rechts gegliedert.
IBAN	DE03 3706 0193 3001 5520 16	IBAN werden fünfmal in vier Stellen und einmal in zwei Stellen von links nach rechts gegliedert.
Beträge	20 € 20,00 € 45,01 EUR 60.000 EUR	Bei runden Beträgen können die Dezimalstellen weggelassen werden. Zwischen der letzten Zahl und dem Eurozeichen steht ein Leerzeichen.
Gliederung von Zahlen mit mehr als drei Stellen	150 1 500 1 500 kg 23 000 dm	Die Gliederung erfolgt von rechts nach links in Dreierschritten durch das Setzen eines Punktes oder eines Leerzeichens als Gliederung. Handelt es sich bei den Zahlen um Maßangaben, steht zwischen der letzten Zahl und der Maßangabe ein Leerzeichen.
Kalenderdaten	10.05.2015 01.10.2015 2015-05-01 1. Dezember 2015 10. Dezember 2015	Bei der numerischen Schreibweise wird die Jahreszahl vierstellig angegeben, der Tag sowie der Monat immer zweistellig. Bei der alphanumerischen Schreibweise (Monat wird ausgeschrieben), kann der Tag auch einstellig sein!
Uhrzeiten	10:00 Uhr 10:02 Uhr 10:02:05 Uhr gegen 11 Uhr	Uhrzeiten werden immer in Zweierstellen durch den Doppelpunkt gegliedert. Das Wort „Uhr" folgt nach einem Leerzeichen. Wird eine ungefähre Uhrzeit angegeben, dürfen die Minuten weggelassen werden.
Zusammensetzung von Ziffern und Zahlen	5%ig 5-prozentig 5-jähriges 1,5-zeilig	Besteht ein Wort aus Ziffern und Zahlen, wird kein Leerschritt als Abtrennung gesetzt.

Programmhandbuch Excel

Kapitel 9

9 Programmhandbuch Excel

9.1 Die Tabellenkalkulation Excel

9.1.1 Aufgaben einer Tabellenkalkulation

Öffne die Datei **AUFGABEN EINER TABELLENKALKULATION.**

Die Kalkulation von Preisen, der Vergleich von Angeboten und Kostenanalysen gehören zum betrieblichen Alltag. Mit dem **Tabellenkalkulationsprogramm Excel** können diese Tätigkeiten wesentlich einfacher erledigt werden. In kürzester Zeit kann man mit **Excel** Daten z. B.

- **berechnen**

Menge in Stück	15
Preis	20,00 €
Umsatz	300,00 €

Automatische Berechnung

- **grafisch** aufbereiten

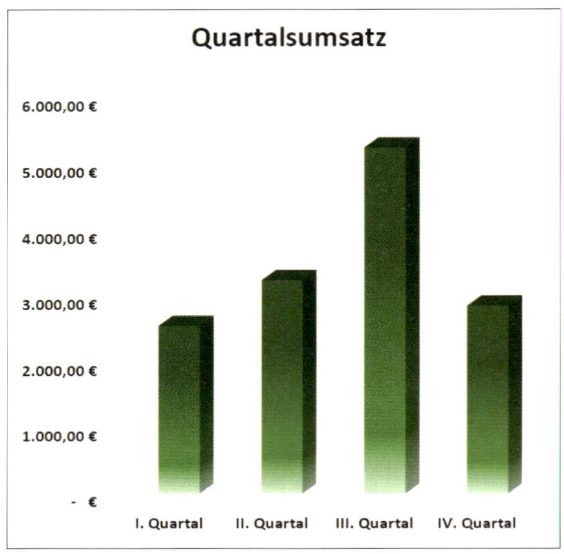

9.1.2 Aufbau einer Excel-Tabelle

Excel-Tabellen bestehen aus **Zeilen** und **Spalten.**

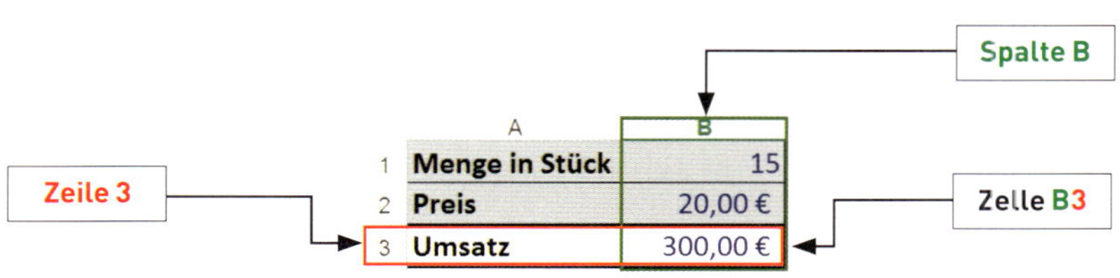

Zeilen und **Spalten** bilden **Zellen.** In diese Zellen können **Texte, Zahlen** und **Formeln** (z. B. Umsatz = Menge in Stück * Preis) eingegeben werden.

Ändert sich der **Inhalt** einer Zelle (z. B. in der Zelle **B1** die Menge bzw. in der Zelle **B2** der Preis), berechnet **Excel** in der Zelle **B3** den Umsatz **automatisch** neu.

9.2 Die Excel-Arbeitsoberfläche

9.2.1 Das Anwendungsfenster

Starte **Excel** über das Programmsymbol . Anschließend erscheint das **Excel-Anwendungsfenster:**

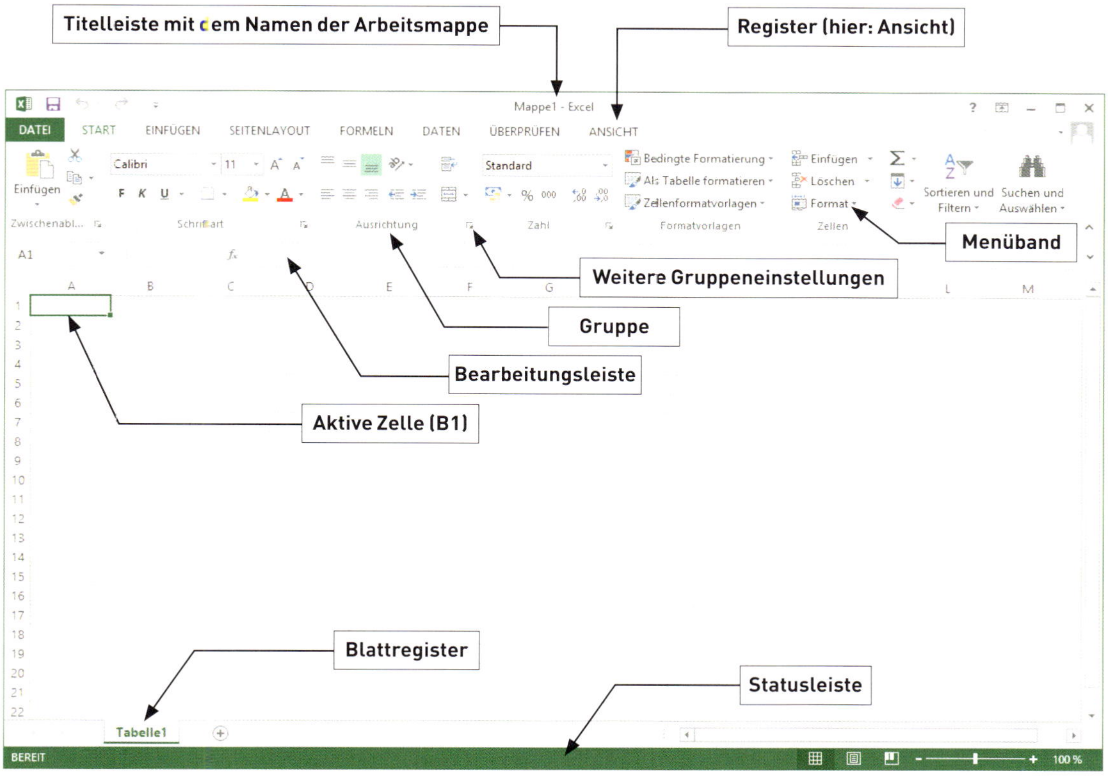

9.2.2 Excel-Arbeitsmappen erzeugen, öffnen, speichern und schließen

Excel-Dateien nennt man auch **Arbeitsmappen,** da sich in einer solchen Datei (Mappe) mehrere Tabellen-**Blätter** ablegen lassen.

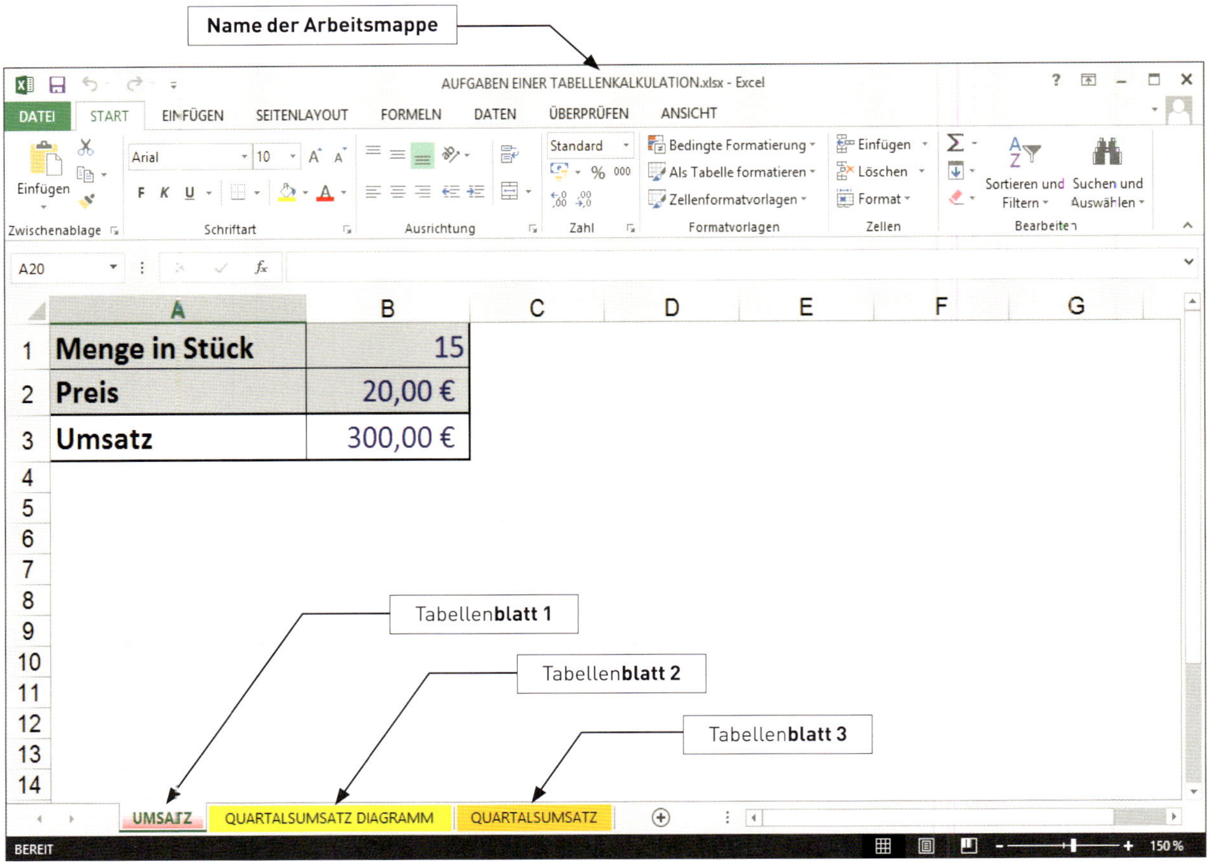

9.2.3 Mit Arbeitsmappen arbeiten

Öffne die Datei **MIT ARBEITSMAPPEN ARBEITEN – UMSATZ.**

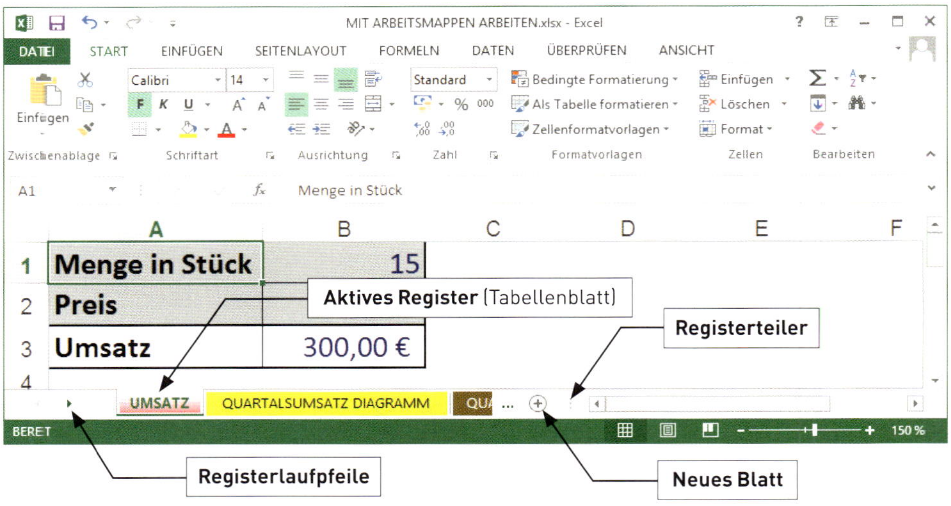

→ Tabellenblätter aufrufen (aktivieren):

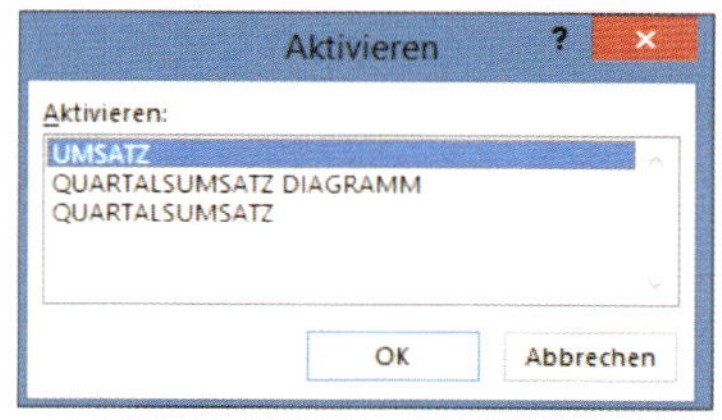

❶ Mit der Maus auf das Tabellenblatt klicken

oder

❷ Mit rechter Maustaste auf Registerpfeil klicken und entsprechendes Tabellenblatt aufrufen.

→ Tabellenblätter einfügen:

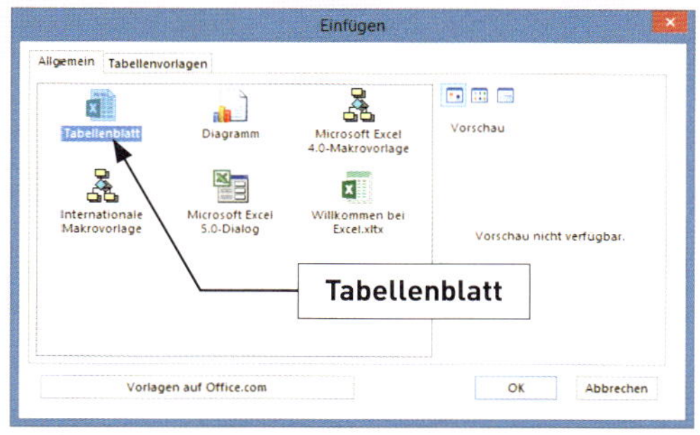

❶ Mit der **rechten Maustaste** das **Tabellenblatt** anklicken, **vor** dem ein neues Tabellenblatt eingefügt werden soll

❷ Kontextmenü EINFÜGEN

❸ Im Register ALLGEMEIN den Eintrag **Tabellenblatt**

oder

in Symbolleiste neues Blatt ⊕ anklicken.

→ Tabellenblätter umbenennen:

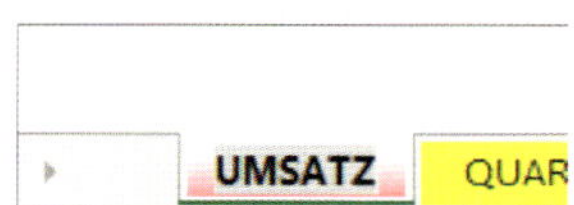

❶ Mit der Maus **doppelt** auf das Tabellenblatt klicken

oder

Kontextmenü UMBENENNEN

❷ **Neuen Tabellennamen** eingeben.

→ Tabellenblätter verschieben oder kopieren:

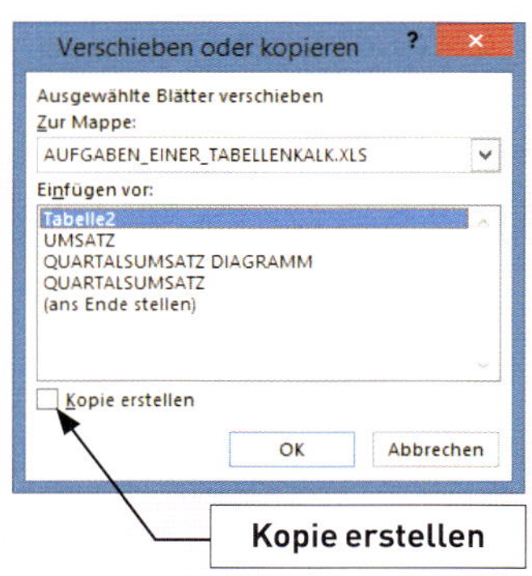

❶ Auf das Tabellenblatt klicken. Die **linke Maustaste** so lange gedrückt halten, bis der Mauszeiger sich in ein **Blatt mit einem Mauszeiger** verwandelt.

❷ Das Tabellenblatt mit gedrückter **linker Maustaste** an die gewünschte Position verschieben

oder

❶ Mit der **rechten Maustaste** das Tabellenblatt anklicken und im Kontextmenü VERSCHIEBEN oder KOPIEREN auswählen.

❷ Die **Arbeitsmappe** wählen, in die das Blatt verschoben werden soll. Anschließend angeben, **vor** welches Registerblatt das Blatt eingefügt werden soll. Falls eine Kopie erstellt werden soll, die Option KOPIE ERSTELLEN aktivieren.

9.2.4 Mit mehreren Arbeitsmappen arbeiten

In **Excel** kann man problemlos gleichzeitig **mehrere** Arbeitsmappen **öffnen**, zwischen diesen **umschalten** bzw. alle Mappen gleichzeitig **anzeigen** lassen.

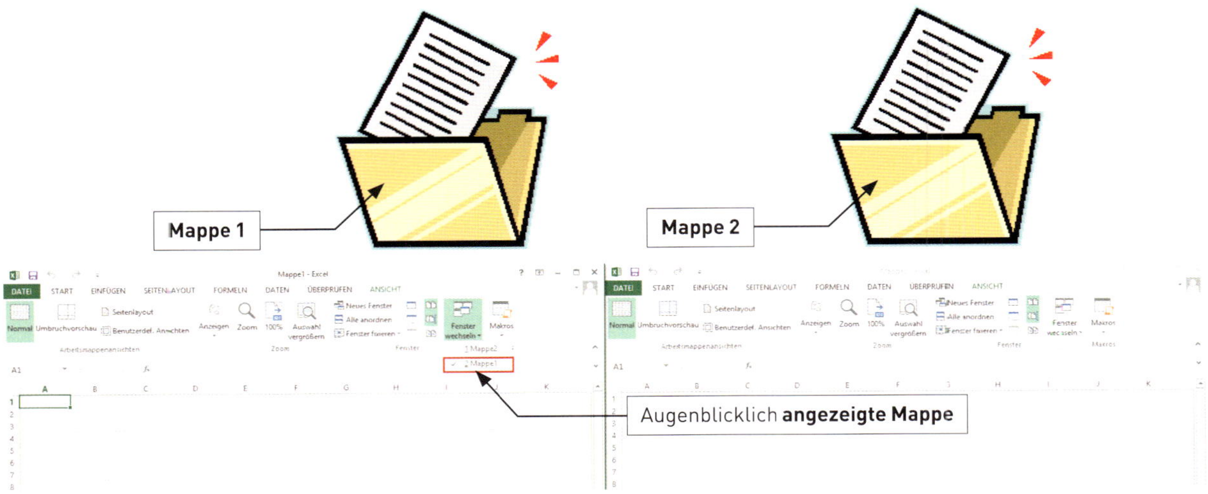

→ Zwischen Arbeitsmappen umschalten:

❶ Register ANSICHT – FENSTER WECHSELN

❷ **Namen** der Arbeitsmappe (z. B. Mappe 2) anklicken, die angezeigt werden soll

→ Alle geöffneten Arbeitsmappen gleichzeitig anzeigen:

❶ Register ANSICHT – ALLE ANORDNEN

❷ Im Dialogfenster FENSTER ANORDNEN die Art der Darstellung (z. B. UNTERTEILT) auswählen

9.3 Dateneingabe

9.3.1 Zellen markieren

Öffne die Datei **DATEN EINGEBEN – ZELLEN MARKIEREN UND BENENNEN.**

→ Alle Zellen eines Arbeitsblattes markieren:

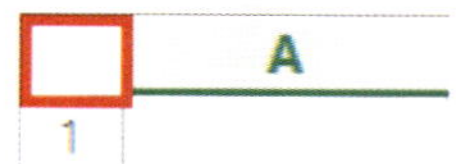

Mit der Maus auf die **Schnittstelle** zwischen Spalten und Zellen klicken

→ Einzelne Zelle markieren:

Zelle, die **markiert** werden soll, mit der Maus auswählen

→ Zellbereich markieren:

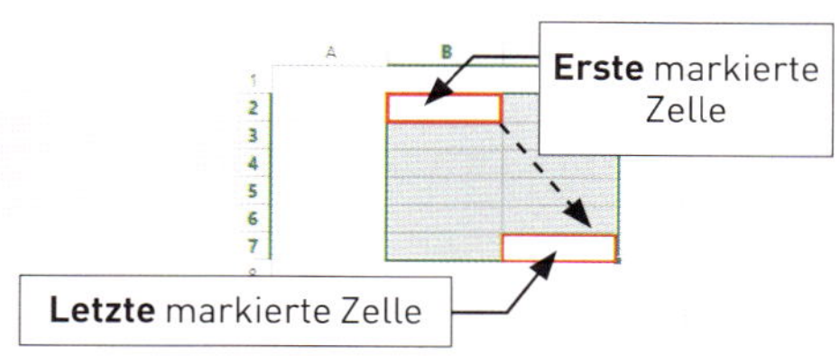

Maus mit gedrückter linker Maustaste über den Zellbereich ziehen, der markiert werden soll

oder

Umschalt ← oder Umschalt ↓ oder Umschalt ↑ oder Umschalt →

→ Zeilen markieren:

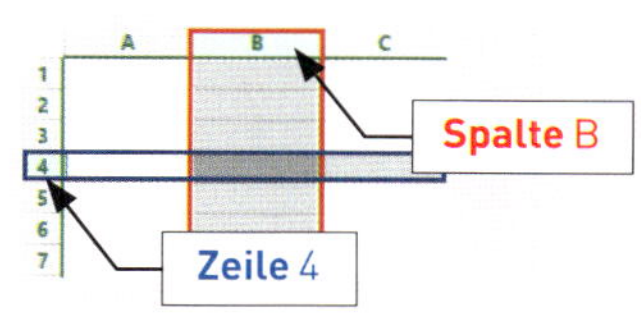

Auf die **Nummer** der **Zeile klicken,** die markiert werden soll

oder

Umschalt Leer

→ Spalten markieren:

Auf den **Buchstaben** der **Spalte klicken,** die markiert werden soll

oder

Strg Leer

→ Mehrere Zellbereiche (oder Einzelzellen) markieren:

Mit gedrückter Strg **- Taste** die **Zellbereiche** (bzw. **Einzelzellen**) markieren

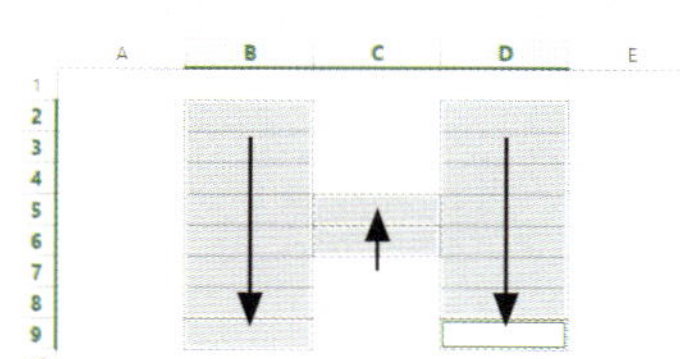

9.3.2 Zellen benennen (symbolische Adressierung)

Spare Zeit. Gib beispielsweise Zellbereichen, die häufig markiert werden müssen, einen **Zellnamen.** Mit diesem Namen kannst du diese Zellbereiche jederzeit wieder aktivieren.

→ Zellen benennen:

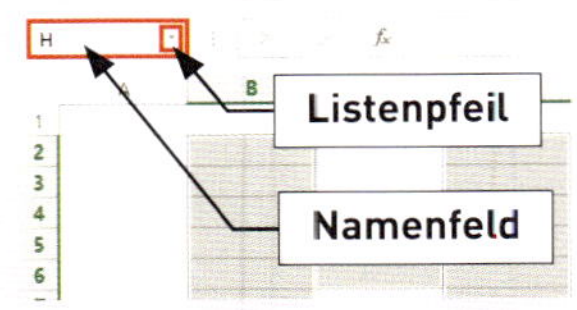

❶ **Zellbereich** oder **Einzelzelle** markieren

❷ Dem Zellbereich bzw. der Zelle im **Namenfeld** den gewünschten **Namen** (z. B. H) geben

❸ 

Bei der Wahl des Namens müssen folgende **Regeln** eingehalten werden:

- maximale Länge = 255 Zeichen
- Name muss mit einem Buchstaben bzw. Unterstrich (_) beginnen.
- Es darf kein Zellbezug (z. B. **B3**) verwendet werden.
- Namen dürfen **keine Leerzeichen und Sonderzeichen** enthalten.

→ Benannte Zellen aktivieren:

❶ Auf den **Listenpfeil** des Namensfeldes klicken

❷ Den **Namen** des Zellbereichs (bzw. der Einzelzelle) auswählen, der aktiviert werden soll

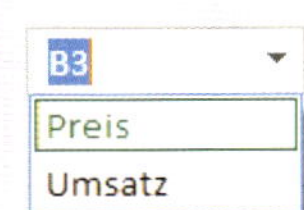

→ Namen löschen:

❶ Im Register FORMELN die Schaltfläche NAMENS-MANAGER anklicken

❷ Im NAMENS-MANAGER benannte Zellen bzw. Zellbereiche löschen

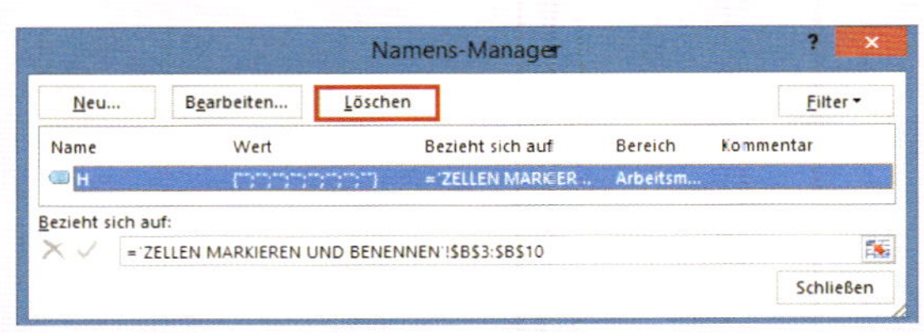

9.3.3 Daten eingeben

Öffne die Datei **DATEN EINGEBEN – DATEN EINGEBEN UND RÜCKGÄNGIG.**

→ Daten eingeben:

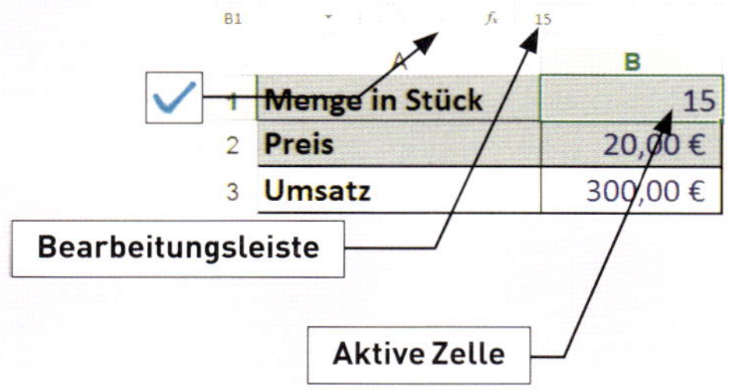

❶ Mit der Maus die Zelle auswählen, in die die Daten **eingeben** werden sollen

❷ Daten direkt in die **aktive Zelle** oder in die **Bearbeitungsleiste** eingeben

❸ Mit Enter ↵ bestätigen

oder

vor der Bearbeitungsleiste ✓ anklicken

→ Fehleingaben korrigieren:

Rück ←

oder

vor der Bearbeitungsliste ✗ anklicken

→ Zellinhalte verändern:

Doppelklick auf die zu **verändernde** Zelle

oder

❶ Zelle markieren und Funktionstaste F2 drücken

❷ Mit der **Maus** bzw. mit ← oder ↓ oder ↑ oder → zu der Stelle gehen, die verändert werden soll

❸ Zellinhalt aktivieren und verändern

9 Excel

9.4 Automatische Eingabehilfen

9.4.1 Ausschneiden und Kopieren

→ **Ausschneiden:**

❶ Zellbereich (Einzelzelle) markieren

❷ Kontextmenü AUSSCHNEIDEN

oder

Strg X

oder

Symbolleiste Ausschneiden anklicken

→ **Kopieren:**

❶ Zellbereich bzw. Einzelzelle markieren

❷ Kontextmenü KOPIEREN

oder

Strg C

oder

Symbolleiste Kopieren anklicken

→ **Einfügen der ausgeschnittenen bzw. kopierten Zellinhalte:**

❶ Zellbereich bzw. Einzelzelle markieren

❷ Kontextmenü EINFÜGEN

oder

Strg V

oder

Symbolleiste Einfügen **(Zwischenablage)** anklicken

9.4.2 Drag und Drop

Öffne die Datei **AUTOMATISCHE EINGABEHILFEN – DRAG und DROP.**

→ Verschieben:

❶ Zellbereich bzw. Einzelzelle markieren

❷ Mit **gedrückter linker Maustaste** auf (grüne) **Bereichumrandung** klicken und **verschieben**

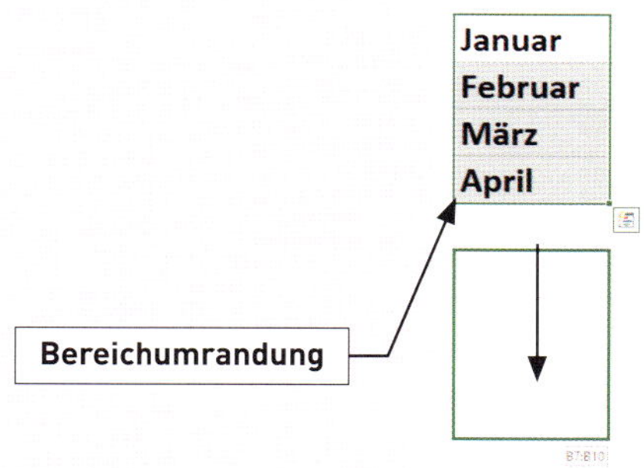

→ Kopieren:

❶ Zellbereich bzw. Einzelzelle markieren

❷ Mit **gedrückter linker Maustaste** und Strg auf **Bereichumrandung** klicken und auf neue Position ziehen **(kopieren)**

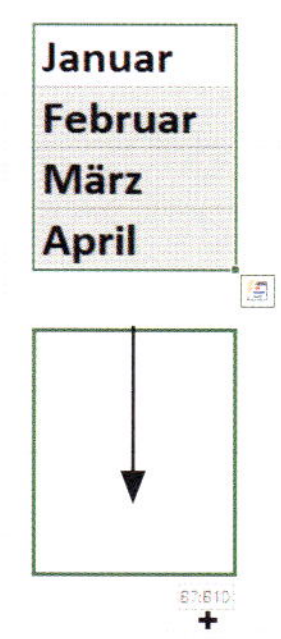

Öffne die Datei **AUTOMATISCHE EINGABEHILFEN – SPALTE BZW. ZEILE VERSCHIEBEN.**

→ Spalte bzw. Zeile verschieben (kopieren):

❶ Spalte bzw. Zeile markieren

❷ Mit **gedrückter linker Maustaste** und Umschalt auf **Bereichumrandung** klicken und **verschieben**

	A	B	C
1			
2	Alfred	Benz	
3	Harald	Liebherr	
4	Michael	Stadter	
5	Bernhard	Kleff	

Soll die **ganze** Spalte (bzw. Zeile) **kopiert** werden, muss **zusätzlich** Strg gedrückt werden.

9.4.3 AutoVervollständigen

Öffne die Datei **AUTOMATISCHE EINGABEHILFEN – AUTOVERVOLLSTÄNDIGEN.**

→ AutoVervollständigen:

❶ Den **ersten Buchstaben** des Wortes in die Zelle eingeben

❷ Mit Enter ↵ den **Vorschlag** bestätigen

	A
1	Deutschland
2	Frankreich
3	Italien
4	Spanien
5	Deutschland

→ Auswahlliste:

Kontextmenü DROPDOWN AUSWAHLLISTE

oder

❶ Alt ↓

❷ Einen Vorschlag aus der **Liste** auswählen

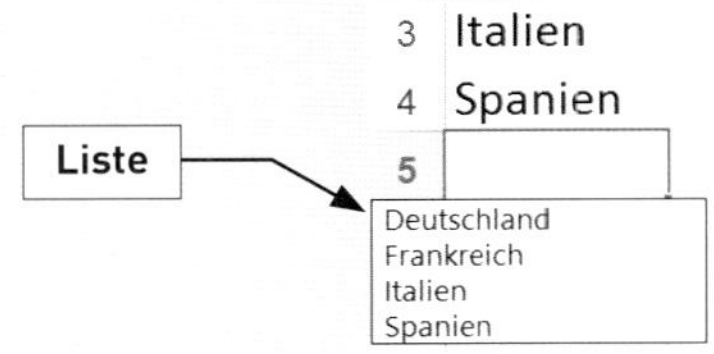

9.4.4 Die Funktion AUTOAUSFÜLLEN

Öffne die Datei **AUTOMATISCHE EINGABEHILFEN – INHALTE KOPIEREN.**

→ Inhalte einzelner Zellen kopieren:

❶ Zellbereich markieren

❷ Mit der Maus auf die **rechte untere Ecke** der Zelle gehen, bis der **Anfasser** erscheint

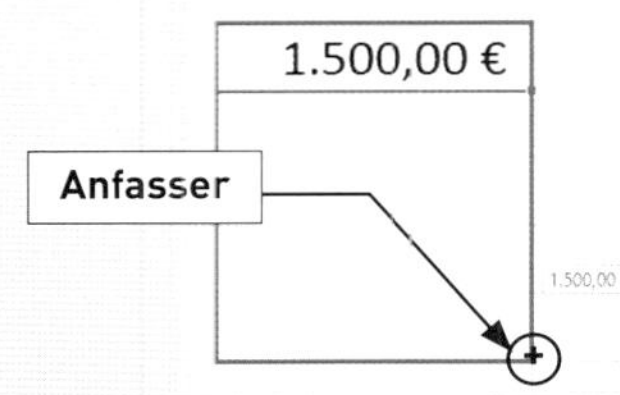

❸ Den **Anfasser** bei **gedrückter linker Maustaste** über alle Zellen ziehen, in die der Zellbereich **kopiert** werden soll

Durch einen **Doppelklick** auf den **Anfasser** erweitert **Excel** die **Inhalte** auf alle relevanten Zellen (siehe Kapitel 9.7 ff.).

Öffne die Datei **AUTOMATISCHE EINGABEHILFEN – AUFZÄHLUNGEN.**

→ Aufzählungen erzeugen:

Excel erkennt die **Logik** einer **Aufzählung** automatisch, wenn beim

Ziehen mit der Maus Strg gedrückt wird.

❶ Die Zelle **A1** und **A2** markieren

❷ Mit der Maus auf die **rechte untere Ecke** der Zelle gehen, bis der **Anfasser** erscheint

❸ Den **Anfasser** bei **gedrückter linker Maustaste** über alle Zellen ziehen, in der die Aufzählung erstellt werden soll

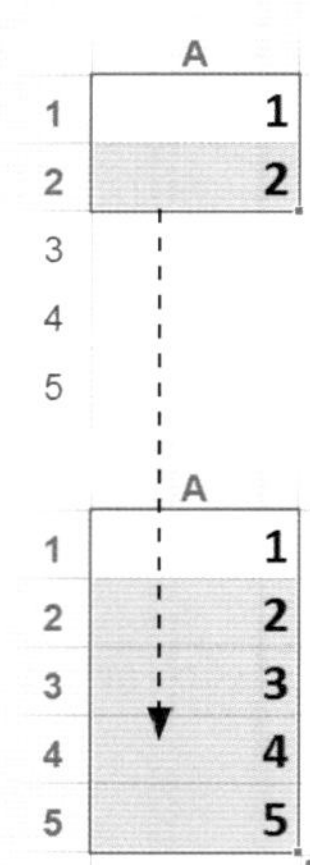

Öffne die Datei **AUTOMATISCHE EINGABEHILFEN – AUFZÄHLUNGEN MIT TEXT UND DATUM.**

Bei **Datumsangaben** und **Texten,** die mit einer **Ziffer beginnen** oder **enden,** erstellt **Excel automatisch** eine Aufzählung.

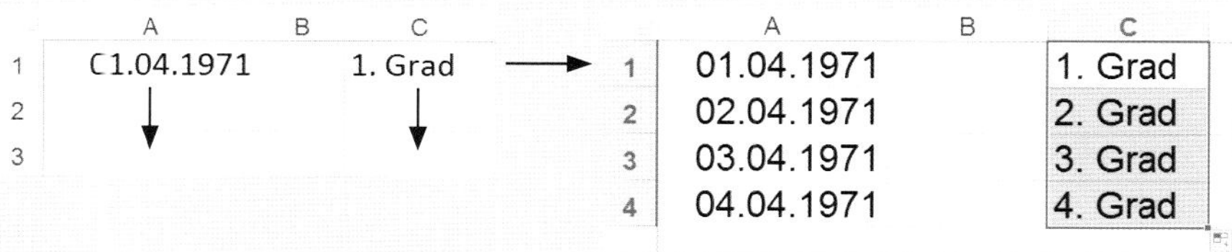

Der **Inhalt** dieser Spalten wird **kopiert,** wenn beim **Ziehen** des **Anfassers** Strg gedrückt wird.

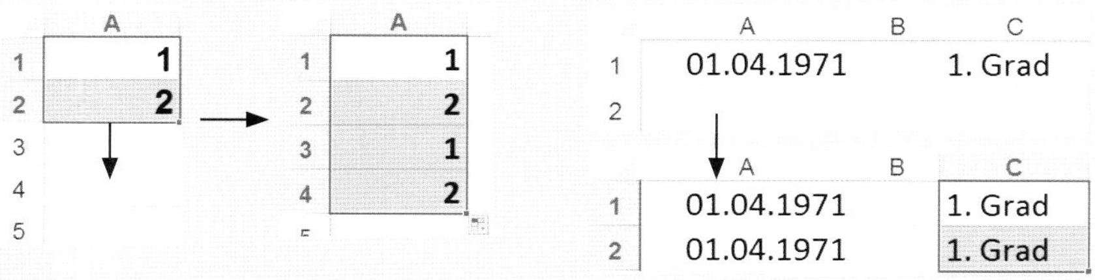

9.5 Tabellenblätter übersichtlicher gestalten

9.5.1 Spaltenbreite und Zeilenhöhe verändern

Öffne die Datei **TABELLEN GESTALTEN – SPALTENBREITE UND ZEILENHÖHE.**

→ **Spaltenbreite verändern:**

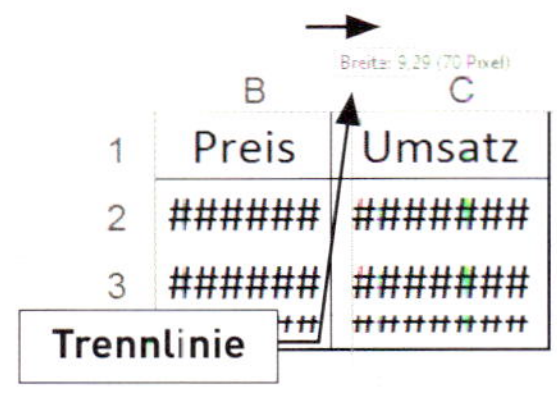

❶ Mit der Maus auf den rechten Rand **(Trennlinie)** des **Spaltenkopfes** zeigen (Mauszeiger verwandelt sich in Doppelpfeil mit Strich)

❷ **Trennlinie** mit **gedrückter linker Maustaste** so weit ziehen, bis die **gestrichelte Linie** die gewünschte Breite anzeigt

oder

❶ Kontextmenü (bei markierter Spalte) SPALTENBREITE

❷ Die **Anzahl** der **Pixel** (z. B. 70) bzw. Punkte (z. B. 9,29) angeben, die in einer **Spalte** angezeigt werden sollen.

Klickt man doppelt auf die **Trennlinie** des **Spaltenkopfes,** ermittelt **Excel** selbstständig die **optimale Spaltenbreite.**

→ **Zeilenhöhe verändern:**

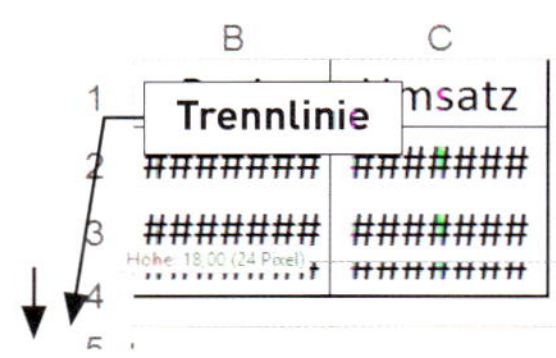

❶ Mit der Maus auf den unteren Rand **(Trennlinie)** des **Zeilenkopfes** zeigen

❷ **Trennlinie** mit **gedrückter linker Maustaste** so weit ziehen, bis die **gestrichelte Linie** die gewünschte Höhe anzeigt

oder

❶ Kontextmenü (bei markierter Zeile) ZEILENHÖHE

❷ Die **Anzahl** der **Pixel** (z. B. 24) bzw. Punkte (z. B. 18) angeben, die in einer Zeile angezeigt werden sollen.

Klickt man doppelt auf die **Trennlinie** des **Zeilenkopfes,** ermittelt **Excel** selbstständig die **optimale Zeilenhöhe.**

9.5.2 Spalten und Zeilen einfügen (bzw. löschen)

Öffne die Datei **TABELLEN GESTALTEN – SPALTEN UND ZEILEN EINFÜGEN.**

→ Spalten einfügen:

❶ Spalte markieren, **vor** die eine **neue Spalte eingefügt** werden soll

❷ Kontextmenü ZELLEN EINFÜGEN

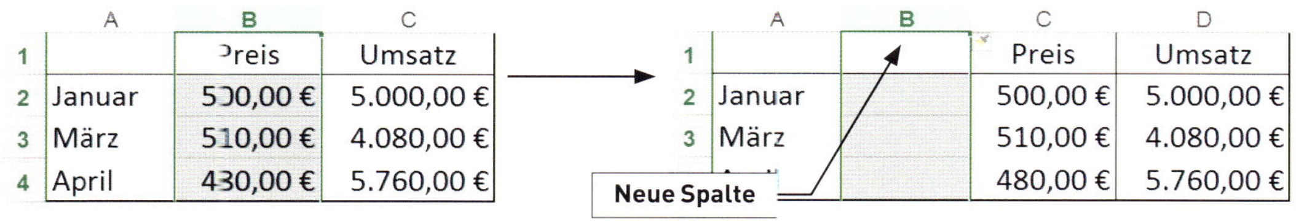

→ Spalte(n) löschen:

❶ Spalte(n) markieren

❷ Kontextmenü ZELLEN LÖSCHEN

→ Zeilen einfügen:

❶ Zeile markieren, über der eine **neue Zeile eingefügt** werden soll

❷ Kontextmenü ZELLEN EINFÜGEN

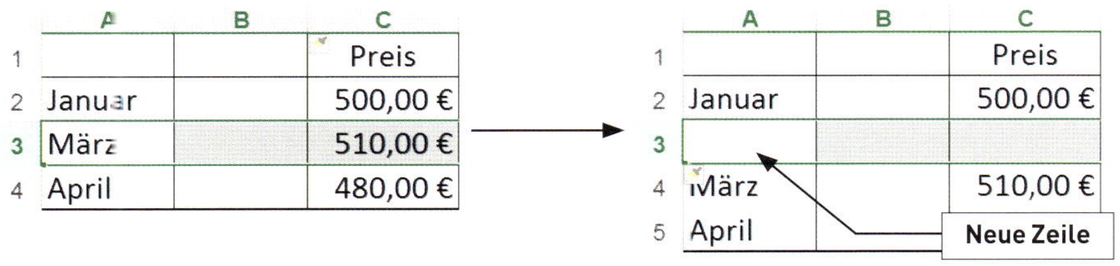

→ Zeile(n) löschen:

❶ Zeile(n) markieren

❷ Kontextmenü ZELLEN LÖSCHEN

9.5.3 Spalten und Zeilen ein- und ausblenden

Öffne die Datei **TABELLEN GESTALTEN – SPALTEN UND ZEILEN AUSBLENDEN.**

→ Spalte(n) ausblenden:

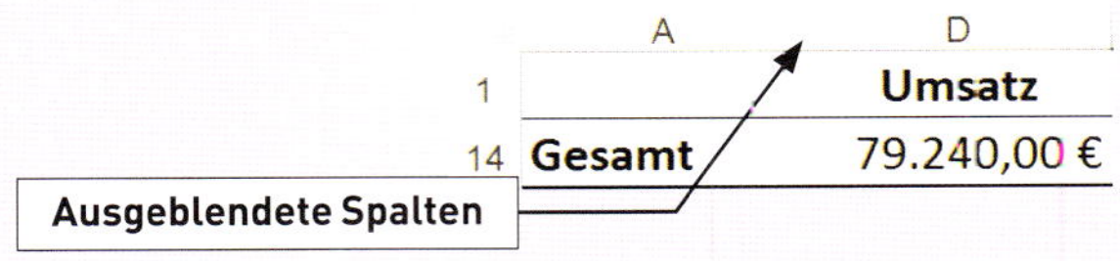

❶ Spalte **B** und **C** (hier) markieren

❷ Kontextmenü AUSBLENDEN

→ Spalte(n) einblenden:

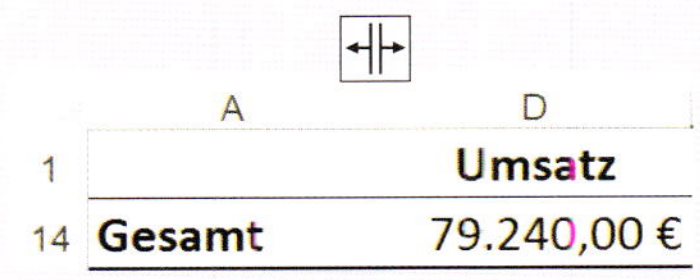

❶ Spalte **A** „bis" **D** (hier) markieren und mit Mauszeiger im **Spaltenkopf** an die Stelle der **ausgeblendeten Spalte(n)** zeigen, bis dieser sich in einen **Doppelpfeil** ⟺ verwandelt

❷ Mit einem Doppelklick wird (werden) die Spalte(n) wieder **eingeblendet**

→ Zeile(n) ausblenden:

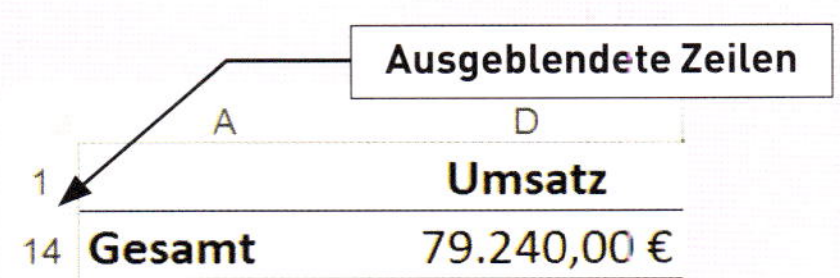

❶ Zeilen **2** bis **13** (hier) markieren

❷ Kontextmenü AUSBLENDEN

→ Zeile(n) einblenden:

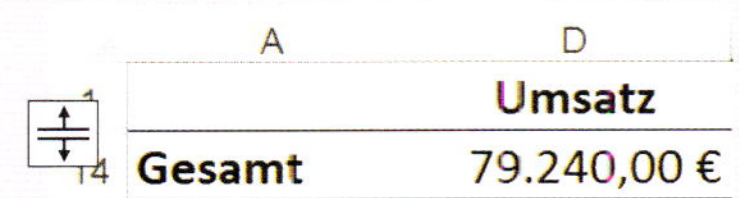

❶ Zeilen **1** „bis" **14** (hier) markieren und mit Mauszeiger im **Zeilenkopf** an die **Stelle** der **verborgenen Zeile(n)** zeigen, bis dieser sich in einen **Doppelpfeil** ⇕ verwandelt

❷ Mit einem Doppelklick wird (werden) die Zeile(n) wieder **eingeblendet**

9.6 Arbeitsblätter formatieren

9.6.1 Schrift ändern

Öffne die Datei **ARBEITSBLÄTTER FORMATIEREN – SCHRIFT ÄNDERN.**

→ Schrift ändern:

❶ Zelle(n) markieren

❷ Kontextmenü FORMAT – Zellen

❸ Register Schrift

oder

entsprechende Symbole auf der Symbolleiste

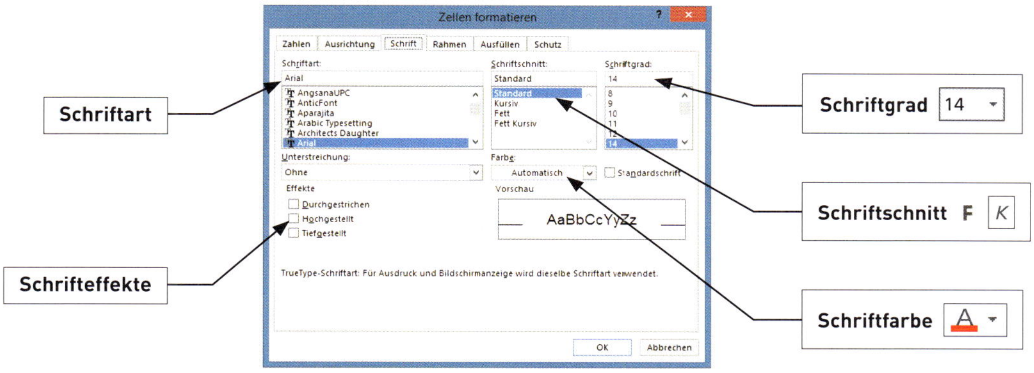

9.6.2 Zahlen formatieren

Öffne die Datei **ARBEITSBLÄTTER FORMATIEREN – SCHRIFT ÄNDERN.**

→ Zahlen formatieren:

❶ Kontextmenü ZELLEN FORMATIEREN

❷ Register ZAHLEN

❸ **Formatkategorie** auswählen

oder

❶ Register START

❷ Gruppe ZAHL

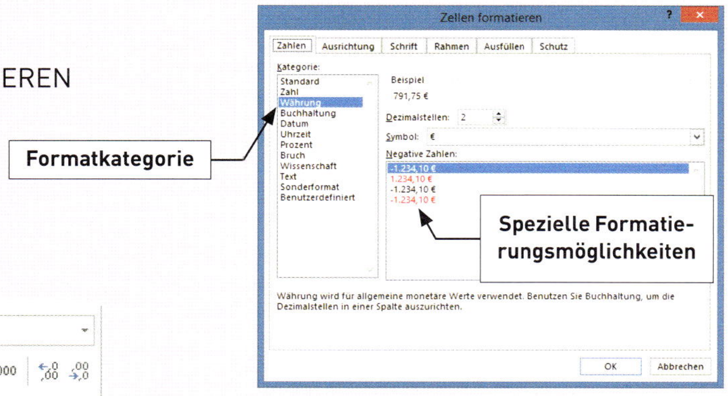

Sollen Zahlen wie **Text** behandelt werden (z. B. Telefonnummern), muss vor der Zahl ein **Apostroph** ' (Hochkomma) eingegeben werden.

9.6.3 Hintergrundfarbe ändern

Öffne die Datei **ARBEITSBLÄTTER FORMATIEREN – SCHRIFT ÄNDERN.**

→ Hintergrundfarbe ändern:

❶ Zelle(n) markieren

❷ Kontextmenü ZELLEN FORMATIEREN

❸ Register AUSFÜLLEN

oder

❶ Symbolleiste anklicken

❹ **Hintergrundfarbe** auswählen

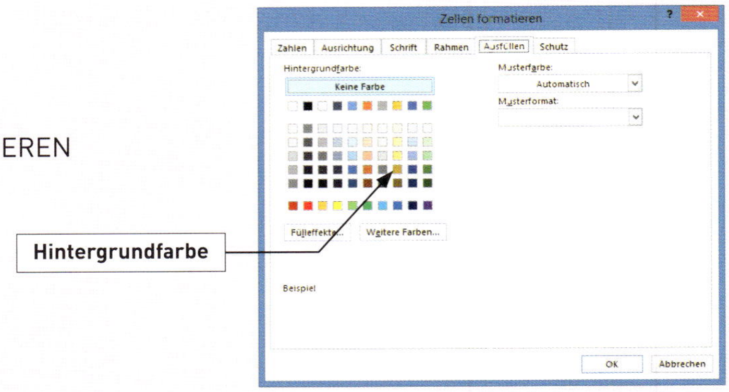

9.6.4 Rahmen hinzufügen

Öffne die Datei **ARBEITSBLÄTTER FORMATIEREN – SCHRIFT ÄNDERN.**

→ Rahmen hinzufügen:

❶ Zelle(n) markieren

❷ Kontextmenü ZELLEN FORMATIEREN

❸ Register RAHMEN

❹ **Linienart** und **-farbe** festlegen

❺ Mit der Maus in der **Rahmenvorschau** den Rahmen auswählen

oder

❶ Symbolleiste anklicken

❷ Rahmen auswählen

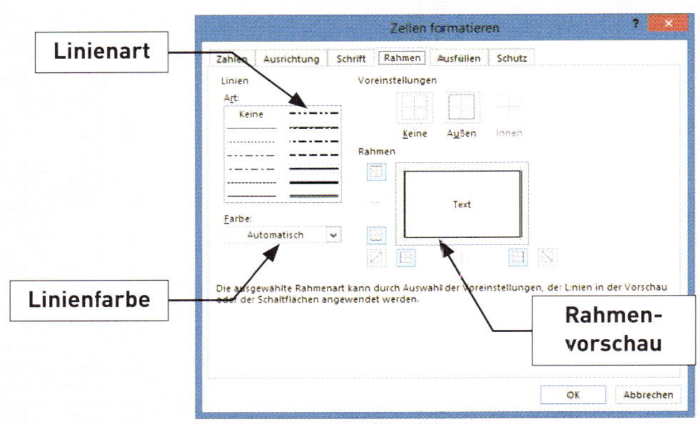

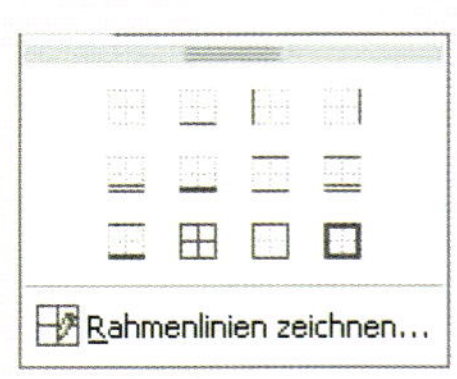

9.6.5 Zellen formatieren

Öffne die Datei **ARBEITSBLÄTTER FORMATIEREN – SCHRIFT ÄNDERN.**

Excel stellt

- **Zahlen rechtsbündig** 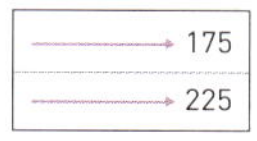

- **Texte linksbündig** 

dar.

→ Textausrichtung ändern:

❶ Zelle(n) markieren

❷ Kontextmenü ZELLEN FORMATIEREN

❸ Register AUSRICHTUNG

oder

entsprechende Symbole auf der Symbolleiste

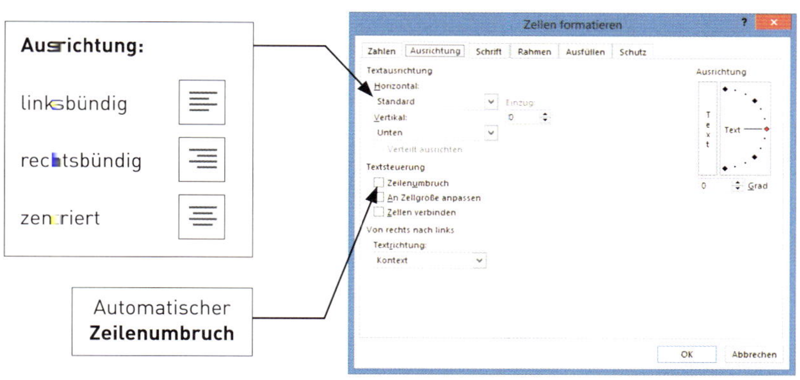

→ Manueller Zeilenumbruch:

❶ Zelle in der Bearbeitungsleiste an der Stelle markieren, an der der **Zeilenumbruch** sein soll

❷ 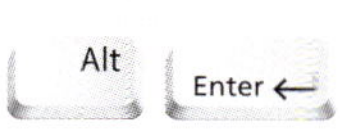

→ Automatischer Zeilenumbruch:

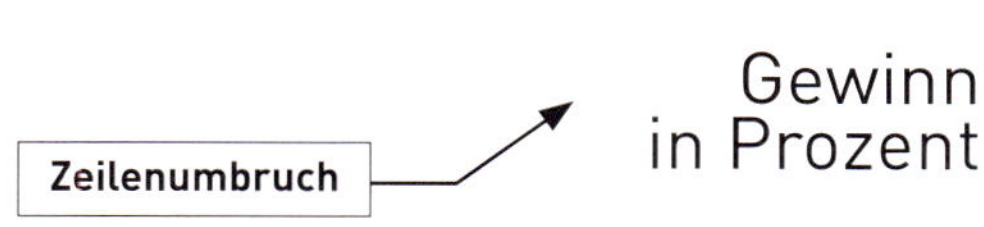

❶ Zelle(n) markieren

❷ Kontextmenü ZELLEN FORMATIEREN

❸ Register AUSRICHTUNG

❹ **Zeilenumbruch** aktivieren

→ Zellen verbinden und zentrieren:

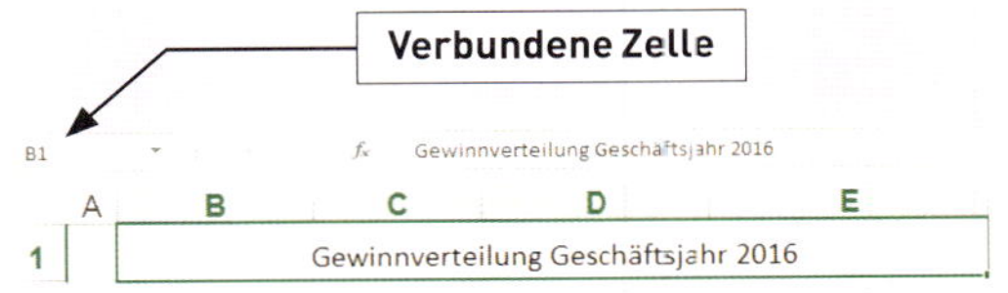

❶ Zellen **B1:E1** markieren

❷ Symbolleiste anklicken

9.6.6 Formate übertragen und entfernen

→ Formate übertragen:

❶ Auf eine Zelle mit dem Format klicken, das man übertragen möchte

❷ Symbolleiste anklicken

❸ Zelle(n) markieren, auf die das **Format übertragen** werden soll

Wenn man doppelt anklickt, kann das Format so lange auf mehrere Zellen übertragen werden, bis Esc gedrückt wird.

9.6.7 Datums- und Uhrzeitformate

Öffne die Datei **ARBEITSBLÄTTER FORMATIEREN – DATUMS- UND UHRZEITFORMATE.**

Datumsformat →

Datum	Beginn	Pause		Ende
01.04.2016	7:00	12:00	13:00	17:00

← Uhrzeitformat

Datum: Folgende Eingaben interpretiert **Excel automatisch** als **Datum:**

- 01.04.16
- 01.04.2016
- 1. April 16
- 01/06/16

Uhrzeit: Stunden, Minuten und Sekunden müssen durch einen **Doppelpunkt** voneinander getrennt werden:

- 12:30:15

Intern rechnet **Excel** die Datums- und Uhrzeitformate in eine **serielle Zahl** um.

Beispiele:	**Format**	**Serielle Zahl**
	01.04.16	41713
	07:00	0,29167

→ Andere Datums- und Zeitangaben auswählen:

❶ Zelle(n) markieren

❷ Kontextmenü ZELLEN FORMATIEREN

❸ Register ZAHLEN

❹ Kategorie DATUM bzw. UHRZEIT auswählen

❺ **Formattyp** bestimmen

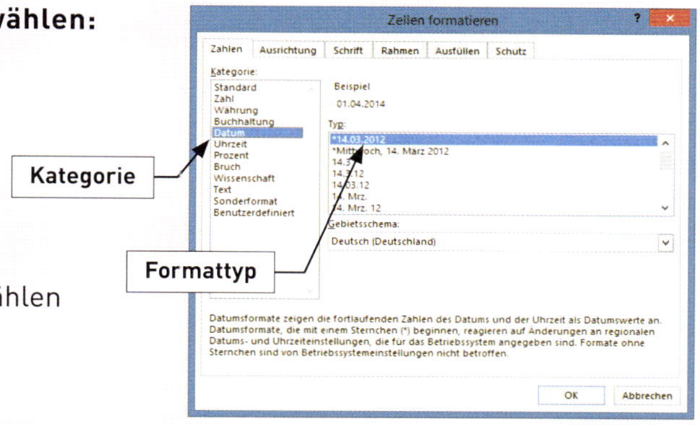

→ Aktuelles: Datum bzw. Uhrzeit eingeben (Windows-Systemzeit):

❶ Zelle markieren

❷ Aktuelles Datum: Strg .

❸ Aktuelle Uhrzeit: Strg Umschalt .

9.6.8 Bedingte Formatierung

Öffne die Datei **ARBEITSBLÄTTER FORMATIEREN – BEDINGTE FORMATIERUNG (1).**

Knüpfe Formatierungen an bestimmte **Bedingungen.** Das Format (z. B. weiße Schrift auf dunklem Hintergrund) wird nur dann angewandt, wenn die Bedingung(en) erfüllt ist (sind):

→ Bedingte Formatierung:

❶ Zelle(n) markieren

❷ Register START – BEDINGTE FORMATIERUNG

❸ Bedingung(en) von **Operatoren** festlegen

❹ **Bedingtes Format** bestimmen (größer als 199)

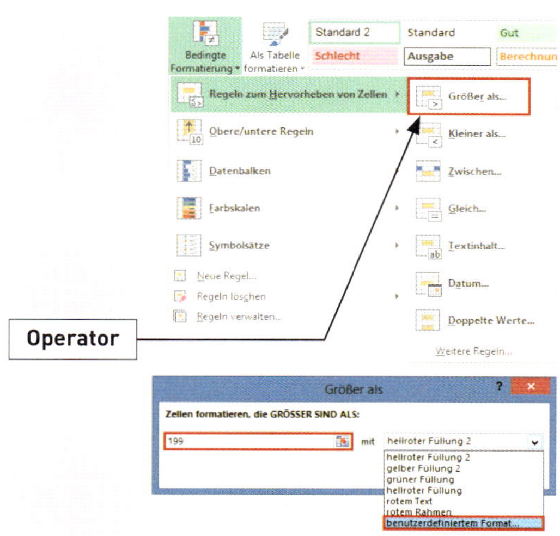

Vorname	Name	Gewinn	Gewinn in Prozent
Karo	Wolz	100,00 €	11,63%
Andreas	Böhler	200,00 €	23,26%
Julia	Bühler	175,00 €	20,35%
Katja	Goetz	225,00 €	26,16%
Jens	Goerges	160,00 €	18,60%
		860,00 €	

Bedingtes Format

Öffne die Datei **ARBEITSBLÄTTER FORMATIEREN – BEDINGTE FORMATIERUNG (2).**

Man kann auf bestimmte Werte auch mit besonderen **Symbolen** hinweisen (z. B. mit Ampelsymbolen). Im folgenden Beispiel soll die Ampel **Grün** anzeigen, wenn der Gewinnanteil **über 25 Prozent** liegt. Eine **gelbe** Ampel soll bei einem Gewinnanteil **zwischen 20 und 25 Prozent**, eine **rote** Ampel **unter 20 Prozent** erscheinen.

→ **Bedingte Formatierung (Symboldarstellung):**

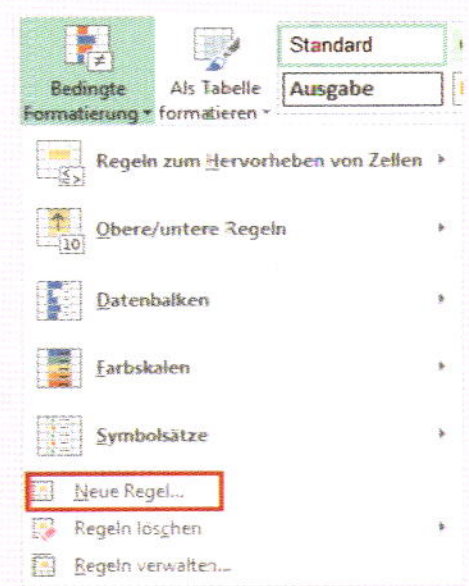

1. Zelle(n) markieren
2. Register START – BEDINGTE FORMATIERUNG – NEUE REGEL
3. Neue Formatierungsregel festlegen. Als Formatstil **Symbolsätze** wählen
4. **Bedingtes Format** bestimmen

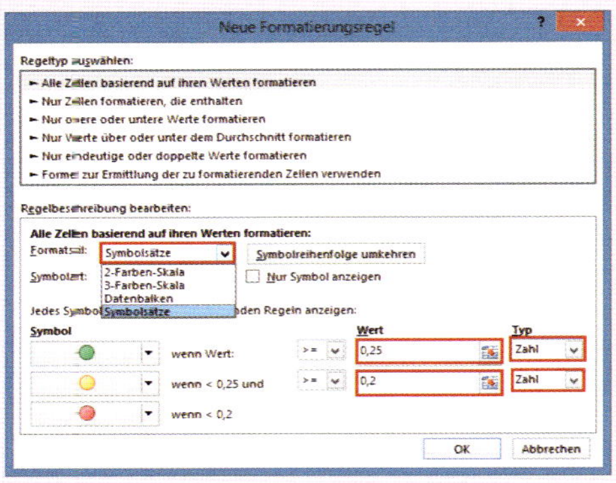

Vorname	Name	Gewinn	Gewinn in Prozent
Karo	Wolz	100,00 €	🔴 11,63%
Andreas	Böhler	200,00 €	🟡 23,26%
Julia	Bühler	175,00 €	🟡 20,35%
Katja	Goetz	225,00 €	🟢 26,16%
Jens	Goerges	160,00 €	🔴 18,60%
		860,00 €	

9.7 Formeln

9.7.1 Formeln eingeben

Texte und **Zahlen** in **Tabellenform** kann man auch in ein **Textverarbeitungsprogramm** einfügen. Mit **Formeln** können in **Excel** zudem automatisch Berechnungen durchgeführt werden.

Formeln können mit **absoluten Werten** (z. B. **Umsatz = 15 * 20**) oder mit **Zellbezügen** (z. B. **Umsatz = B1 * B2)** und mit **Namen** (z. B. **Umsatz = Menge * Preis**) eingegeben werden.

Die Eingabe mit Zellbezügen und Namen **(Adressierung)** hat den Vorteil, dass die Formel dann für alle möglichen Eingabewerte gültig ist. Ändert man z. B. im Tabellenblatt Umsatz die **Menge** (Zelle **B1**) oder den **Preis** (Zelle **B2**), berechnet **Excel** den **Umsatz** (Zelle **B3**) **automatisch** neu. Die Formel für die Berechnung des Umsatzes muss **nicht** geändert werden.

Öffne die Datei **FORMELN – FORMELN.**

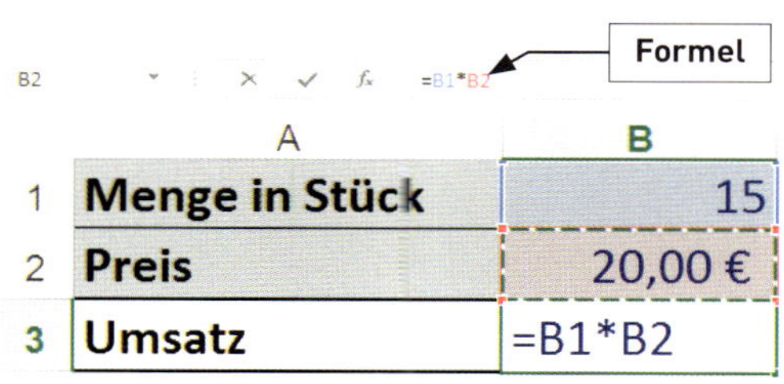

Eingabe der Formel in Zelle **B3** mit

- **absoluten Werten:** = 15 * 20
- **Zellbezügen:** = B1 * B2

→ **Formeln eingeben:**

❶ Jede Formel beginnt mit einem **Gleichheitszeichen** (Wertzuweisungszeichen **=**).

❷ Formeln können direkt **in** eine **Zelle** oder in der **Bearbeitungsleiste** eingegeben werden.

❸ In der Bearbeitungsleiste wird die **Formel** angezeigt. Das **Ergebnis** der Formel erscheint in der Zelle.

Die Eingabe von Zellbezügen kann **vereinfacht** werden. Nach der Eingabe des Gleichheitszeichens muss dazu die entsprechende Zelle mit der Maus ausgewählt werden.

Mit folgenden **mathematischen Operatoren** kannst du Berechnungen durchführen:

	Operator	Beispiel	Ergebnis
Addition	+	= B1+B2	35,00 €
Subtraktion	–	= B1-B2	– 5,00 €
Division	/	= B1/B2	0,75 €
Multiplikation	*	= B1*B2	300,00 €
Potenz	^	= B1^B2	332.525.673.007.965.000.000.000,00 €
Prozent	%	= B1%	1 500%

Für den Vergleich von zwei Werten stehen dir folgende **Vergleichsoperatoren** zur Verfügung:

	Operator	Beispiel	Ergebnis
ist gleich	=	= B1=B2	FALSCH
größer als	>	= B1>B2	FALSCH
kleiner als	<	= B1<B2	WAHR
größer oder gleich	>=	= B1>=B2	FALSCH
kleiner oder gleich	<=	= B1<=B2	WAHR
ungleich	<>	= B1<>B2	WAHR

9.7.2 Fehler in Formeln korrigieren

Folgende **Fehlermeldungen** erscheinen, wenn **Excel** das Ergebnis einer Formel nicht berechnen bzw. anzeigen kann:

########	Spalte ist nicht breit genug, um das Ergebnis der Formel anzuzeigen.
#DIV/0!	Die Formel enthält eine Division durch Null.
#BEZUG!	Formel bezieht sich auf eine ungültige Zelle oder gelöschte Zelle.
#NAME?	Schreibweise des Zellbezugs oder Klammersetzung ist falsch.
#WERT!	Die Formel enthält eine Zelle (z. B. mit Text), die nicht für die Berechnung verwendet werden kann.
#NV	Ein Wert für eine Funktion oder Formel ist nicht verfügbar.

9.7.3 Formeln anzeigen

→ Formeln anzeigen:

1. Register FORMELN
2. Symbolleiste [Formeln anzeigen] bzw. Alt M O

9.7.4 Relative und absolute Adressierung

Öffne die Datei **FORMELN – RELATIVE BEZÜGE (1).**

Beim „Kopieren" bzw. AutoAusfüllen von Formeln passen sich die **neuen Zellbezüge relativ zur ursprünglichen Position** (C4 → **D4** bzw. D4 → **D5** usw.) **an.**

	Fixe Kosten	Variable Kosten	Gesamtkosten
Januar	150.000,00 €	100.000,00 €	250.000,00 €
Februar	150.000,00 €	100.000,00 €	250.000,00 €
März	150.000,00 €	100.000,00 €	250.000,00 €
Gesamt	450.000,00 €	300.000,00 €	750.000,00 €

	B	C	D	E
3		Fixe Kosten	Variable Kosten	Gesamtkosten
4	Januar	150000	100000	=C4+D4
5	Februar	150000	100000	=C5+D5
6	März	150000	100000	=C6+D6
7	Gesamt	=C4+C5+C6	=D4+D5+D6	=C7+D7

C4 D4 D4 D5

→ Relative Bezüge

Öffne die Datei **FORMELN – RELATIVE BEZÜGE (2).**

Problem: Warum erscheint beim AutoAusfüllen der Formel in Zelle D5 die Fehlermeldung #DIV/0!?

	Fixe Kosten	Anteil an den Jahreskosten
1. Quartal	150.000,00 €	25,00%
2. Quartal	150.000,00 €	#DIV/0!
3. Quartal	150.000,00 €	#DIV/0!
4. Quartal	150.000,00 €	#DIV/0!
Gesamtkosten	600.000,00 €	

	B	C	D
3		Fixe Kosten	Anteil an den Jahreskosten
4	1. Quartal	150000	=C4/C8
5	2. Quartal	150000	=C5/C9
6	3. Quartal	150000	=C6/C10
7	4. Quartal	150000	=C7/C11
8	Gesamtkosten	=C4+C5+C6+C7	
9			

C9

Der Zellbezug **C8** (Gesamtkosten) wird von **Excel** beim AutoAusfüllen automatisch **relativ** angepasst (zur Zelle **C9**). Die Summe der Gesamtkosten wird allerdings weiterhin in der Zelle **C8** berechnet. Eine Division durch Null (Zelle **C9**) ist nicht möglich → **Fehlermeldung #DIV/0!**

Öffne die Datei **FORMELN – ABSOLUTE BEZÜGE.**

Lösung → Absolute Bezüge: Absolute Zellbezüge **ändern sich** beim „Kopieren" bzw. Autoausfüllen **nicht** (es erfolgt keine relative Anpassung: Die Zelle **C9** bleibt auch nach dem „Kopieren" die Zelle **C9**).

Fixe Kosten

	Fixe Kosten	Anteil an den Jahreskosten
1. Quartal	150.000,00 €	25,00%
2. Quartal	150.000,00 €	25,00%
3. Quartal	150.000,00 €	25,00%
4. Quartal	150.000,00 €	25,00%
Gesamtkosten	600.000,00 €	

Fixe Kosten

	Fixe Kosten	Anteil an den Jahreskosten
1. Quartal	150000	=C5/$C$9
2. Quartal	150000	=C6/$C$9
3. Quartal	150000	=C7/$C$9
4. Quartal	150000	=C8/$C$9
Gesamtkosten	=C5+C6+C7+C8	

C9

9 Excel

→ Zellbezüge absolut adressieren:

Die **absolute Adressierung** erfolgt mit der Funktionstaste F4 bzw. dem $-Zeichen.

Wenn du **mehrmals** F4 drückst, kannst du die **Art** der absoluten Adressierung **variieren:**

- $C$9 Spalte = **absolut** Zeile = **absolut**
- C$9 Spalte = **relativ** Zeile = **absolut**
- $C9 Spalte = **absolut** Zeile = **relativ**

→ Formeln kopieren:

❶ Mit der Maus auf die **rechte untere Ecke** der Zelle mit der Formel gehen, bis der **Anfasser** erscheint

❷ Den **Anfasser** bei **gedrückter linker Maustaste** über alle Zellen ziehen, in die die Formel **kopiert** werden soll

oder

Doppelklick auf den **Anfasser. Excel** füllt die Spalte so lange mit den entsprechenden **Formeln/Funktionen,** bis in der Spalte (links) daneben keine Werte mehr in den Zellen vorhanden sind.

9.7.5 Symbolische Adressierung bei Formeln

Insbesondere bei **Formeln** und **Tabellen** spielt die Vergabe von **Namen** (symbolische Adressierung → siehe Kapitel 9.3.2 Zellen benennen) eine wichtige Rolle. Formeln können mit Namen leichter eingegeben und verstanden werden.

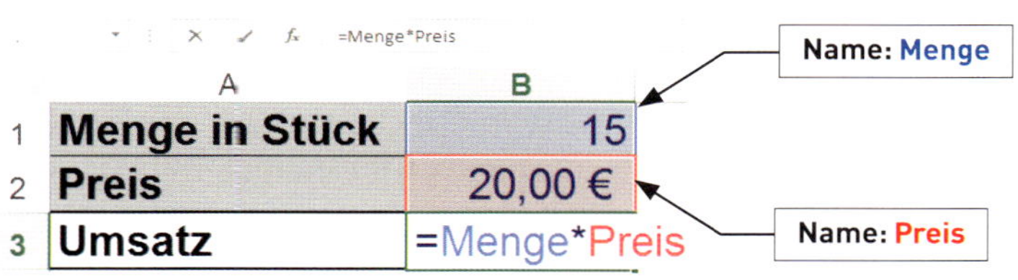

Durch die Vergabe eines Namens wird die Zelle **automatisch absolut adressiert.**

9.8 Funktionen

9.8.1 Funktionen

Mit **Funktionen** kannst du viele Berechnungen einfacher als mit Formeln durchführen. In **Excel** finden sich mittlerweile über **400 Standardberechnungen** aus den Bereichen Mathematik und Trigonometrie, Finanzmathematik, Statistik usw., die mit **Funktionen** gelöst werden können.

Öffne die Datei **FUNKTIONEN – FUNKTION.**

Bisher: Eingabe mit einer **Formel**

B7 =B4+B5+B6+B7

	A	B
1	Fixe Kosten	
2		
3		Fixe Kosten
4	1. Quartal	150.000,00 €
5	2. Quartal	150.000,00 €
6	3. Quartal	150.000,00 €
7	4. Quartal	150.000,00 €
8	Gesamtkosten	=B4+B5+B6+B7

Formel

Neu: Eingabe mit einer **Funktion**

=SUMME(B4:B7)

	A	B
1	Fixe Kosten	
2		
3		Fixe Kosten
4	1. Quartal	150.000,00 €
5	2. Quartal	150.000,00 €
6	3. Quartal	150.000,00 €
7	4. Quartal	150.000,00 €
8	Gesamtkosten	=SUMME(B4:B7)

Funktionsname — Funktionsargumente

→ **Funktion eingeben:**

Jede Funktion beginnt mit einem **Gleichheitszeichen** (Wertzuweisungszeichen **=**).
Den **Namen** der **Funktion** mit der Tastatur eingeben

oder

❶ Listenfeld [Σ AutoSumme ▾] anklicken

❷ **Funktion** auswählen

❸ **Funktionsargumente** mit der Maus auswählen

Bitte beachten:

❹ Die Funktion SUMME kann direkt über das Symbol [Σ AutoSumme ▾] ausgewählt werden. Funktionsargumente sind die **Informationen,** die **Excel** benötigt, um die Berechnung durchführen zu können (z. B. Werte aus einem Zellbereich).

❺ Funktionsargumente stehen immer in **Klammern.**

❻ Bei jeder Funktion werden Funktionsargumente benötigt.

Beispiele für Funktionen:

Öffne die Datei **FUNKTIONEN – WEITERE BEISPIELE.**

	A	B	C	D	
1	4		SUMME	30	=SUMME(A1:A5)
2	5		MITTELWERT	6	=MITTELWERT(A1:A5)
3	6		ANZAHL	5	=ANZAHL(A1:A5)
4	7		MINIMALWERT	4	=MIN(A1:A5)
5	8		MAXIMALWERT	8	=MAX(A1:A5)

Funktionsargumente A1:A5

→ Funktion <u>ohne</u> Funktionseingabe:

❶ **Zellen** markieren, die bei der **Berechnung** berücksichtigt werden sollen

❷ **Excel** berechnet in der Statuszeile **automatisch** die **SUMME** der markierten Zellen.

Durch einen **Rechtsklick** auf **Summe (Statuszeile)** können **weitere Funktionen** ausgewählt werden.

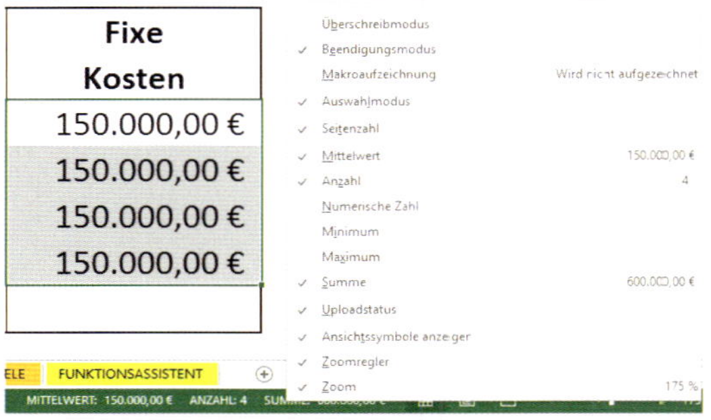

9.8.2 Der Funktionsassistent

Der **Funktionsassistent** kann dir **bei der Eingabe von Funktionen helfen.**

Öffne die Datei **FUNKTIONEN – FUNKTIONSASSISTENT.**

→ Funktionsassistent aufrufen:

❶ Zelle auswählen

❷ Bearbeitungsleiste *fx*

❸ **Kategorie** bestimmen

❹ **Funktion** auswählen

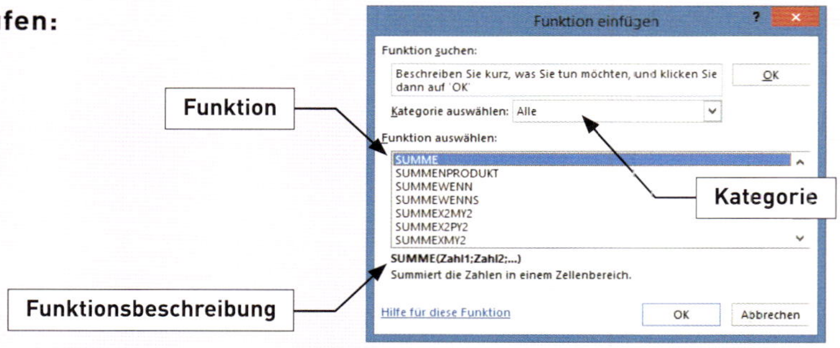

→ Funktion eingeben:

Funktionsargumente mit der Tastatur eingeben

oder

❶ enklicken und Argument(e) mit der Maus auswählen

❷ **Weitere Funktionsargumente** eingeben

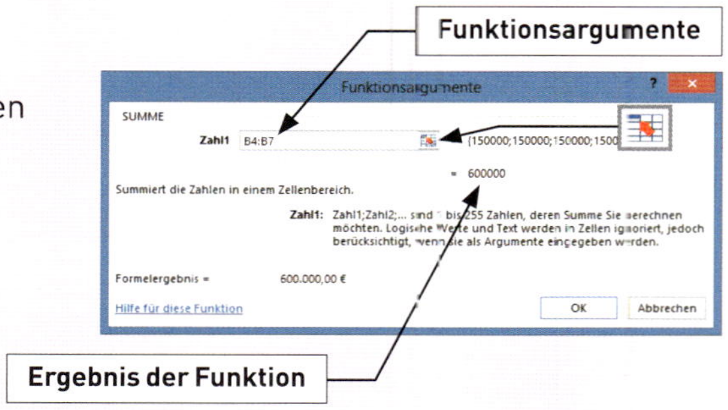

9.9 Diagramme

9.9.1 Diagramme

Am verständlichsten kannst du Zahlen mit **Diagrammen** visualisieren. Wichtige **Entwicklungen** und **Werte** können mit Diagrammen **schneller erkannt** werden als in Tabellen.
Öffne die Datei **DIAGRAMME – DIAGRAMM.**

Diagrammelemente

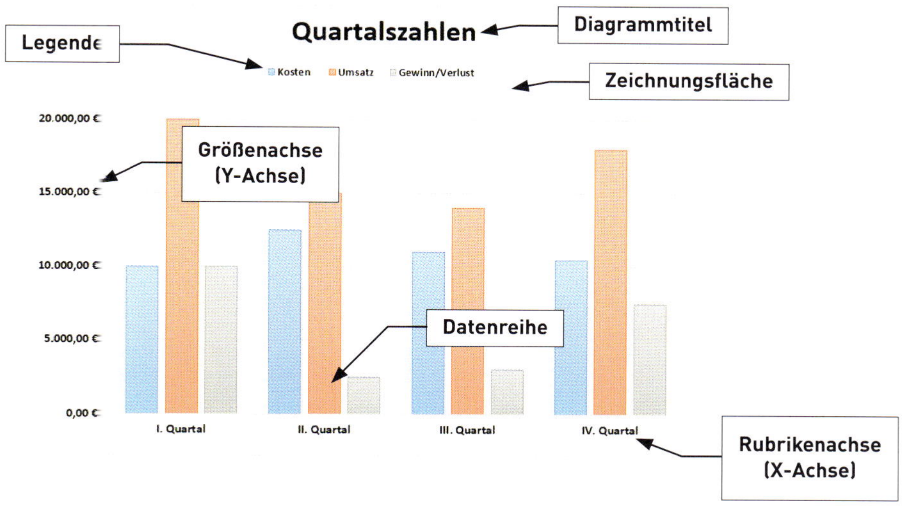

9.9.2 Diagramme erstellen

Öffne die Datei **DIAGRAMME – DIAGRAMME ANFERTIGEN.**

→ Diagrammassistent aufrufen:

1. Zellbereich **(Datenbereich)** markieren
2. Menüleiste EINFÜGEN
3. Symbolleiste (z. B. Empfohlene Diagramme) anklicken

→ Diagrammtyp festlegen:

Im Register ALLE DIAGRAMME den **Diagrammtyp** und **Diagrammuntertyp** festlegen

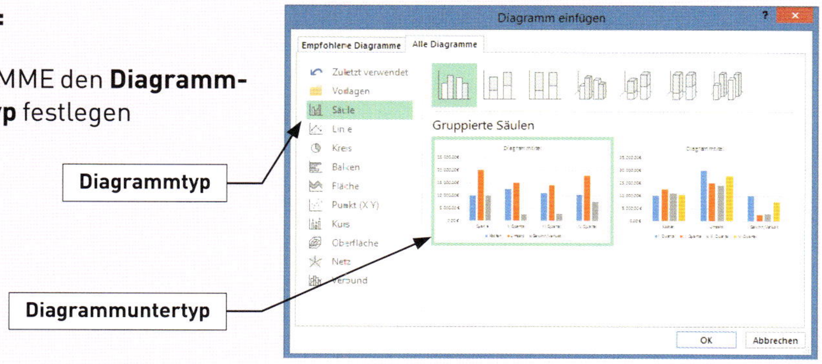

→ Datenbereich festlegen/ändern:

Der **Datenbereich** lässt sich hier nochmals anpassen:

❶ Symbol Daten auswählen anklicken

❷ **Datenbereich** mit der Maus auswählen

❸ **Reihenfolge** der Datenreihen ändern

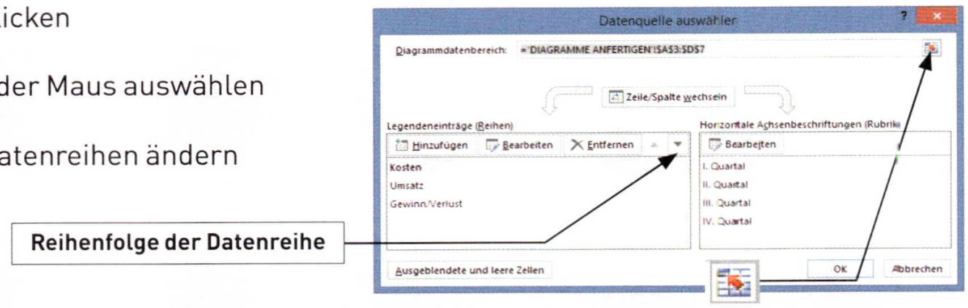

Die **Namen** der **Datenreihen** und die **Beschriftung** der **Rubrikenachse (X-Achse)** ändern:

❶ Symbol Bearbeiten anklicken

❷ **Datenbereich** mit der Maus auswählen bzw. Namen per Tastatur eingeben

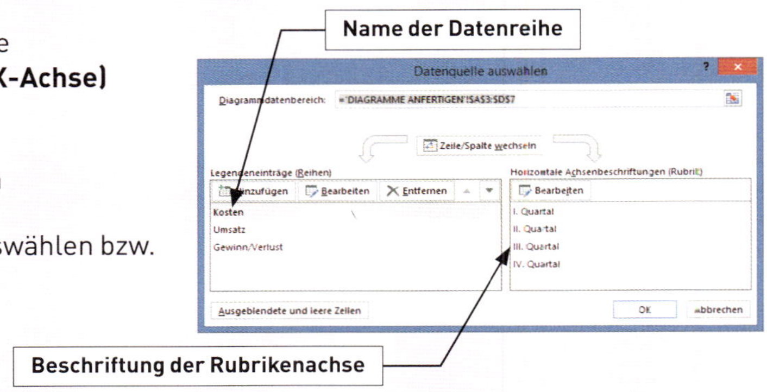

→ Diagrammoptionen:

Diagramm- und **Achsentitel** eingeben

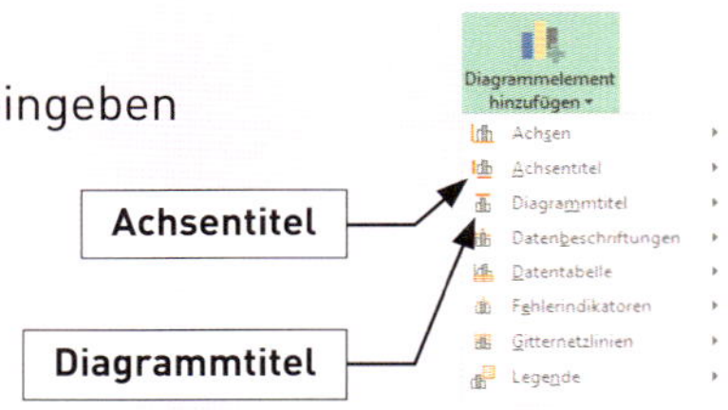

→ Diagramme verschieben (Kontextmenü):

Diagramm als **neues Tabellenblatt** einfügen

oder

als **neues Objekt** im Tabellenblatt platzieren

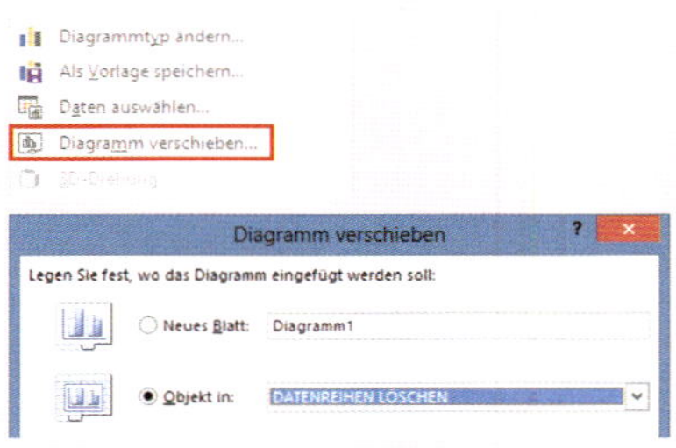

9.9.3 Diagramme verschieben, vergrößern bzw. verkleinern

Öffne die Datei **DIAGRAMME – DIAGRAMM VERSCHIEBEN.**

→ Diagramm verschieben:

Diagrammfläche anklicken und an die **neue Position** verschieben

Neue Position

ıartalszahlen 2016

	Kosten	Umsatz	Gewinn/Verlust
ɩuartal	10.000,00 €	20.000,00 €	10.000,00 €
Ɔuartal	12.500,00 €	15.000,00 €	2.500,00 €
Quartal	11.000,00 €	14.000,00 €	3.000,00 €
Quartal	10.500,00 €	18.000,00 €	7.500,00 €

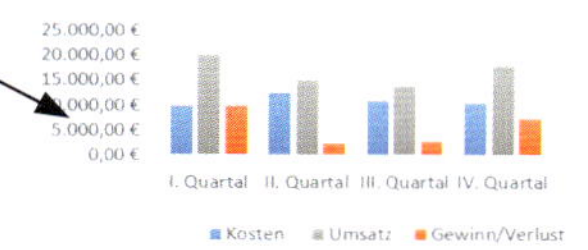

Öffne die Datei **DIAGRAMME – DIAGRAMMGRÖSSE.**

→ Diagramm vergrößern bzw. verkleinern:

❶ Klicke die Diagrammfläche an.

❷ Mithilfe der **Anfasser** kann die gewünschte **Größe** eingestellt werden.

Anfasser

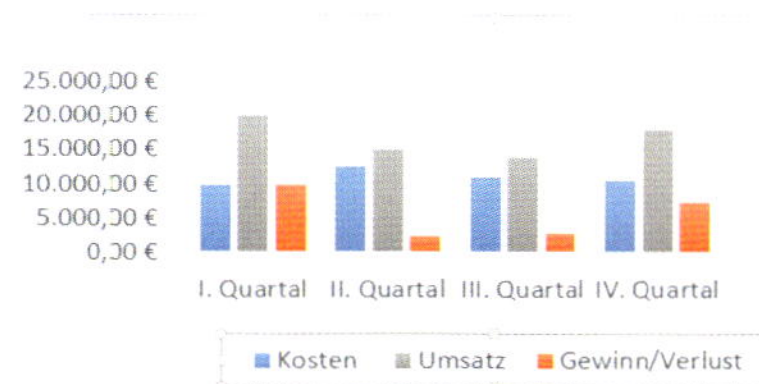

9.9.4 Diagrammelemente formatieren

Öffne die Datei **DIAGRAMME – DIAGRAMM FORMATIEREN.**

→ Diagrammelemente formatieren:

❶ Diagrammelement (z. B. Datenreihe) markieren

❷ Kontextmenü DIAGRAMMELEMENT FORMATIEREN (z. B. DATENREIHE FORMATIEREN)

oder

❶ Doppelklick auf das Diagrammelement

❷ **Diagrammformat** ändern

→ Diagrammachsen skalieren:

❶ **Achse** markieren

❷ Kontextmenü ACHSE FORMATIEREN

❸ Zum Beispiel **Skalierung** ändern

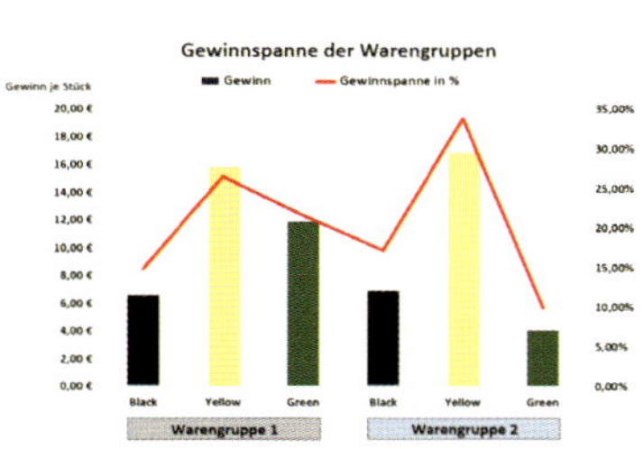

→ Sekundärachse einblenden:

❶ Datenreihe markieren

❷ Kontextmenü DATENREIHE FORMATIEREN

❸ **Datenreihe zeichnen auf Sekundärachse** anklicken

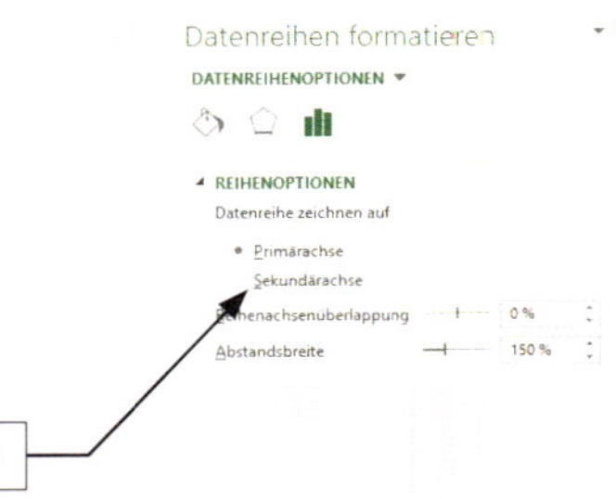

9.9.5 Wichtige Diagrammtypen

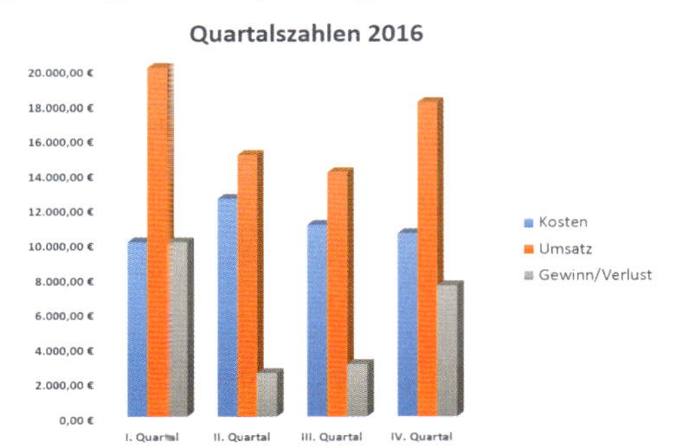

Säulendiagramme eignen sich, um

- einzelne Datenreihen miteinander zu verglei-chen.
- Veränderungen im Zeitablauf darzustellen.

Beispiele:
- Entwicklung von Kosten, Umsatz und Gewinn/Verlust
- Entwicklung des Personalbestandes in den vergangenen Jahren

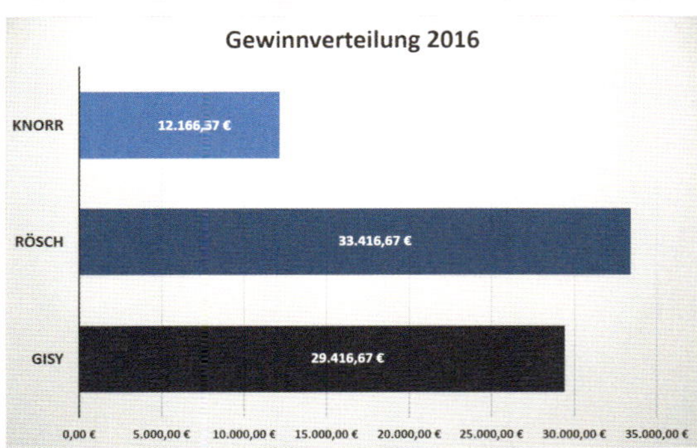

Balkendiagramme eignen sich, um

- einzelne Datenreihen miteinander zu verglei-chen.
- Datenreihen zu einem bestimmten Zeitraum zu veranschaulichen.

Beispiele:
- Absatzzahlen verschiedener Produkte in einer bestimmten Periode
- Gewinnverteilung in einem bestimmten Jahr

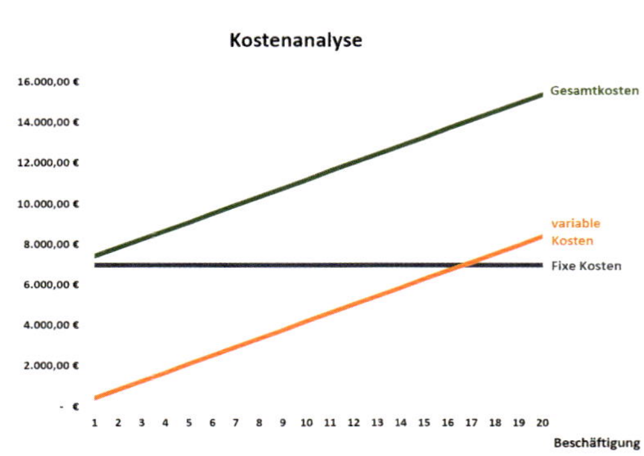

Liniendiagramm
Wie beim Säulendiagramm können mit Liniendia-grammen die Veränderungen von Datenreihen über einen bestimmten Zeitraum bzw. bei unter-schiedlichen Mengen aufgezeigt werden.

Beispiele:
- Veränderung des Marktanteils
- Kostenanalyse

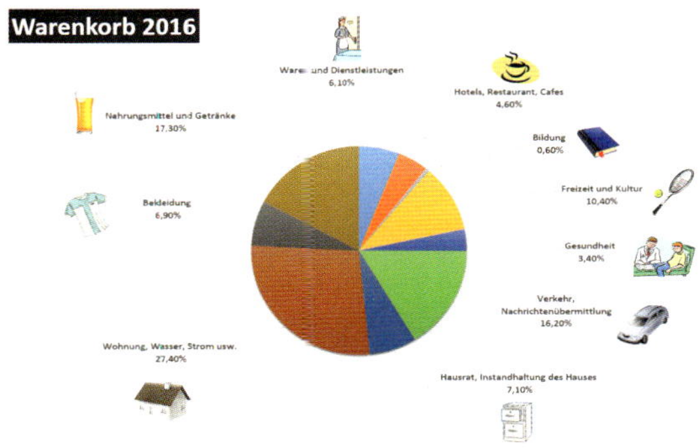

Kreisdiagramm
Kreisdiagramme können immer nur eine Datenreihe darstellen. Mit Kreisdiagrammen lässt sich das Verhältnis einzelner Teile zum Ganzen (100 %) aufzeigen.

Beispiele:
- Zusammensetzung des Warenkorbs
- Marktanteil eines Unternehmens
- Abstimmungsergebnis bei einer Hauptversammlung

Verbunddiagramme

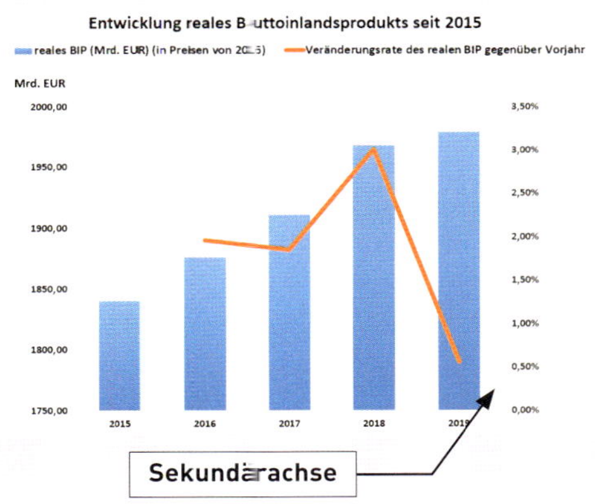

Verbunddiagramm
Abhängige Datenreihen mit unterschiedlichen Informationen lassen sich durch Verbunddiagramme darstellen.

Beispiel:
Entwicklung des realen Bruttoinlandsprodukts und die Veränderung des realen Bruttoinlandsprodukts gegenüber dem Vorjahr

Bei Verbunddiagrammen ist es meistens sinnvoll, eine **Sekundärachse** einzublenden.

Öffne die Datei **DIAGRAMMTYPEN – VERBUNDDIAGRAMM.**

→ Verbunddiagramme erstellen:

❶ **Schaltfläche Diagrammtyp ändern**

❷ Diagrammtyp **Verbund** wählen

❸ **Datenreihe, Diagrammtyp** und **Diagrammuntertyp** sowie eventuell **Sekundärachse** festlegen

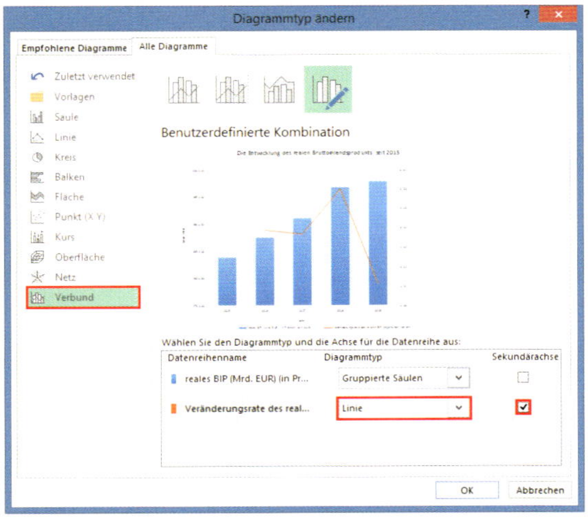

9.10 Blatt auf einer Seite darstellen

Manchmal kommt es vor, dass Tabellen etwas größer als ein Tabellenblatt sind. Soll die Tabelle ausgedruckt und auf einer Seite dargestellt werden, geht man folgendermaßen vor:

→ Drucken und Blatt auf einer Seite darstellen

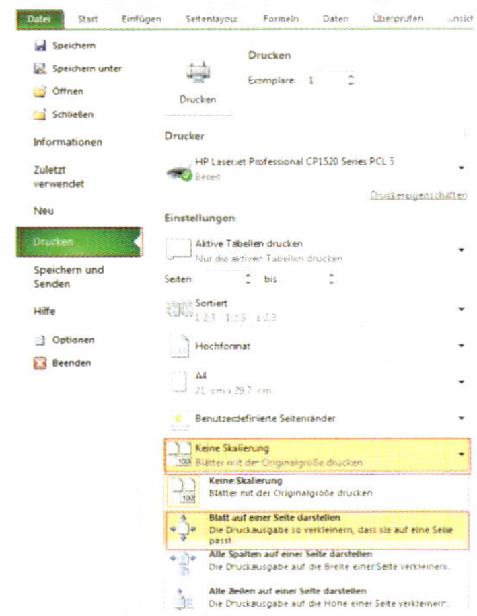

❶ Register DATEI – DRUCKEN

❷ Dropdown-Feld KEINE SKALIERUNG öffnen

❸ **Blatt auf einer Seite darstellen** anklicken

❹ **Drucken** anklicken

9

Excel

9.11 Prozentrechnen

Sollen in Excel Prozentwerte ermittelt werden, muss zuerst unterschieden werden, welches Ergebnis genau gefordert ist.

→ Beispiel 1 – Ermittle den Rabattbetrag:

Anzahl	Artikel	Einzelpreis	Rabattsatz	Rabattbetrag	Gesamtpreis
5	Fußballtasche	39,90 €	10%	=C3*D3	
22	Trikot 1	59,00 €	5%		
11	Trikot 2	129,00 €	3%		
28	Shirt 1	29,00 €	25%		
34	Shirt 2	9,90 €	10%		
Summe					

In der Zelle E3 müssen 10 % Rabatt von 39,90 € berechnet werden, also:

=39,90 €*10%

Die Formel lautet:

=C3*D3

In der Zelle D3 wurde die Prozentformatierung vorgenommen, du sparst dir also das *100. Diese Formel kannst du nun nach unten kopieren und die Ergebnisse werden angezeigt.

→ Beispiel 2 – Ermittle den prozentualen Anteil vom Gesamten

Anzahl	Artikel	Einzel-preis	Rabatt-satz	Rabatt-betrag	Gesamt-preis	Prozentuale Anteile
5	Fußballtasche	39,90 €	10%	3,99 €	179,55 €	=F3/$F$8*100
22	Trikot 1	59,00 €	5%	2,95 €	1.233,10 €	
11	Trikot 2	129,00 €	3%	3,87 €	1.376,43 €	
28	Shirt 1	29,00 €	25%	7,25 €	609,00 €	
34	Shirt 2	9,90 €	10%	0,99 €	302,94 €	
Summe					3.701,02 €	

Du möchtest wissen, wie viel Prozent 179,55 € von 4.597,52 € sind. Du suchst also den Prozentanteil am Gesamtprozentwert.

In der Zelle G3 muss der Prozentanteil am Gesamtprozentwert berechnet werden, also:

Teile den **Wert**, von dem der Prozentsatz gesucht wird, durch den **Gesamtbetrag** und rechne dann ***100**. (Hinweis: Muss auf Prozent formatiert werden, fällt das *100 in der Formel weg.)

also: GESUCHT/GESAMT*100

Die Formel lautet:

F3/$F$8 (mit F4 absolut setzen, da du dich immer auf den Gesamtbetrag beziehst) * 100

→ Beispiel 3 – Ermittle die prozentuale Abweichung von der Bestellung Monat Januar zu Monat Februar

Bestellung Januar	Bestellung Februar	Prozentuale Abweichung
2.000,00 €	3.000,00 €	=B3/A3*100-100
4.000,00 €	4.100,00 €	
240,00 €	200,00 €	
2.900,00 €	2.000,00 €	

Du sollst die Differenz zwischen dem Betrag des Monats Januar bzw. Februar ermitteln und diesen in Prozent darstellen. Um nur die Differenz auszuweisen, muss deine Formel am Ende -100 enthalten.

In der Zelle C3 soll die prozentuale Abweichung von Februar zu Januar ermittelt werden, also:

GESUCHTEN WERT/GESAMTWERT*100–100

Die Formel lautet:

B3/A3*100-100

(oder *1-1, wenn auf % formatiert werden muss)

Programmhandbuch PowerPoint

Kapitel 10

10 Programmhandbuch PowerPoint

10.1 PowerPoint – erste Schritte

10.1.1 PowerPoint starten

Nach dem **Start** über das Programmsymbol erscheint in **PowerPoint** das folgende Fenster:

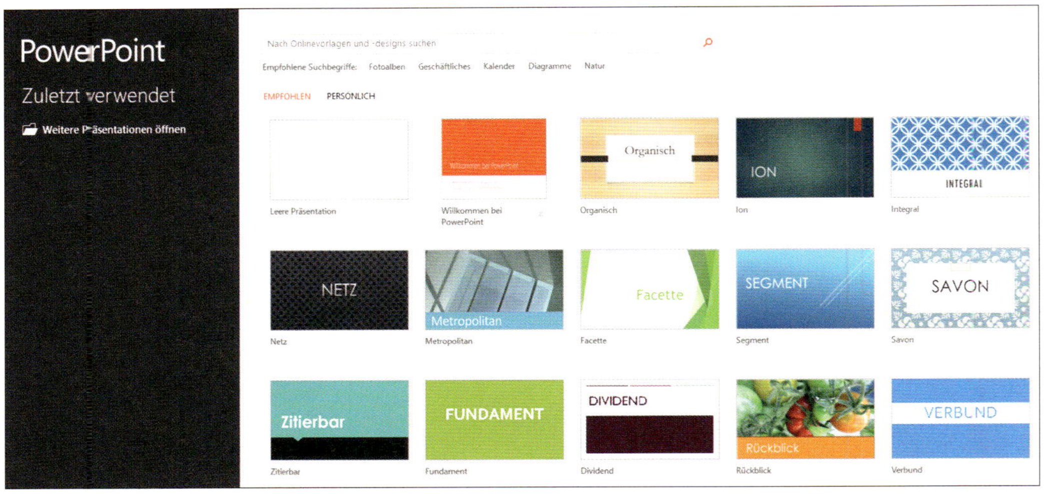

Über diesen Bildschirm kannst du **zuletzt verwendete** bzw. **bereits gespeicherte Präsentationen öffnen** oder auf in der **Cloud** (z. B. **OneDrive** oder **Dropbox**) gespeicherte Inhalte zugreifen.

10.1.2 Eine PowerPoint-Präsentation erstellen

In **PowerPoint** gibt es verschiedene Möglichkeiten, eine **neue Präsentation** zu erstellen. Du kannst eine bereits gespeicherte **eigene Vorlage** oder eine von **Microsoft** gestaltete **Vorlage** verwenden. Es steht dir natürlich auch offen, eine komplett neue, auf deinen Vortrag zugeschnittene Präsentationsvorlage zu erzeugen **(Leere Präsentation).**

10.1.3 Microsoft PowerPoint-Vorlagen

Microsoft stellt **Vorlagen** in unterschiedlichen **Kategorien** (z. B. Natur, Unternehmen, Ausbildung) zur Auswahl. Diese Vorlagen geben deiner Präsentation ein vordefiniertes **Muster.** Neben speziellen **Hintergründen, Farben, Schriftarten, Effekten** und **Objekten** (z. B. Struktogramme) können diese auch **Inhalte** (z. B. Sitzplan) enthalten.

→ **Vorlage auswählen:**

❶ **Wähle** aus der entsprechenden Kategorie eine Microsoft-**Vorlage aus.**

❷ Für **weitere Informationen** die Schaltfläche **„Weitere Bilder“** anklicken

❸ Vorlage wählen und Erstellen anklicken

❷ ❸

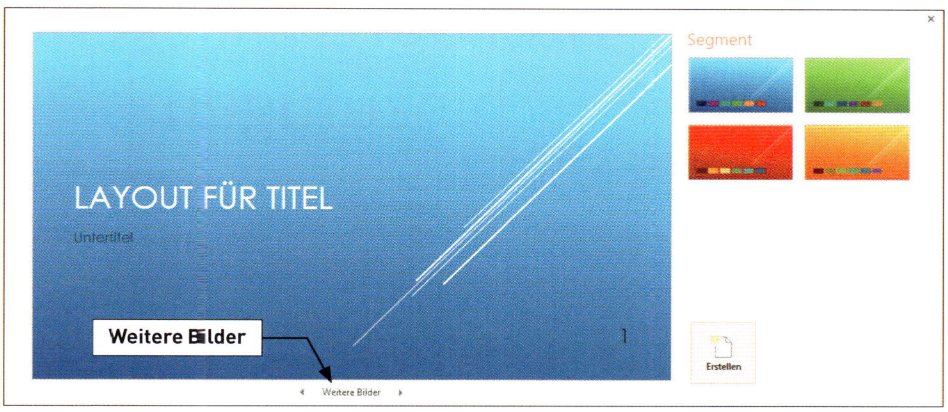

Vorlagen kannst du **individuell anpassen** (z. B. Schriftgröße, Farben usw.) und mit dem **Vorlagenformat*.potx** abspeichern. Diese lassen sich zu einem späteren Zeitpunkt als Basis für eine neue Präsentation verwenden.

Kennst du Ihn auch? Den **„Das ist doch PowerPoint!?!-Effekt“?**

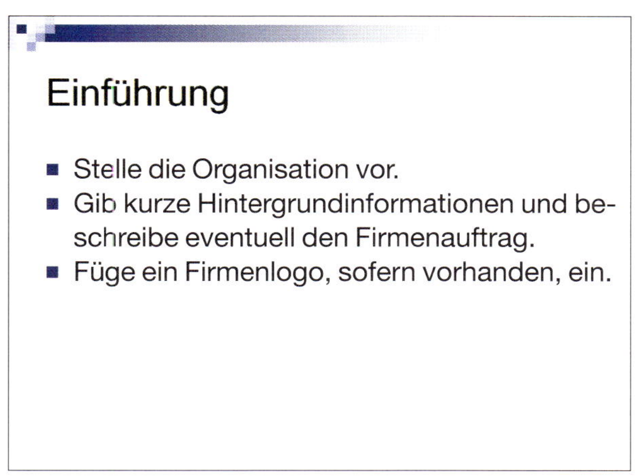

Tipp:
Nutze die vielfältigen Möglichkeiten, die **PowerPoint** bietet. Gestalte eine eigene Präsentation, die auf dein Publikum **nicht beliebig,** sondern **einzigartig** wirkt. Verwende deshalb **keine Vorlagen** bzw. ändere die **Vorlagen** individuell **ab.**

10.1.4 Folien mit einem Layout und Design gestalten

Sobald du dich für eine **Vorlage** oder eine **„Leere Präsentation"** entschieden hast, erscheint die **PowerPoint**-Arbeitsoberfläche:

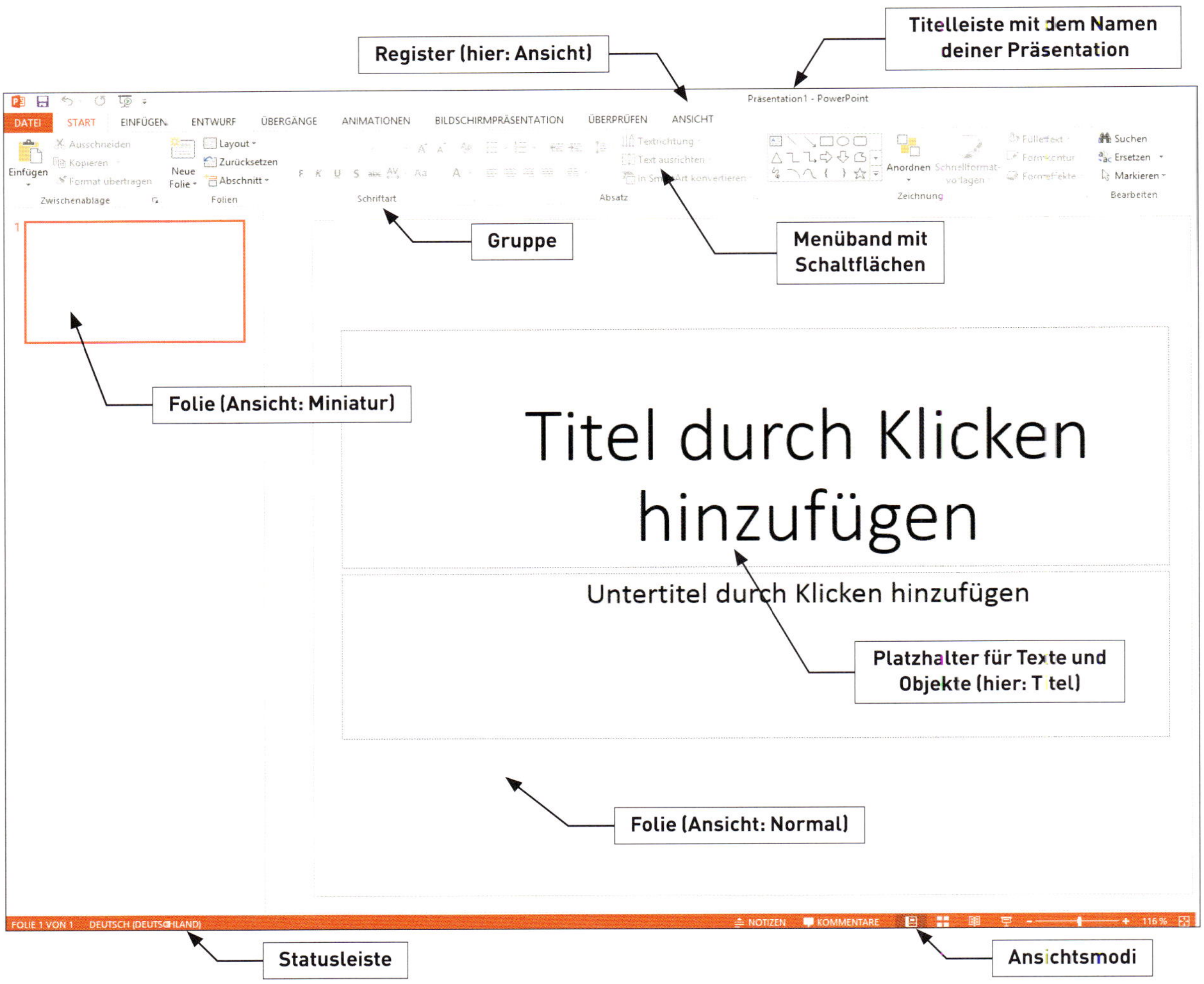

Bevor du mit dem Eingeben von **Texten** und/oder **Objekten** (z. B. Bildern) beginnst, solltest du für deine aktuelle Folie ein passendes **Layout** auswählen. Das Layout legt fest, an welcher Stelle der Folie **Platzhalter** zum Einfügen von Texten und Objekten (Bilder, Videos, Diagramme) angezeigt werden. In diese kannst du dann **später** die entsprechenden Inhalte einfügen.

→ Layout auswählen:

❶ Register START – LAYOUT anklicken

❷ Passendes **Layout** (hier: z. B. Titelfolie) auswählen

❶

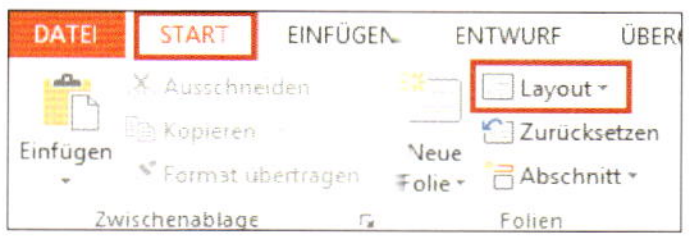

❷

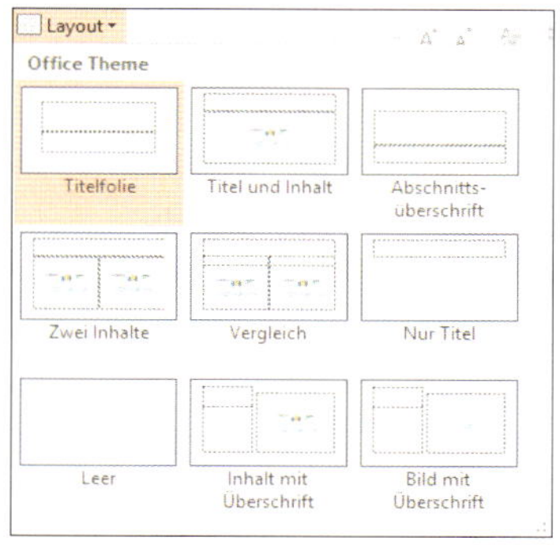

Weise deiner Folie nun ein **Design** zu. Designs enthalten **Vorgaben** zu **Hintergrundfarben, Effekten, Schriftarten** und **Schriftgrößen.** Im **Gegensatz zu Vorlagen** enthalten sie **keine inhaltsbezogenen Elemente,** wie dies z. B. bei Vorlagen für Urkunden, Sitzpläne oder Tischkärtchen der Fall ist.

→ Design auswählen:

❶ Register ENTWURF anklicken

❷ DESIGN (hier: Rückblick) und VARIANTE auswählen

❸ **Über** einem **Design** mit der rechten Maustaste das Kontextmenü öffnen.
Option FÜR AUSGEWÄHLTE FOLIEN oder FÜR ALLE FOLIEN ÜBERNEHMEN wählen

❹ In der Gruppe VARIANTEN auf WEITERE klicken

❺ **Farben, Schriftart, Effekte** und **Hintergrundeffekte** anpassen

❶ ❷

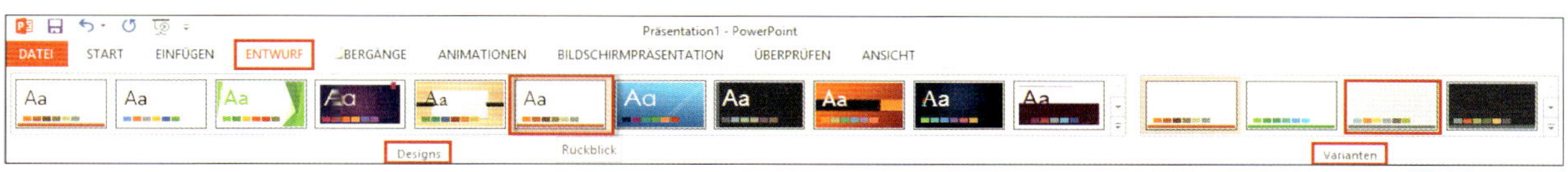

❸

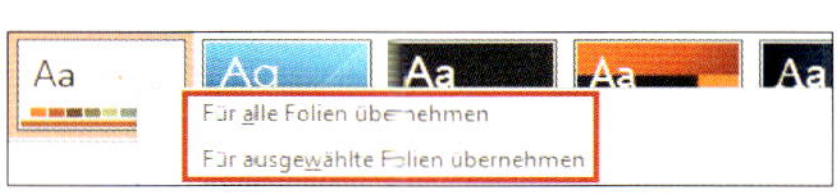

❹

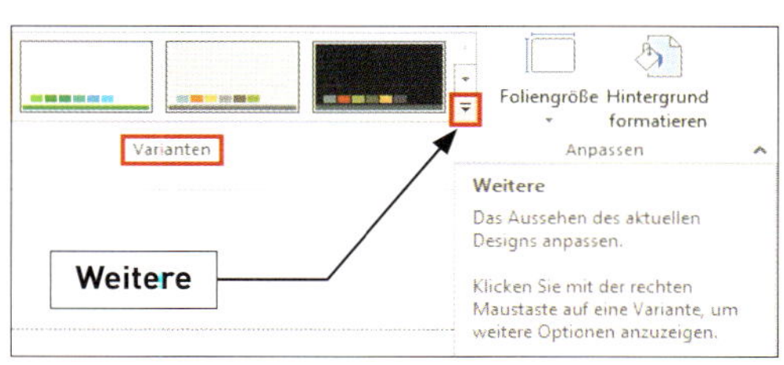

❺

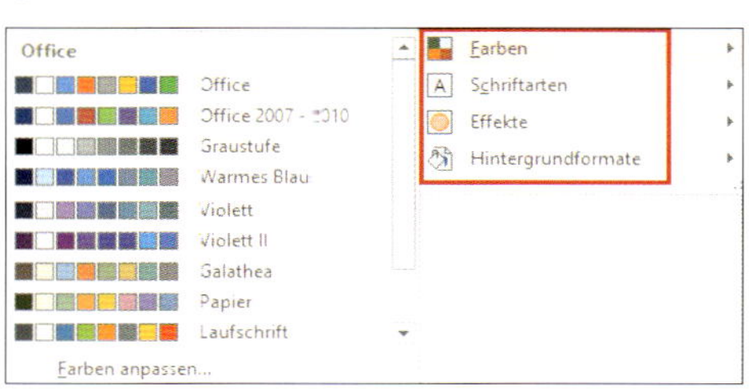

10

PowerPoint

10.2 Präsentation speichern und PowerPoint schließen

PowerPoint erstellt in regelmäßigen Abständen automatisch Sicherungsdateien. **Speichere** deine Präsentation dennoch so oft wie möglich selbst ab und nicht erst beim Beenden.

→ Präsentation speichern:

❶ Register DATEI – SPEICHERN UNTER anklicken

❷ **Ort auswählen,** an dem die Präsentation gespeichert werden soll

❸ Präsentation Namen geben und Datei im ***.pptx-Format** abspeichern

❷

❸

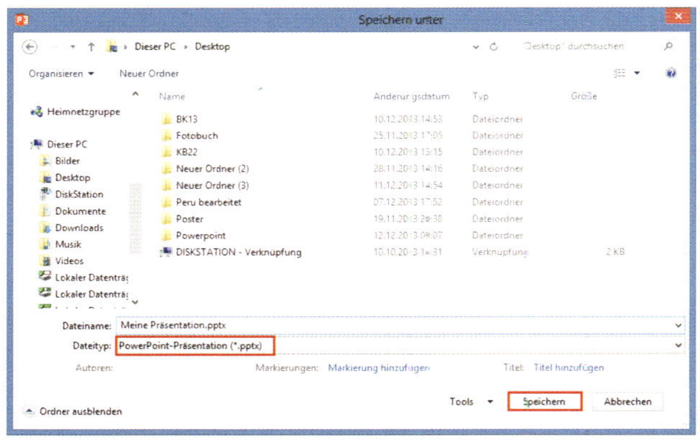

→ PowerPoint beenden:

Register DATEI – SCHLIEßEN anklicken

10.3 Inhalte eingeben

Ein **PowerPoint**-Master beginnt (in der Regel) mit einer **Titelfolie.** Auf dieser Folie findest du standardmäßig je einen **Platzhalter für** den **Titel** und einen **Untertitel.**

→ Text eingeben:

❶ In den Platzhalter klicken

❷ Text eingeben (hier: Meine erste Präsentation)

❶ ❷

→ Neue Folie hinzufügen:

❶ In der Folienminiaturansicht die Folie auswählen, **nach** der eine neue Folie eingefügt werden soll

❷ Kontextmenü NEUE FOLIE anklicken

❸ Über das Kontextmenü LAYOUT der neuen Folie ein **Layout** zuweisen (hier: Titel und Inhalt)

❷

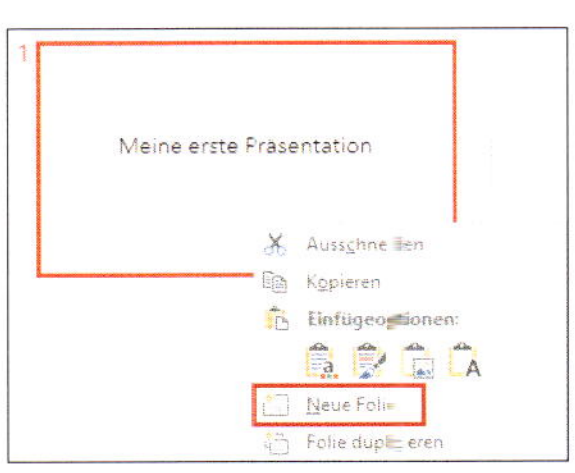

❸

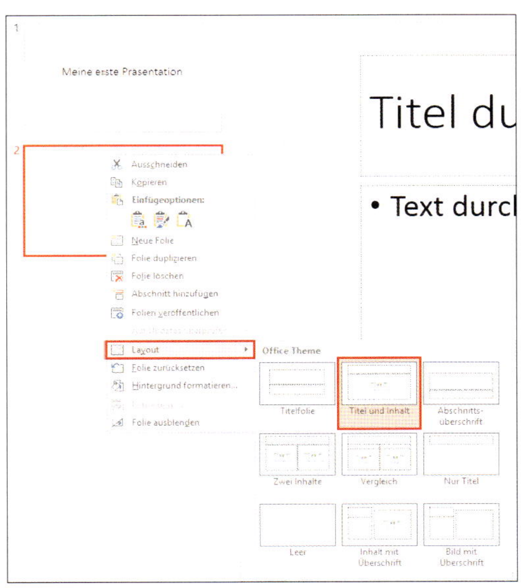

10

PowerPoint

Hast du eine Folie mit einem besonderen Layout gestaltet und möchtest dieses auf weiteren Folien anwenden? **Dupliziere** diese Folie! Du kannst die (duplizierte) Folie an eine beliebige Stelle deiner Präsentation **verschieben.**

→ Folie duplizieren und verschieben:

❶ In der **Folienminiaturansicht** Folie auswählen, die **dupliziert** werden soll

❷ Kontextmenü NEUE FOLIE anklicken

❸ In der **Folienminiaturansicht** Folie auswählen, die verschoben werden soll

❹ Folie mit **gedrückter linker Maustaste** bis zur gewünschten Stelle innerhalb der Folienminiaturansicht **schieben,** dann **Maustaste loslassen**

❷

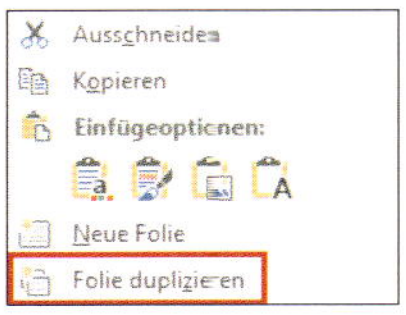

❸ ❹

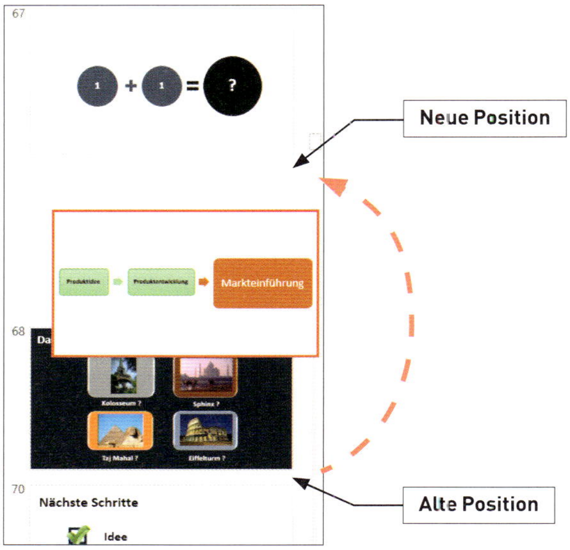

10.4 Bilder einfügen

Möchtest du einen Text nicht Wort für Wort wiedergeben, solltest du auf Fließtext verzichten und Bilder sprechen lassen!

→ Bilder einfügen

❶ Register EINFÜGEN – BILDER

❷ **Quelle** des Bildes auswählen (z. B. Bilder, Onlinegrafiken)

❸ Bild einfügen

❶ ❷

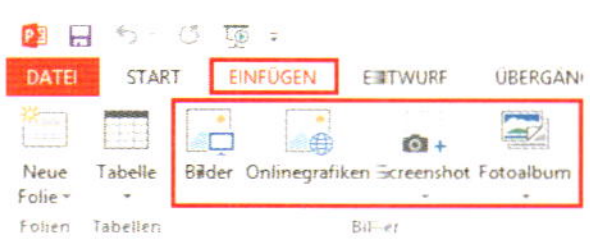

❸

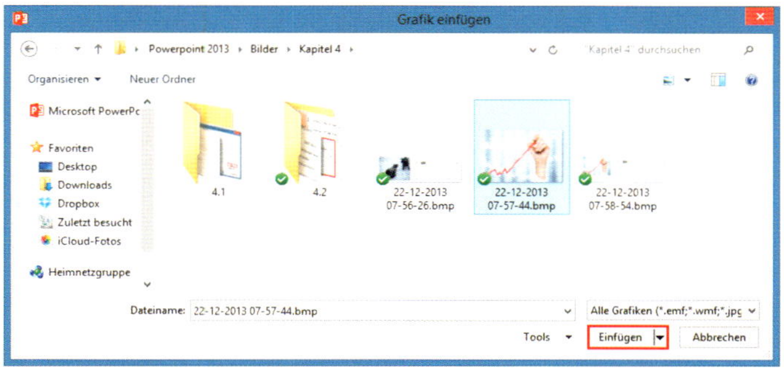

PowerPoint bietet zwar (noch) nicht so viele Möglichkeiten wie ein professionelles **Bildbearbeitungsprogramm** (z. B. Adobe Photoshop). Es würde allerdings schon heute den Rahmen dieses Handbuches sprengen, alle implementierten Funktionen zur **Bildverbesserung** ausführlich vorzustellen.

→ Position und Größe der Bilder anpassen:

❶ Bild auswählen

❷ Mit den **Anfassern** lässt sich die **Größe** individuell **anpassen.**

❸ Mit dem Mauszeiger über das Bild gehen. Sobald der **Mauszeiger** sich in ✥ verwandelt, das Bild an die neue Position **verschieben.**

❹ Kontextmenü GRÖßE UND POSITION

❺ Neben der Position und Größe kann die **Bilddrehung,** z. B. 25 Grad, bestimmt werden

oder

mit der Maus über ⟳ gehen und Bild mit **gedrückter linker Maustaste** drehen.

❶ ❷ ❸

Fügst du **mehrere Bilder** auf einer Folie ein, kann es vorkommen, dass ein größeres ein kleineres Bild **verdeckt.** Ändere die **Reihenfolge** der **Bilderdarstellung:**

→ Reihenfolge der Bilder ändern:

❶ Bild auswählen

❷ Kontextmenü z. B. IN DEN HINTERGRUND – IN DEN HINTERGRUND

❶

❷

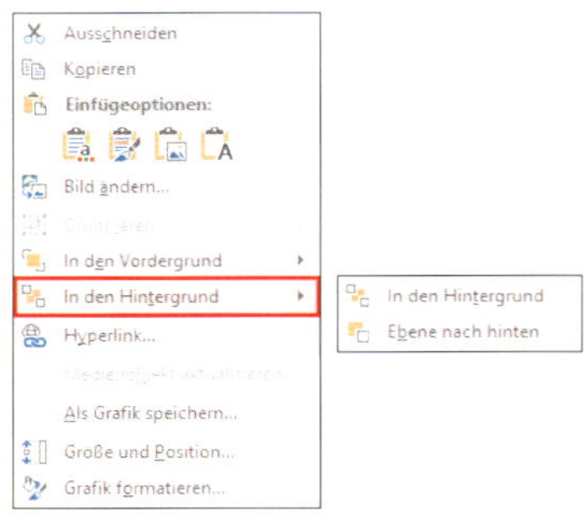

❸

→ Bilder verbessern:

❶ Bild mit **Doppelklick** auswählen

❷ Register START – KORREKTUREN

❸ **Bildkorrekturen** (z. B. Helligkeit/Kontrast) durchführen

❹ Detailliertere Bildkorrekturen können über die Schaltfläche OPTIONEN FÜR BILDKORREKTUREN aufgerufen werden.

❶

❷ ❸

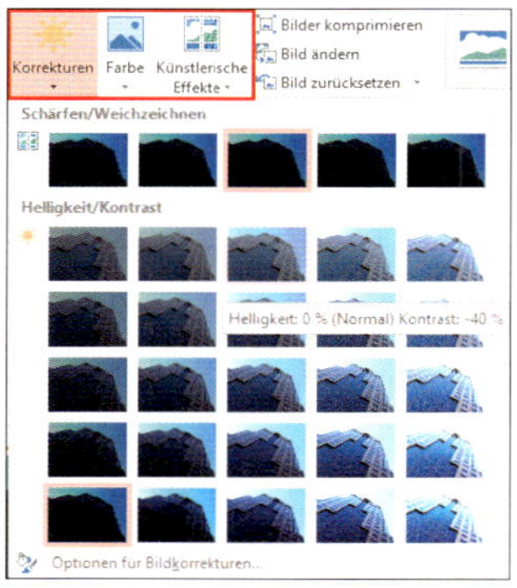

❸

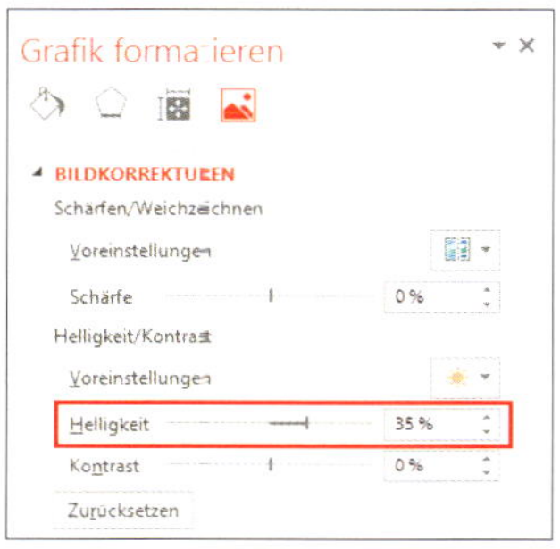

❹

10

PowerPoint

→ Bildern künstlerische Effekte geben:

❶ Bild mit **Doppelklick** auswählen

❷ Im Register FORMAT (BILDTOOLS) die Schaltfläche KÜNSTLERISCHE EFFEKTE anklicken

❸ Passenden **Effekt** auf das Bild **anwenden** (hier: Weichzeichnen)

❷

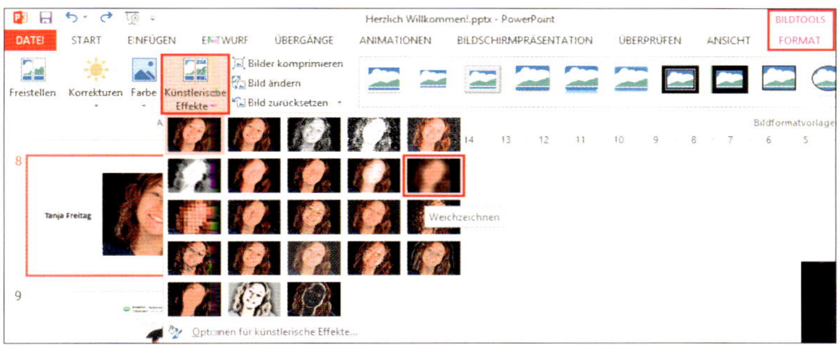

Bildelemente, die von der eigentlichen Aussage des Bildes **ablenken** oder **stören** (z. B. Hintergrund), lassen sich in **PowerPoint** entfernen (durch **Zuschneiden** oder **Freistellen**).

→ Bilder zuschneiden:

❶ Bild mit **Doppelklick** auswählen

❷ Register FORMAT

❸ Bild (z. B. in einem bestimmten Seitenverhältnis) **zuschneiden**

oder

mit der Maus an den **Anfassern** individuell anpassen und mit Enter ↵ bestätigen

❷ ❸

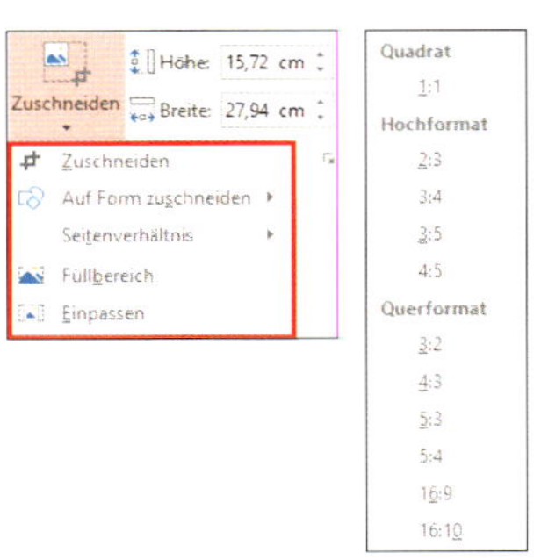

❸

❸

❸

10

PowerPoint

10.5 Formen und Symbole

Zum Kommentieren von beispielsweise Bildern bieten sich Formen oder SmartArts an. Auch Zusammenhänge zwischen Bildern bzw. Beziehungen zwischen Elementen können mit diesen dargestellt werden.

→ Formen einfügen

❶ Register EINFÜGEN – FORMEN

❷ **Form** mit der Maus **auswählen**

❸ **Form** in der Folie **platzieren** und **Größe** mit gedrückter linker Maustaste **anpassen**

❶ ❷

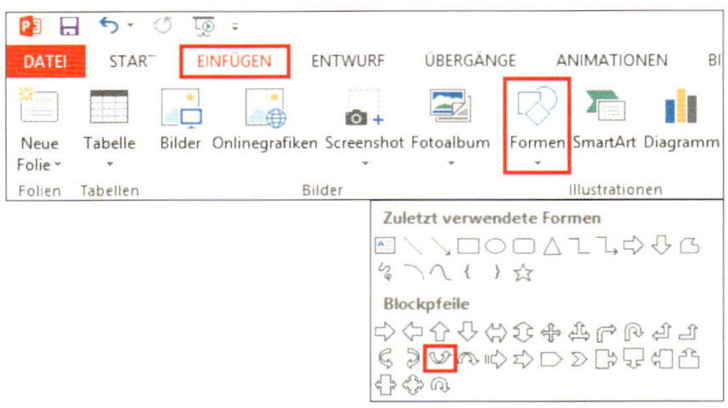

❸

→ Form anpassen:

❶ Form mit der Maus auswählen

❷ Mit den Anfassern lässt sich die **Größe** der gesamten Form individuell **anpassen.**

❸ Das Aussehen einzelner **Formdetails** (z. B. der Kopf des Pfeiles) kann mit den **gelben Anfassern** verändert werden.

❸ Mit dem Mauszeiger über die Form gehen. Sobald der Mauszeiger sich in ✣ verwandelt, **Form** an eine neue Position **verschieben.**

❹ Kontextmenü GRÖßE UND POSITION

❺ Neben der **Größe** und **Position** kann die Form **gedreht** werden

oder

mit der Maus über ⟲ gehen und Form mit gedrückter linker Maustaste **drehen.**

❻ Soll die Form bei der Vergrößerung Ihre **Proportionen** behalten, d. h., nicht gedehnt oder gestaucht werden, muss beim Ziehen mit der Maus **gleichzeitig** die Umschalt **-Taste** bzw. die Umschalt + Strg gedrückt werden.

❶ ❷ ❸ ❹ ❺

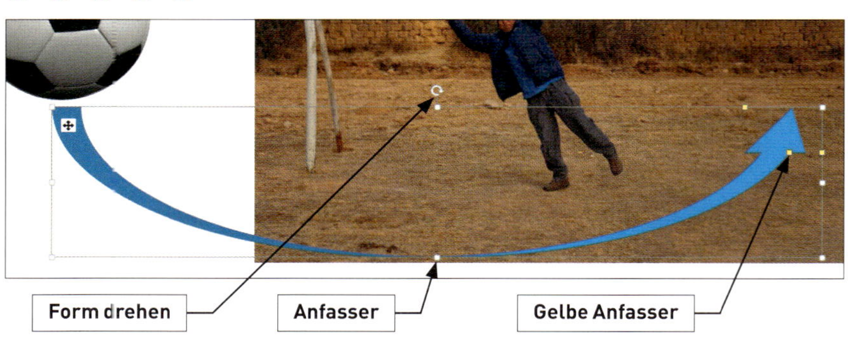

→ Form formatieren:

❶ Form mit **Doppelklick** auswählen

❷ Im Register FORMAT (ZEICHENTOOLS) die **Formatierungen** vornehmen (z. B. Farbe anpassen)

❷ ❸

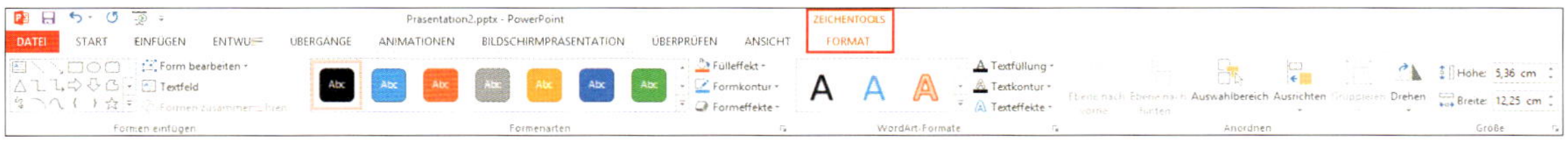

→ Text in Form einfügen:

❶ Form mit der Maus auswählen

❷ Text eingeben

❶

❷

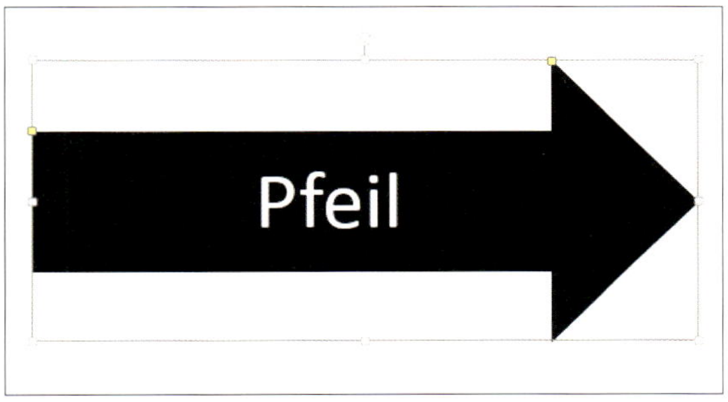

→ Symbole einfügen:

❶ Objekt (z. B. Form) auswählen, in welches das Symbol eingefügt werden soll

❷ Im Register EINFÜGEN die Schaltfläche Ω Symbol anklicken

❸ In den Schriftarten **Webdings** und **Wingdings** lassen sich etliche Symbole finden und einfügen.

❸

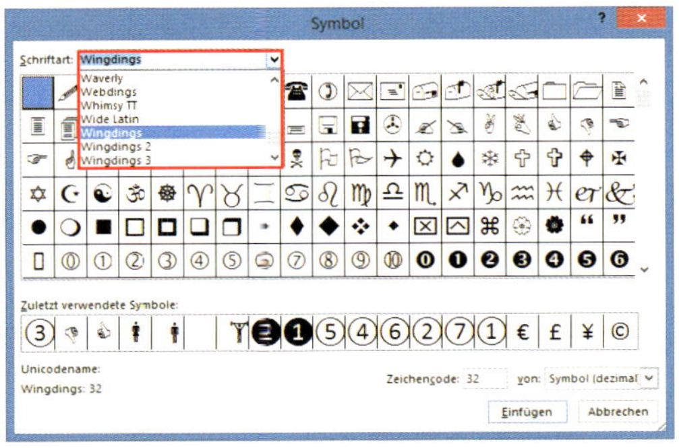

10.5.1 SmartArts

SmartArt-Grafiken sind **Formen mit erklärendem Charakter.** Mit diesen grafisch professionell gestalteten **Formen** kannst du einfach komplizierte Sachverhalte visuell darstellen. SmartArts gibt es z. B. für Prozesse oder Hierarchiestrukturen (Organigramme).

→ SmartArt einfügen:

❶ Register EINFÜGEN – FORMEN

❷ **SmartArt** aus einer Kategorie (z. B. Pyramide) mit der Maus auswählen

❸ **Text** in die dafür vorgesehenen Felder **eingeben**

❶ ❷

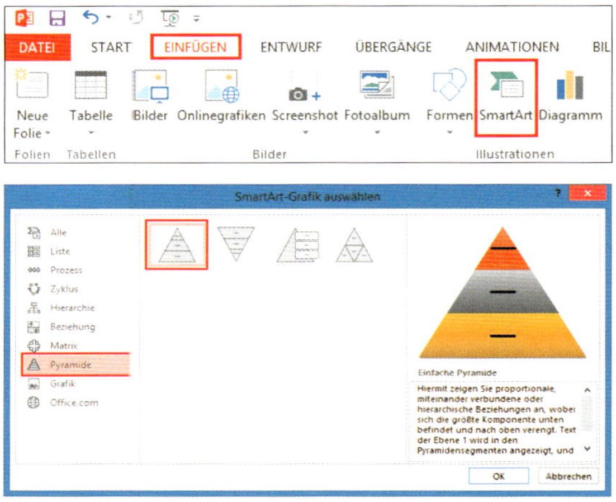

❸

→ SmartArt formatieren:

❶ SmartArt anklicken

❷ Im Register ENTWURF (SMARTART-TOOLS) aus **Formatvorlagenkatalog** Vorlage auswählen

❸ Über die Schaltfläche FARBE ÄNDERN **Farbänderungen** vornehmen

❹ Mit **Pfeil** am **linken Rand** der SmartArt **Textoptionen** öffnen

❺ Entsprechende **Textänderungen** und/oder **Formatierungen** durchführen

❶ ❷

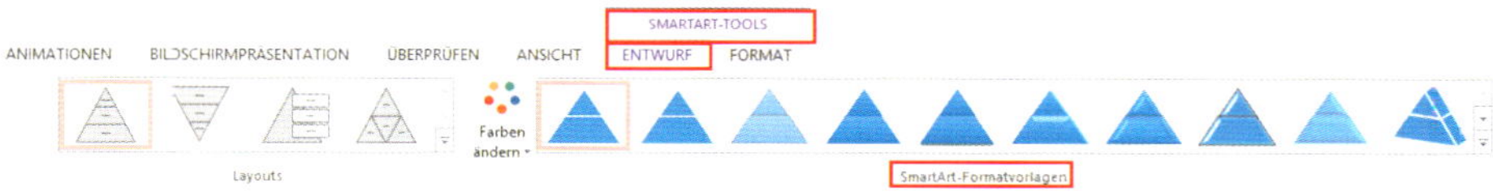

10

PowerPoint

❸

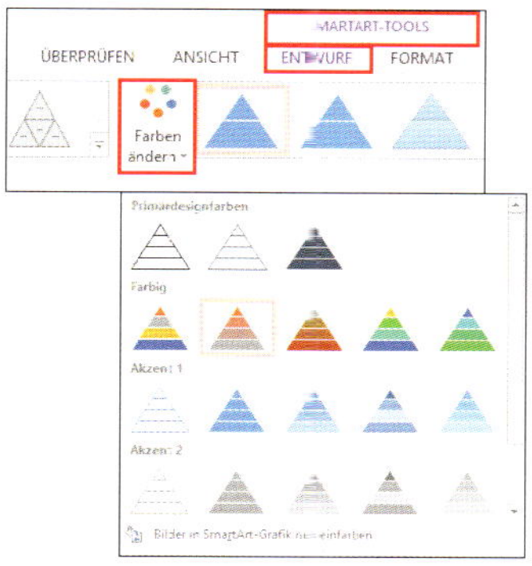

❹ ❺

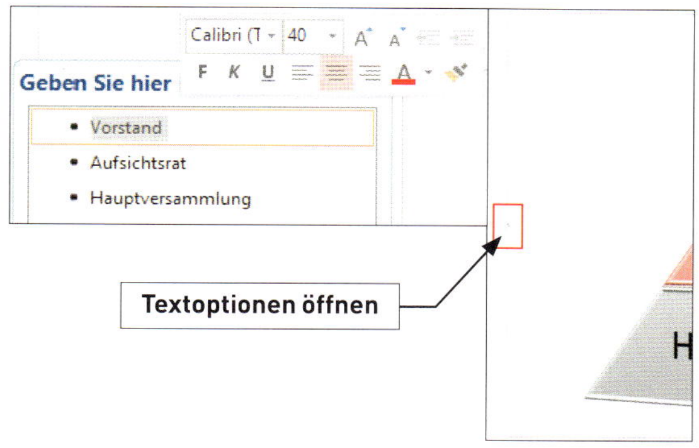

→ **Größe der gesamten SmartArt ändern:**

❶ SmartArt auswählen

❷ Mit den **Anfassern** lässt sich die **Größe** der gesamten SmartArt individuell **anpassen.**

❸ Einzelnes **SmartArt**-Element auswählen und mit der Maus an eine neue Position **schieben**

❶ ❷

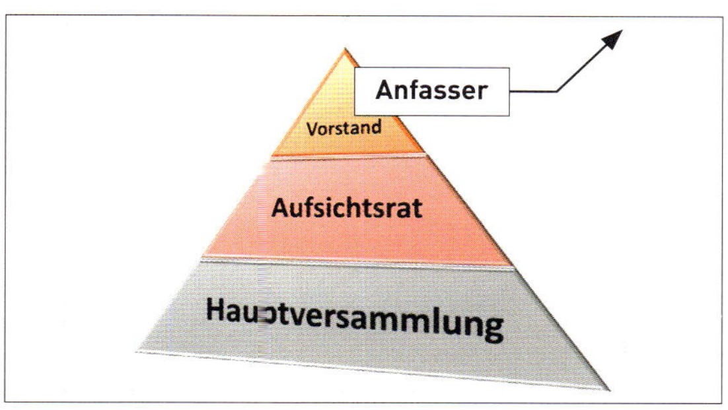

❸

→ **Bilder in SmartArts einfügen:**

❶ Bild(er) auswählen

❷ Im Register FORMAT (BILDTOOLS) auf Schaltfläche BILDLAYOUT klicken

❸ Passendes **Layout** auswählen und entsprechende Texte eingeben

❶ ❷

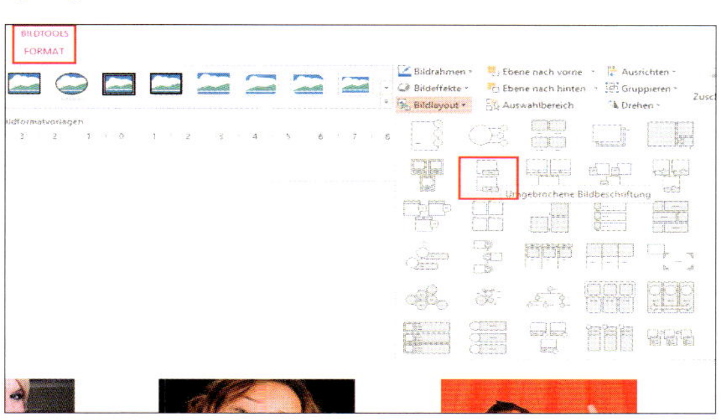

❸

→ Textobjekte in SmartArts verwandeln:

❶ Text auswählen

❷ Mit rechter Maustaste Kontextmenü auswählen und über die Option IN SMARTART KONVERTIEREN eine passende SmartArt-Grafik auswählen

❶ ❷

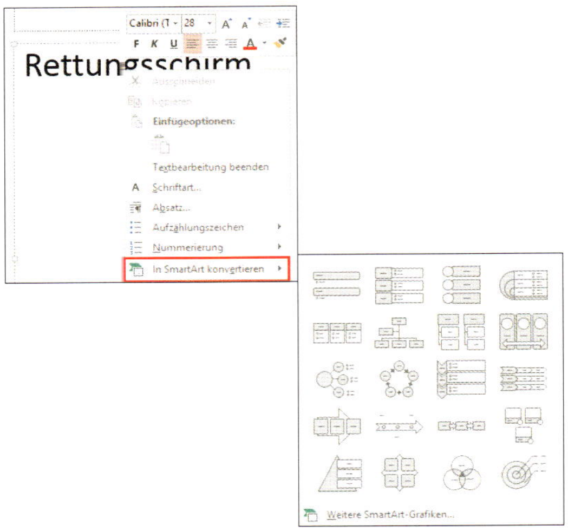

10

PowerPoint

10.5.2 Zahlen mit Tabellen, Diagrammen und Bildern visualisieren

Visualisiere **Zahlen** eindrucksvoll mit **Tabellen, Diagrammen** oder **Bildern.**

Tabelle

ABC-Analyse

Gruppe	Kumulierte Verbrauchswerte (in %)		Anzahl	Summe
A-Güter	bis	75%	2	5.005,00 €
B-Güter	bis	95%	2	1.375,00 €
C-Güter	bis	100%	2	410,50 €

Artikel-Nr.	Menge	Preis/Stck.	Verbrauchswert	%-Anteil am Verbrauchswert	Kumulierte Verbrauchswerte (in %)	Gruppe
A 2508	80	40,00 €	200,00 €	47,12%	47,12%	A
A 5831	19	95,00 €	805,00 €	26,58%	73,71%	A
A 3466	3	300,00 €	900,00 €	13,25%	86,96%	B
A 1833	25	19,00 €	475,00 €	7,00%	93,95%	B
A 2101	250	0,85 €	212,50 €	3,13%	97,08%	C
A 2333	120	1,65 €	198,00 €	2,92%	100,00%	C
Gesamt	514		€790,50 €			

Diagramm

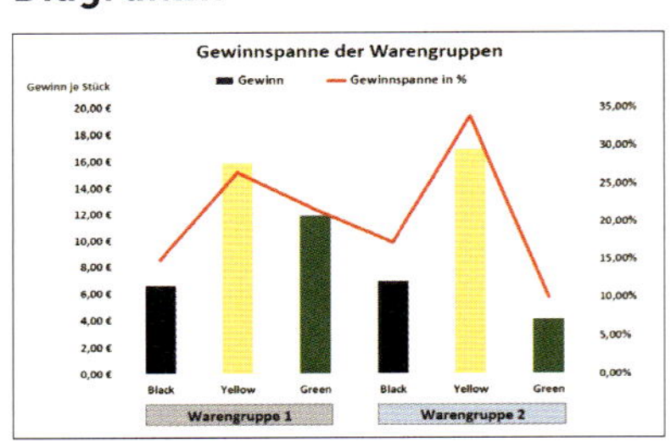

Bild

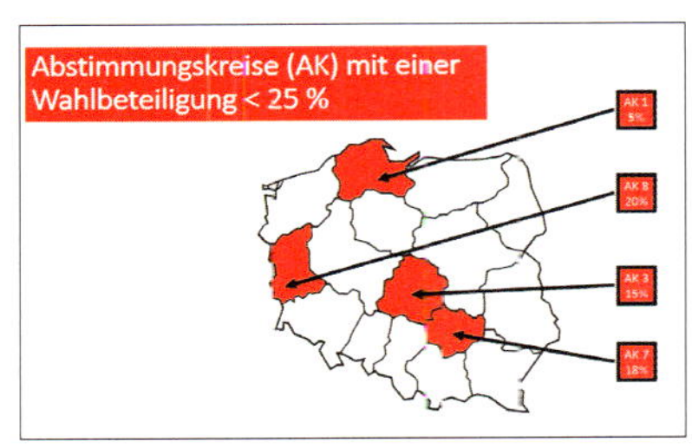

10.6 Tabellen

Möchtest du nur **wenige Zahlen** präsentieren? In vielen Fällen reicht es dann aus, diese in **Tabellenform** darzustellen. **Einfache Tabellen** kannst du problemlos in **PowerPoint** erzeugen. Das Publikum sollte mit dieser Art der Darstellung **vertraut** sein. Erleichtere das Lesen der Tabelle. Mache entweder selbst auf die wichtigen Zahlen aufmerksam oder formatiere diese auffällig (z. B. mit einem Rahmen oder in einer anderen Farbe).

→ Tabelle erstellen und Text bzw. Zahlen eingeben:

❶ Register EINFÜGEN – TABELLE

❷ **Größe** der Tabelle mit der Maus **festlegen** (hier 3 Spalten und 3 Zeilen) oder Tabelle aus **Excel** einfügen

❸ In Zelle klicken und **Text** bzw. **Zahlen eingeben**

❶ ❷

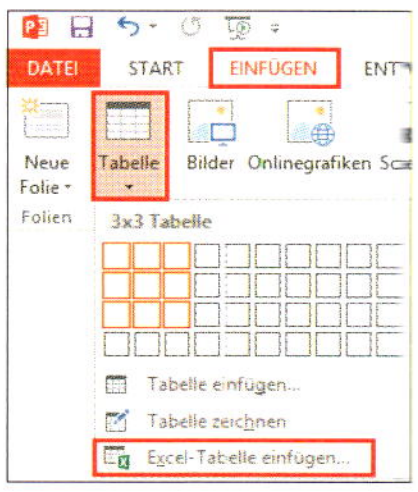

❸

→ Tabelle bearbeiten:

❶ Tabelle auswählen

❷ Register LAYOUT (TABELLENTOOLS)

❸ **Neue Zeile** und/oder **Spalte einfügen** bzw. **löschen**

❹ Mit Mauszeiger **zwischen** die Spalten bzw. Zeilen zeigen, bis dieser sich in ⟺ (Spalte) bzw. ⇕ (Zeile) verwandelt. Mit **gedrückter linker Maustaste** die gewünschte **Spaltenbreite/ Zeilenhöhe einstellen.** Klickt man **zwischen** den Spalten/Zeilen **doppelt,** ermittelt **PowerPoint** selbstständig die **optimale Spaltenbreite/Zeilenhöhe.**

❶ ❷

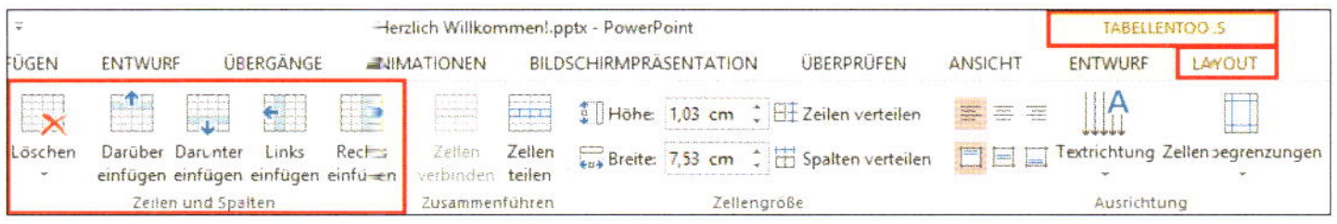

❸

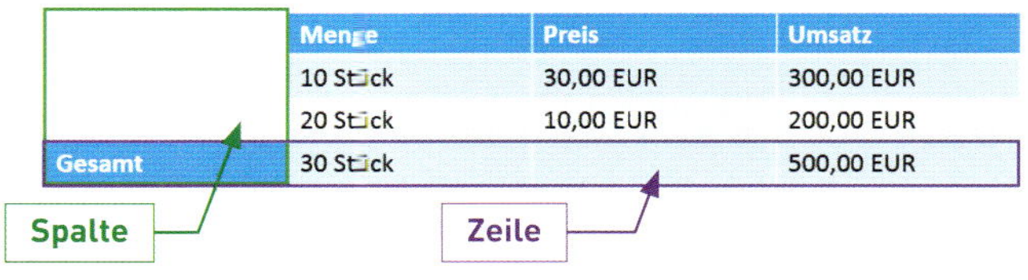

❹

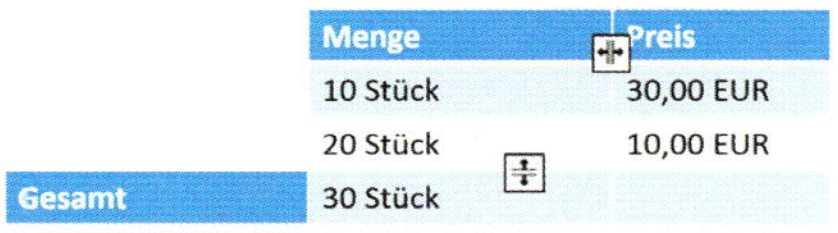

→ Gesamte Tabelle formatieren:

❶ Tabelle auswählen

❷ Register ENTWURF (TABELLENTOOLS)

❸ **Formatierungen** für gesamte Tabelle vornehmen (z. B. neue Farben)

❶ ❷ ❸

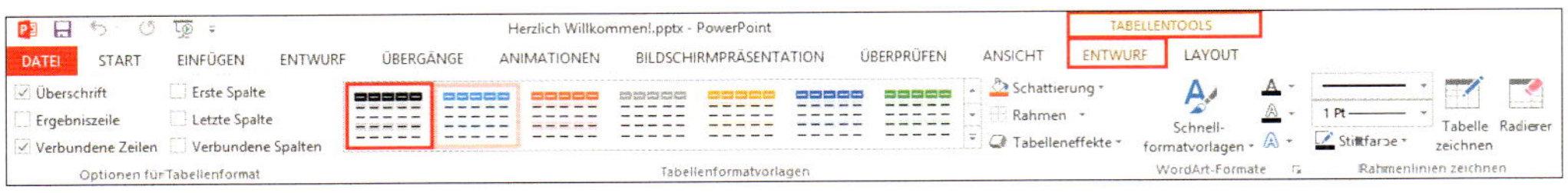

→ Einzelne Zellen besonders formatieren:

❶ Zelle auswählen

❷ Register ENTWURF (TABELLENTOOLS)

❸ **Schattierung** (Beispiel) der Zelle ändern

❹ **Stiftart, -stärke** und **-farbe** auswählen und mit dem Stift (Mauszeiger) **Rahmen** um die Zelle zeichnen. Auf die Schaltfläche TABELLE ZEICHNEN zum Beenden klicken

❷ ❸

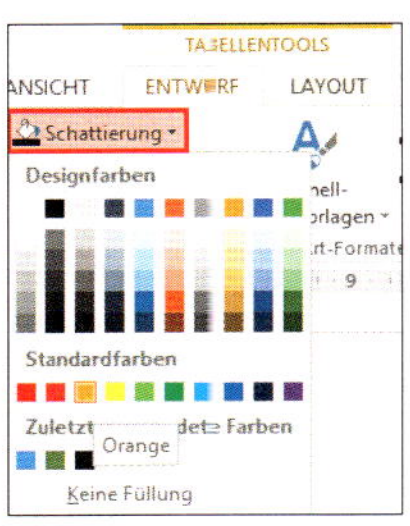

❹

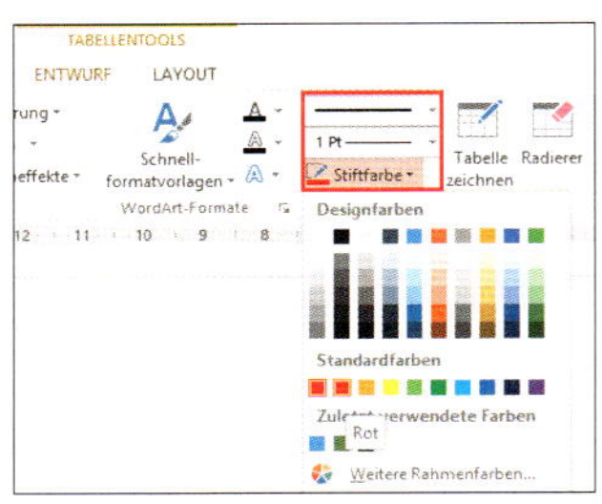

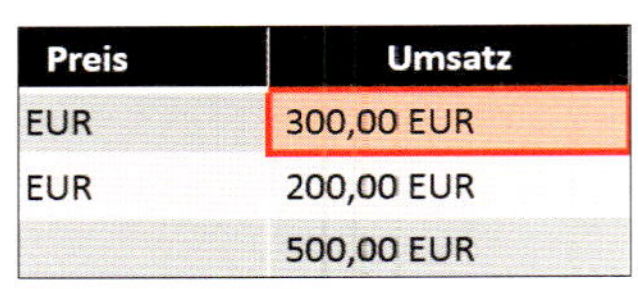

Preis	Umsatz
EUR	300,00 EUR
EUR	200,00 EUR
	500,00 EUR

10.7 Diagramme

Am Verständlichsten kannst du Zahlen mit **Diagrammen** visualisieren. Wichtige **Entwicklungen** und **Werte** können mit Diagrammen **schneller erkannt** werden als in Tabellen. Achte darauf, den **richtigen Diagrammtyp** zu wählen. (Siehe genauere Erklärungen in Kapitel 9, S. 154 bis 155)

→ Diagramm erstellen

❶ Register EINFÜGEN – DIAGRAMM

❷ **Diagrammtyp** wählen

❸ In angezeigtes Tabellenblatt die eigenen **Daten eingeben** oder mit [Symbol] in **Excel** bearbeiten

❹ Tabellenblatt mit ✕ schließen

❶

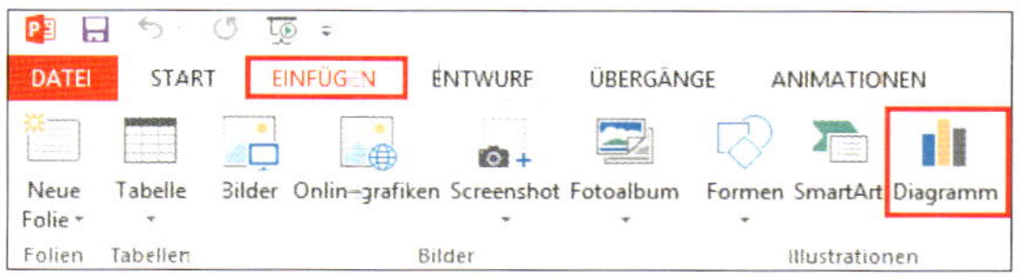

❷

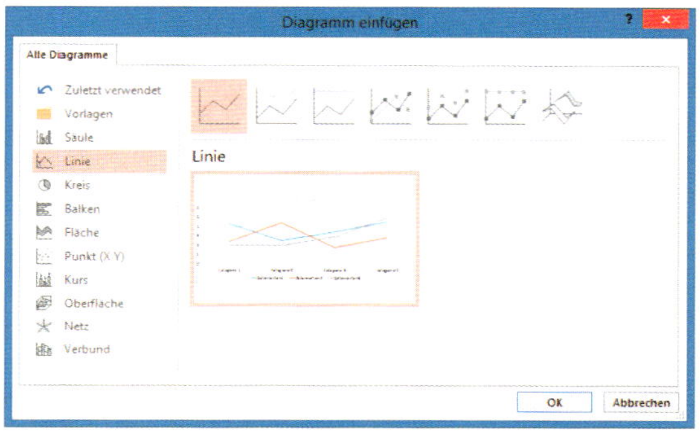

❸

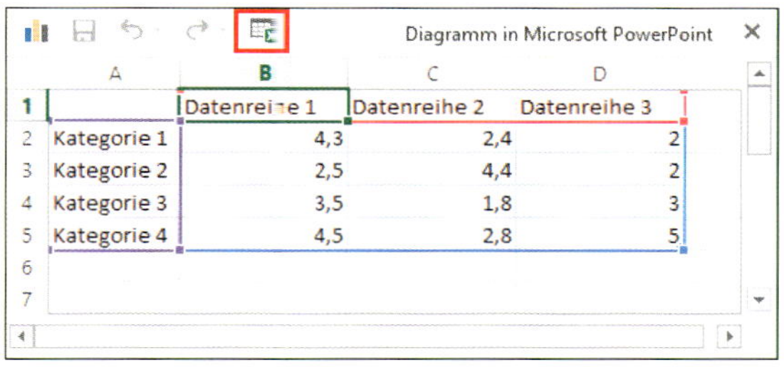

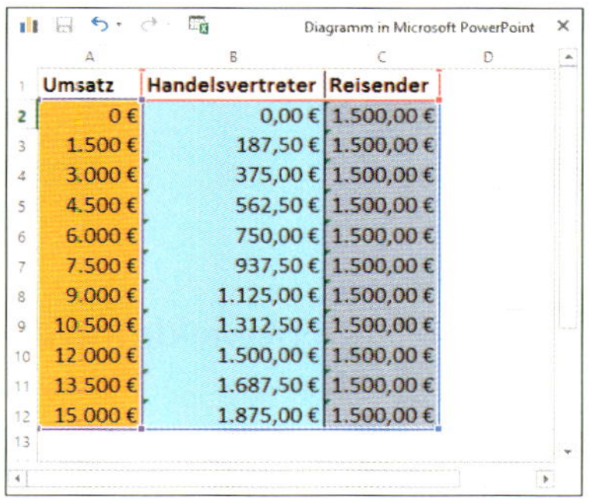

→ Diagrammlayout ändern:

❶ Diagramm mit **Doppelklick** auswählen

❷ Register ENTWURF (DIAGRAMMTOOLS)

❸ **Layout, Datenquelle, Diagrammtyp** usw. verändern

❶ ❷ ❸

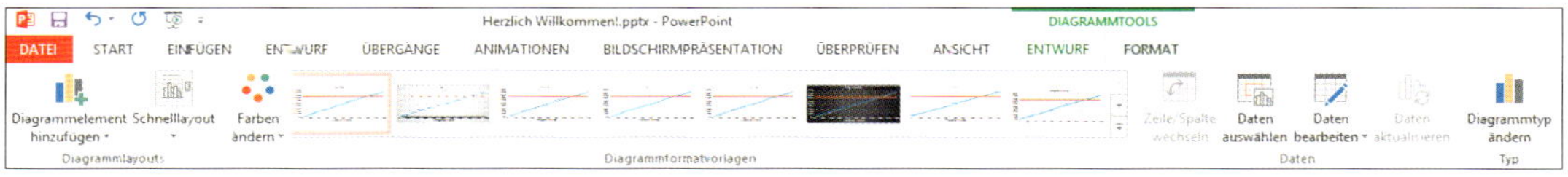

→ Diagrammelemente formatieren:

❶ Diagramm mit **Doppelklick** auswählen

❷ **Diagrammelement** (hier: Datenreihe), das geändert werden soll, anklicken

❸ Diagrammelement **formatieren**

❶ ❷ ❸

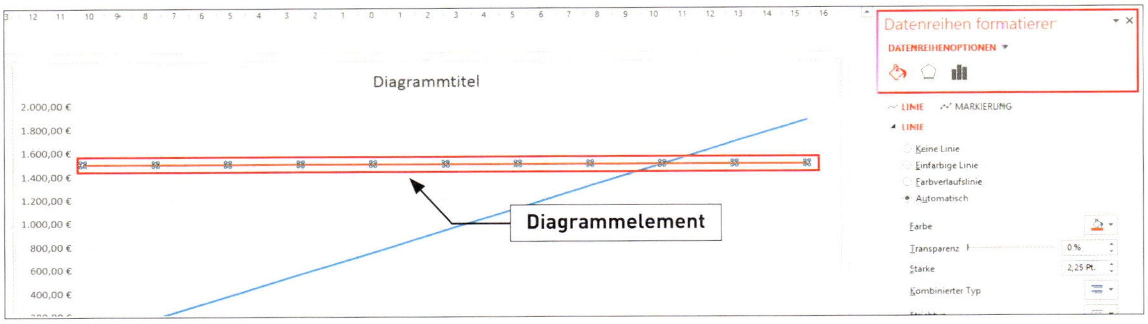

Du kannst Diagramme in **Excel** erstellen, kopieren und in **PowerPoint** einfügen:

→ Diagramme aus Excel-Arbeitsmappen importieren:

❶ In **Excel** das Tabellenblatt mit dem Diagramm öffnen

❷ Diagramm auswählen und mit Kopieren in die Zwischenablage kopieren

❸ In **PowerPoint** die Folie öffnen, in die das Diagramm eingefügt werden soll

❹ Das Diagramm als **Grafik** einfügen.

❶ ❷ ❸

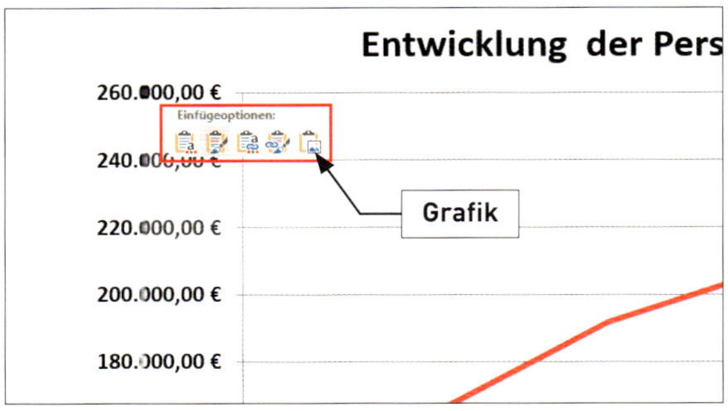

Zahlen mit Bildern/Formen/Symbolen verknüpfen

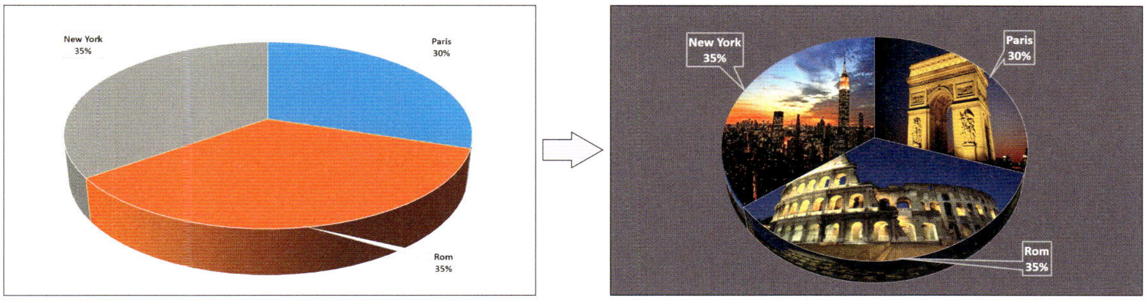

→ Diagrammelemente mit Bildern füllen:

❶ Diagrammelement (hier: Datenreihe), das geändert werden soll, anklicken

❷ Unter DATENPUNKT FORMATIEREN **Bild** aus Datei oder Onlinegrafik **einfügen**

❶ ❷

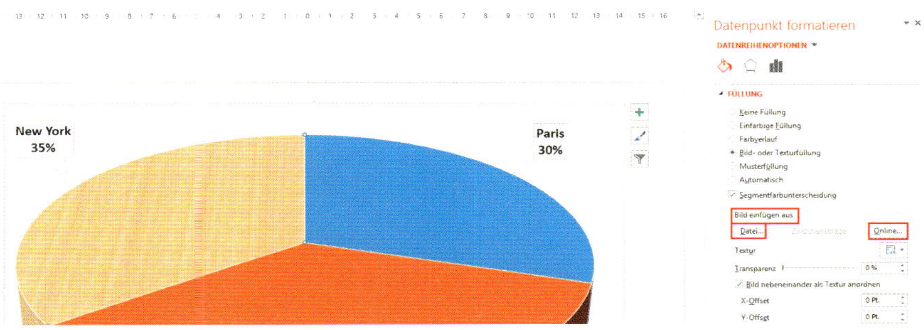

10.8 Animationen

Mache deine Präsentation zu einem „bewegenden Ereignis". Achte jedoch darauf, dass du es nicht übertreibst. Zu viele und vor allem verschiedene Animationen lassen deine Präsentation unruhig und hektisch wirken.

PowerPoint unterscheidet zwischen **Eingangs-, Hervorhebungs- (Betonungs-)** und **Ausgangseffekten.** Animationen, die am endgültigen Platz auf der Folie erfolgen, nennt man **statische Animationen** (z. B. Zoom). Soll das Objekt (z. B. der Text) erst an seinen endgültigen Platz bewegt werden, musst du **dynamische Animationen** (z. B. Einfliegen) einsetzen.

I. Eingangseffekte

Durch Auslöser (z. B. Mausklick) wird das Objekt auf der Folie eingeblendet.

Art	einsetzbar bei
Erscheinen	allen Arten von Objekten (Text, Bild, Diagramm usw.)
Verblassen	Text
Einfliegen	Text (in Leserichtung von rechts)
Wischen	Text (von rechts) und Liniendiagramm (von links)
Zoom	Bild und Form
Hineinschweben	Säulen- und Balkendiagramm
Rad	Kreisdiagramm
Form	mit entsprechenden Objekten (Kreis bei Kreis, Quadrat bei Quadrat)

II. Hervorhebungs- und Betonungseffekte

Möchtest du den Blick auf bestimmte Objekte lenken? Mache **mit** einem **Pfeil, Kreis** oder **Viereck** (siehe **Kapitel 10.5 Formen**) auf das Objekt **aufmerksam.** Alternativ kannst du dem Objekt einen **Hervorhebungs-(Betonungs-)effekt** zuweisen.

III. Ausgangseffekte

Mit Ausgangsanimationen werden Objekte von der Folie entfernt. Achte darauf, dass du die zur Eingangsanimation **passende Ausgangsanimation** auswählst.

Eingangsanimation	dazu passende Ausgangsanimation
Erscheinen	Verschwinden
Ausdehnen	Zusammenziehen
Einfliegen	Hinausfliegen
Hineinblitzen	Hervorblitzen
Zoom	Zoom
Hineinschweben	Herausschweben
Rad	Rad
Form	Form
Drehen	Drehen

→ Objekte animieren:

❶ Objekt, das animiert werden soll, anklicken

❷ Register FORMAT (BILDTOOLS)-ANIMATIONEN auswählen

❸ **Effekt** (hier: Erscheinen) zuweisen

❹ Bei einigen Effekten (z. B. Füllfarbe ❶, Einfliegen ❷) oder bei der Animationen von Diagrammen können **weitere Effektoptionen** ausgewählt ❸ werden.

❺ Über die Schaltfläche ANIMATION HINZUFÜGEN kann dem Objekt jederzeit ein zusätzlicher Effekt (z. B. Animationspfad) zugewiesen werden.

❻ Alle Objekte mit Animationen haben in ihrer Wiedergabereihenfolge **Animationsnummern** erhalten.

❼ Im Register ANIMATIONEN kannst du über die Schaltfläche ★ Vorschau den **Effekt testen.**

❶ ❷ ❸

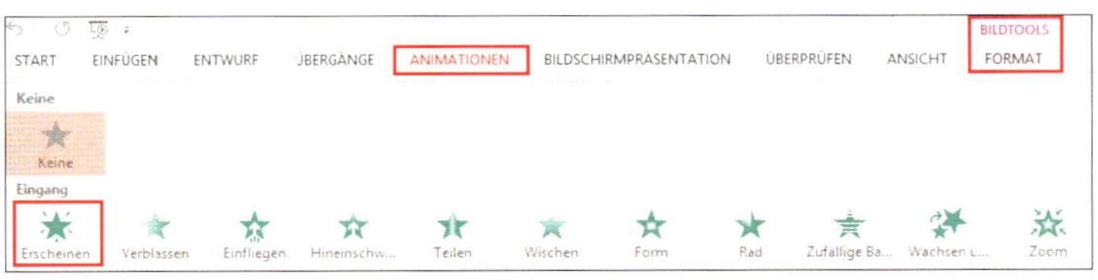

❹

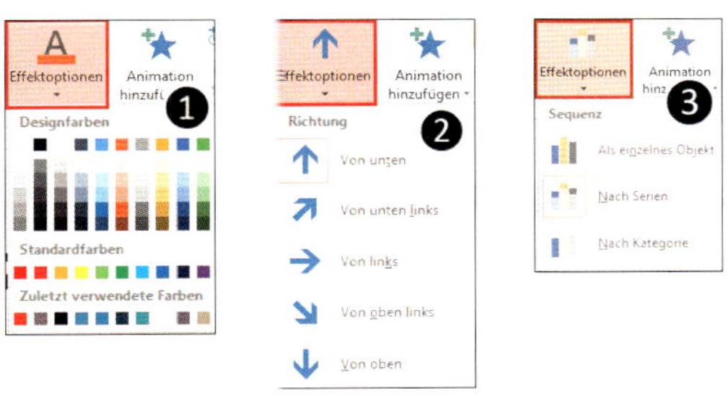

❺

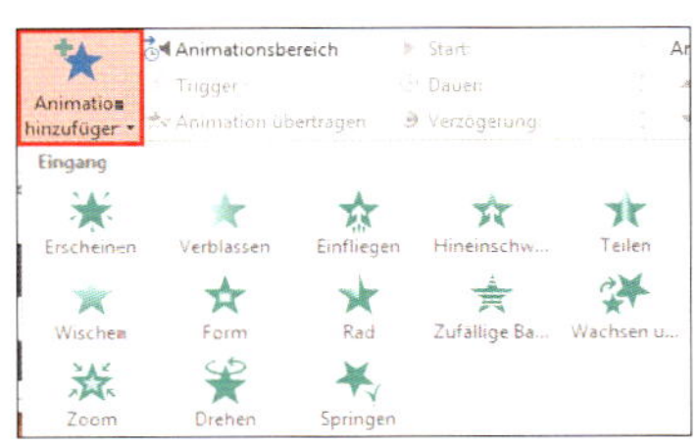

❻

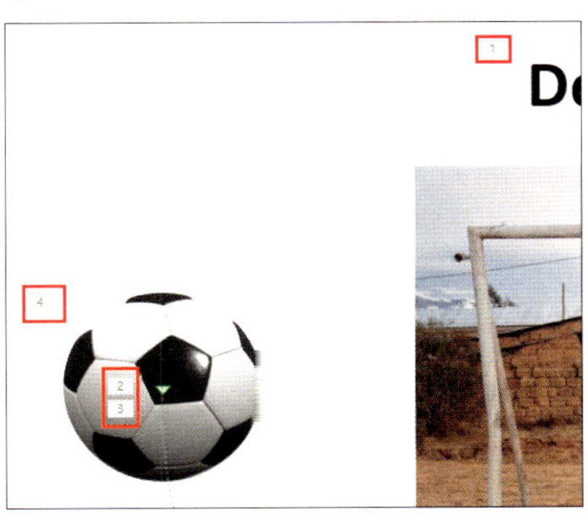

❼

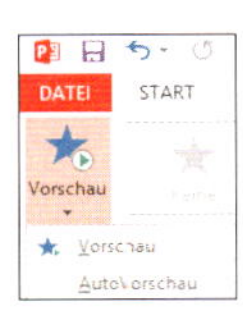

→ Objektanimationen anpassen:

❶ Im Register FORMAT (BILDTOOLS) – ANIMATIONEN auswählen

❷ Auf die Schaltfläche Animationsbereich klicken

❸ Einen Effekt im Animationsbereich auswählen. Dieser lässt sich bei **gedrückter linker Maustaste** an eine neue Position **schieben** (gilt auch für Audio- und Videodateien). Die **Animationsdauer** lässt sich auch im Menübereich einstellen.

❹ Im Animationsbereich einen Effekt auswählen. Über den LISTENPFEIL können **weitere Effektoptionen** aufgerufen oder die Animation wieder **gelöscht** werden.

❺ Den **Auslöser** für die Animation und die **Animationsdauer** festlegen

❻ Option MIT VORHERIGEM BEGINNEN auswählen, falls **mehrere Animationen gleichzeitig** ablaufen sollen

❼ Im Animationsbereich die Effektoptionen aufrufen. Im Register ANZEIGEDAUER die Anzahl der **Animationswiederholungen** festlegen (dies ist insbesondere bei Hervorhebungseffekten sinnvoll)

❸ ❺

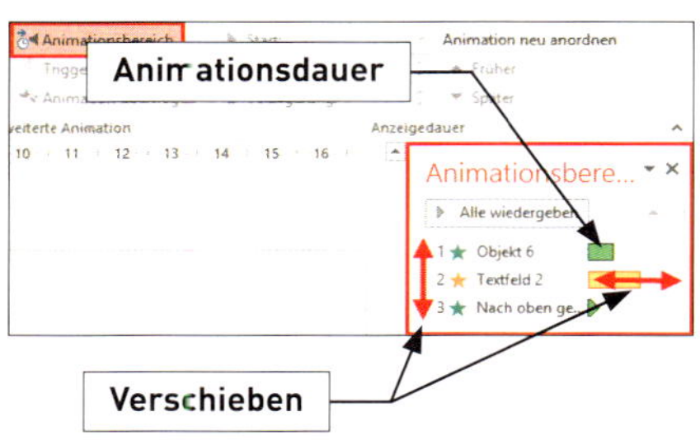

❸ ❹

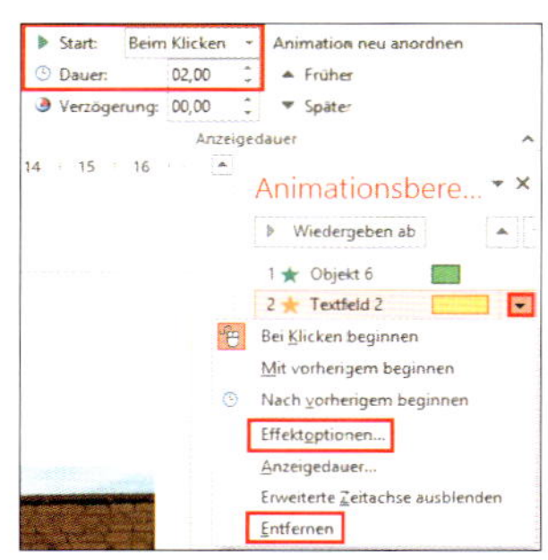

❻

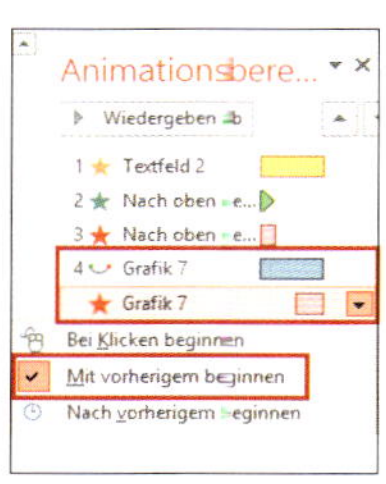

❼

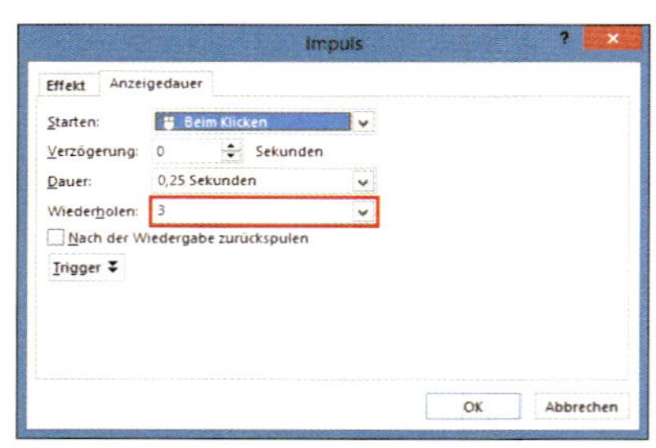

10.9 Folienübergänge

Mithilfe von Folienübergängen kann eine Präsentation „harmonisch“ gestaltet oder es können einzelne Kapitel für den Betrachter voneinander abgegrenzt werden.

→ Folienübergänge festlegen:

❶ Register ANSICHT – FOLIENSORTIERUNG

❷ Register ÜBERGÄNGE

❸ Folie(n), der (denen) ein Übergangseffekt zugewiesen werden soll, anklicken

❹ Übergangseffekt aus den Bereichen **DEZENT, SPEKTAKULÄR** bzw. **DYNAMISCHER INHALT** (hier: Verhängen) und entsprechende Effektoption auswählen

❺ Der **Folienübergang** kann über die **Vorschau** bzw. in der **Normalansicht** über das Symbol ★ betrachtet werden.

❻ Im Register ÜBERGÄNGE die Übergangsdauer einstellen, gegebenenfalls einen **Sound** hinzufügen und festlegen, ob der Folienübergang auf alle Folien angewendet werden soll.

❶

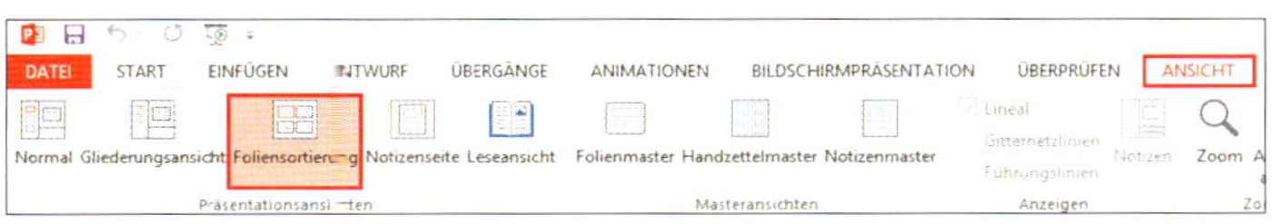

❷ ❸ ❹

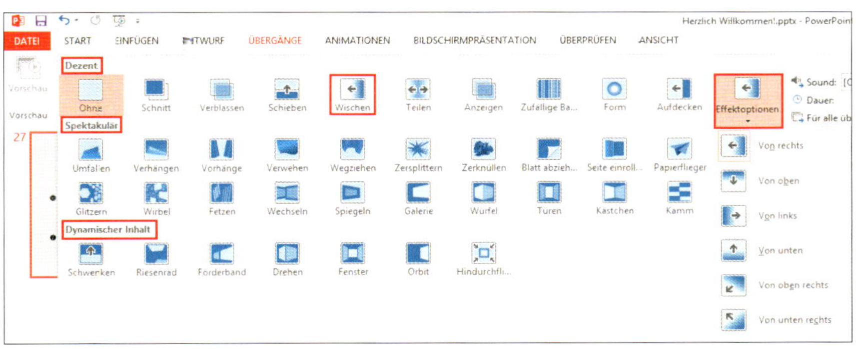

❺

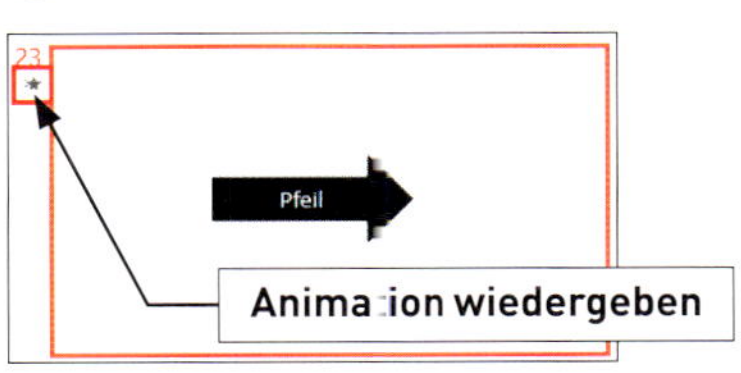

❻

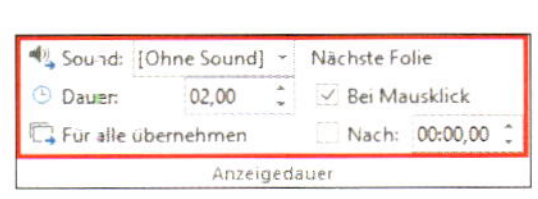

10.10 Präsentation ausdrucken

1. Verteile deine Ausdrucke erst **nach deinem Vortrag** an dein Publikum. Ansonsten besteht die Gefahr, dass das Publikum während deines Vortrags im Manuskript **liest** und **blättert.** Dies lenkt sowohl das Publikum als auch dich ab.

2. Eventuell ist es sinnvoll, dem Publikum **zusätzliche Informationen** (z. B. detaillierte Tabellen) zu geben, die bei der Präsentation nicht von Ihnen gezeigt werden (können). Verteile diese Ausdrucke **vor deinem Vortrag.** Dies kann auch dann sinnvoll sein, wenn du dem Publikum die Möglichkeit geben willst, **handschriftliche Notizen** zu machen. Stelle in beiden Fällen genügend Zeit dafür zur Verfügung. Eine Kombination aus Notizen machen, Detailinformationen betrachten und gleichzeitig deinem Vortrag folgen erscheint nicht sehr Erfolg versprechend.

3. Für **beste Druckqualität** aktiviere die Optionen AUF SEITENFORMAT SKALIEREN und HOHE QUALITÄT.

4. **Füge** bei umfangreichen Ausdrucken **Seitenzahlen** auf deiner Folien **ein**. Entferne die Seitenzahlen vor Beginn der Präsentation wieder von deinen Folien.

5. Abhängig vom **Zielpublikum** kannst du die Folien als **Handzettel** mit unterschiedlich vieler Folien auf einer Seite ausdrucken.

→ Fußzeile hinzufügen:

❶ Im Register EINFÜGEN die Schaltfläche KOPF- UND FUßZEILE anklicken

❷ **Kopf-** und **Fußzeilen** können entweder auf der Folie (Register FOLIE) oder auf den Notiz- bzw. Handzetteln hinzugefügt werden.

❷

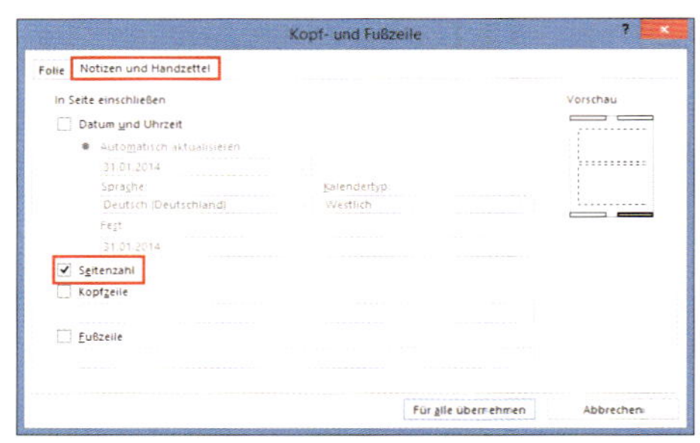

→ Drucken:

❶ Register DATEI – DRUCKEN

❷ **Drucker** auswählen

❸ **Weitere Druckeinstellungen** vornehmen (z. B. Ausgabe mehrerer Folien auf einer Seite, Druckqualität)

❷❸

Methodenpool

Kapitel 11

11 Methodenpool

11.1 Arbeiten in Sozialformen

Unter Sozialform versteht man die Arbeitsweise von Menschen miteinander oder einem Menschen alleine. Sind gegebene Räumlichkeiten und zeitliche Strukturen (was zwingend erforderlich ist) vorhanden, findet innerhalb dieser die Arbeit in einer Sozialform statt, was oft bedeutet, dass mehrere Menschen in einem Raum auf ihre Mitmenschen Rücksicht nehmen müssen, damit ein reibungsloser Arbeitsablauf gewährleistet ist.

Oft kristallisieren sich sogar die Rollen der Personen, die in der Sozialform arbeiten, heraus (z. B. ein „Leitwolf", ein „Pessimist", ein „Optimist", eine „stille Maus", ein „Denker", ein „Einzelgänger"). Hier ist die Kunst, trotz der verschiedenen Charaktere ein gutes Arbeitsergebnis zu erzielen (also gute Teamarbeit zu leisten!

Auch die Kommunikationsstruktur spielt innerhalb der Sozialform eine wichtige Rolle – hier gilt: „aktives Zuhören, Ausreden lassen des Gegenübers und gegenseitiger Respekt".

Werden diese Regeln beherzigt, steht dem erfolgreichen Arbeiten in Sozialformen nichts mehr im Wege!

Einzelarbeit
Ein Mensch arbeitet alleine! Das Arbeitstempo wird meist vom arbeitenden Menschen selbst bestimmt und steht im Zusammenhang mit den eigenen Fähigkeiten, Fertigkeiten und Kenntnissen.

Partnerarbeit
Zwei Menschen arbeiten zusammen. Das Arbeitstempo wird durch die Kenntnisse, Fähigkeiten und Fertigkeiten beider bestimmt. Die Partner ergänzen sich von ihrem Wissensstand oft gegenseitig. Durch den Gedankenaustausch prägen sich die besprochenen Themen meist besser im Gedächtnis ein.

Gruppenarbeit
Menschen arbeiten in einer Gruppe mit drei bis fünf Personen zusammen und sind alle gleichberechtigt. Die gegenseitige Rücksichtnahme spielt dabei eine wichtige Rolle. Themenbereiche können innerhalb einer Gruppe aufgeteilt und später den Gruppenmitgliedern vorgetragen werden. Wichtig ist immer ein „Zeitnehmer", der die vorgegebene Zeit überwacht und einen „Zwischenstand" über die Restzeit gibt. In der Gruppenarbeitsphase haben die Gruppenmitglieder die Möglichkeit, sich gegenseitig auszutauschen und ihre verschiedenen Wissensstände zu einem „Gesamtpaket" zu vereinen.
Finden Präsentationen nach der Gruppenarbeit statt, ist es wichtig, dass alle Gruppenmitglieder einen Teilbereich präsentieren.

Plenum
Das Wort Plenum ist abgeleitet vom Lateinischen (plenus, plena, plenum = voll) und bedeutet, dass alle zusammen einen Sachverhalt erschließen, besprechen oder Probleme erörtern bzw. diskutieren und/oder konstruktive Kritik während/nach Präsentationen üben. Im Plenum treffen viele Ideen und Wissensstände aufeinander, von denen jeder Einzelne, der an einer Plenumsrunde teilnimmt, profitieren kann.
Auch im Plenum gilt: „gegenseitiger Respekt, aktives Zuhören, Aussprechen lassen des Redners".

11 Methodenpool

11.2 Brainstorming

Theorie: „Rufe alle deine Einfälle in den Raum!"

Praxis: „Melde dich, und wenn du an der Reihe bist, gebe deine Ideen preis!"

Alle Ideen, die die Teilnehmer eines Brainstormings haben, werden auf Karten notiert, an einer Pinnwand (oder einer Magnet-/Tafelwand) gesammelt und können später nach ihrem Inhalt geclustert (sortiert) werden!

Die vielen verschiedenen Ideen können dann zu einem Gesamtergebnis und/oder zu einer Lösung/einem Lösungsansatz führen.

Grundsätze:

„Jede Idee zählt" – gemäß Mark Twain

„Menschen mit einer neuen Idee gelten so lange als Spinner, bis sich die Sache durchgesetzt hat!"

11.3 Checklisten erstellen

Müssen verschiedene Aufgaben oder zu erledigende Tätigkeiten überwacht bzw. durchgeführt werden, bietet sich der Einsatz einer Checkliste an. Hier unterscheidet man zwischen Checklisten, die am PC bzw. von Hand ausgefüllt werden können.

Wichtig bei der Erstellung ist, dass eine gute Übersichtlichkeit gewährleistet und die Checkliste ansprechend formatiert wird.

Auch muss darauf geachtet werden, dass Checklisten einfach auszufüllen sind und vom Inhalt her vollständig sein müssen, damit sie ihren Zweck erfüllen.

Zur Erstellung von Checklisten bieten sich die Tabellenfunktion in Word oder der Einsatz von Tabstopps an.

Vorteile von Checklisten sind:

- Zeitersparnis
- Alle Punkte werden angesprochen/besprochen, wenn die Checkliste in einer Besprechung Anwendung findet oder zu Befragungszwecken dienen soll.
- Zu erledigende Tätigkeiten können nicht vergessen werden.
- Auch „fachfremde" Schüler (z. B. Schüler aus anderen Gruppen oder Schüler, die während der Gruppenarbeit erkrankt waren) können mithilfe der Checkliste die anfallenden Aufgaben überprüfen und/oder ausführen.
- Es kann nachvollzogen werden, welche Tätigkeiten bereits ausgeführt wurden und was noch zu erledigen ist.
- Schriftliche Dokumentation zum Lernen und Nachlesen.

Beispiel für eine Checkliste:

Weihnachtsfeier – Checkliste	
Tätigkeit	**erledigt**
Zutaten für Punsch kaufen (Rezept hat Lena)	☐
Tische beim Hausmeister bestellen (10 Stück)	☐
Plakate anfertigen (Luca ist Ansprechpartner)	☐
Tischdecken waschen (macht Frau Zagerl)	☐
Weihnachtsbaum bestellen (beim Hausmeister)	☐
...	☐
...	☐
...	☐

11.4 Feedback

Das Wort Feedback ist dir sicherlich im Alltag schon einmal begegnet. Unter Feedback versteht man „Eine Rückmeldung zu etwas geben", das heißt, sich zu einem Sachverhalt, einem Themenbereich, einer Arbeitsweise, einem Dokument oder zu Sonstigem zu äußern.

Die Ziele von Feedback liegen klar auf der Hand:

- Der eigenen Wahrnehmung werden Sicht und Wertung von anderen Personen gegenübergestellt.
- Aufdeckung von Fehlern, Verhaltensweisen, die weniger optimal sind
- Stärkung des Selbstwertgefühls beim Feedbacknehmer
- Förderung des Lernprozesses bzw. Anregung zur Selbstreflexion in Bezug auf den Umgang mit sich selbst und anderen (Selbstkompetenz, Sozialkompetenz)
- Förderung der Zusammenarbeit mit anderen Personen

Feedback geben
Beim „Feedback geben" spielt natürlich der Ton sowie die Wortwahl eine wichtige Rolle. Berücksichtige hier:

„Das gesprochene Wort kannst du nicht mehr zurücknehmen – es steht im Raum und wirkt."

Feedbackregeln beim „Feedback geben"
Um „Feedback geben" zu können, sind folgende Feedbackregeln zu beachten:

- *Vor dem „Feedback geben" über Vertraulichkeit, Datenschutz, gegenseitiges Vertrauen sprechen.*
- Gib Feedback konstruktiv, konkret, knapp.
- Analysiere oder bewerte mit deinem Feedback nicht, sondern beschreibe (Was habe ich wahrgenommen?).
- Triff vor einem Feedback Absprachen und Vereinbarungen, an die sich jedes Mitglied der Feedbackrunde auch halten muss (z. B. Gesprächsregeln ...).
- Feedback darf den Feedbacknehmer nicht verletzen.

Feedback nehmen
Um „Feedback nehmen" zu können, sind folgende Feedbackregeln zu beachten:

- Nimm die Anmerkungen/das Gesagte deiner Feedbackgeber ernst.
- Beziehe das Gesagte nicht direkt auf deine Person – oft steht es vielmehr im Zusammenhang mit einem Themenbereich.
- Gehe konstruktiv mit dem Gesagten um (Was könnte ich in Zukunft verändern, verbessern oder beibehalten?).
- Erstelle für dich gegebenenfalls eine Übersicht mit den positiven und negativen Aspekten, die angemerkt wurden, und nutze diese für die Zukunft (z. B. „du hast eine sehr angenehme Stimme, wenn du Präsentationen vorträgst" – mach dir diese Aussage zunutze, indem du an deiner Stimme nicht viel veränderst).

11.5 Wie erstelle ich einen Fragebogen?

Wie erstelle ich einen Fragebogen?

Fragebogen begegnen Menschen im Alltag recht häufig. Es gibt sie digital, in Papierform, in verschiedenen Formaten (A4 – also ganzes Blatt, A5 – so groß wie ein halbes Blatt usw.), und eigentlich jammern viele, wenn sie einen Fragebogen ausfüllen müssen. Dies liegt oft daran, dass die Fragebogen unübersichtlich und kompliziert sind.

Warum gibt es Fragebögen?
Mithilfe von Fragebogen werden die Meinungen von verschiedenen Befragten eingeholt. Sie dienen aber auch dazu, Informationen gezielt zusammenzustellen. Aus den Antworten können die Fragebogenersteller dann die für sie wichtigen Informationen „rausziehen".

Peter möchte, dass jeder Jugendliche ab 14 Jahren ein Smartphone hat, und befragt zehn Leute aus seinem Freundeskreis zu diesem Thema. Acht von zehn Befragten geben die Antwort: „Ja, das finde ich gut". Nur zwei haben mit **„Nein, finde ich nicht gut"** geantwortet.

Nun kann Peter zu seinen Eltern gehen, ihnen das Umfrageergebnis vorlegen und seine eigene Meinung zu diesem Thema mithilfe der Ergebnisse untermauern.

Bei den Fragebogen unterscheidet man verschiedene Arten:

1. Fragebogen, bei denen die Antworten **angekreuzt** werden können (also vorgegeben sind).
2. Fragebogen, bei denen die Antworten **schriftlich** vom Befragten **aufgeschrieben** werden müssen.

Nachfolgend ein paar Tipps, damit ein guter Fragebogen erstellt werden kann:

- Überlege dir Fragen, die später dein Fragebogen enthalten soll, und schreibe sie auf.
  ACHTUNG: Formuliere sie so „einfach wie möglich", damit jeder die Fragen versteht.
- Prüfe nun, um welche Fragen es sich handelt, also ob die Antworten **„angekreuzt"** werden können und **vorgegeben sind** oder ob du Platz für Antworten brauchst.
- Gib den Fragen im nächsten Schritt eine sinnvolle Reihenfolge.
- Überlege dir eine Überschrift für deinen Fragebogen und notiere sie ebenfalls.
- Prüfe, welche Gestaltung dein Fragebogen haben soll und wie du ihn erstellen willst (von Hand, am PC, ggf. zum Online-Ausfüllen), und erstelle ihn **(denke an den Platz für Antworten, falls diese in deinem Fragebogen von den Befragten eingetragen werden müssen!)**. Bei der Erstellung am PC bietet sich oft der Einsatz einer Tabelle (Tabellenfunktion in Word – Registerkarte EINFÜGEN – TABELLE) an.
- Prüfe, ob dein Fragebogen übersichtlich ist und ob du ihn später einfach und schnell auswerten kannst. Nimm ggf. Änderungen vor. Wenn dein Fragebogen fertig ist, wende ihn an!

Beispiel für einen „Ankreuz-Fragebogen":

Befragung zu dem Thema „Sollten Jugendliche ab dem 14. Lebensjahr ein Smartphone haben?"		
Finden Sie, dass Jugendliche ab dem 14. Lebensjahr ein eigenes Smartphone haben sollten?	ja nein	☐ ☐
Haben Sie ein eigenes Smartphone?	ja nein	☐ ☐
Nach welcher Zeit kaufen Sie sich ein neues Smartphone?	nach einem Jahr nach zwei Jahren weiß ich nicht	☐ ☐ ☐
...	...	

Beispiel für einen Fragebogen, bei dem die Antworten vom Befragten selbst formuliert werden müssen:

Befragung zu dem Thema „Sollten Jugendliche ab dem 14. Lebensjahr ein Smartphone haben?"	
Frage	**Antwort**
Finden Sie, dass Jugendliche ab dem 14. Lebensjahr ein eigenes Smartphone haben sollten?	
Haben Sie ein eigenes Smartphone?	
Nach welcher Zeit kaufen Sie sich ein neues Smartphone?	
...	...

11.6 Handouts erstellen

Um Informationen übersichtlich darzustellen, bietet sich das Erstellen eines Handouts an. Dies kann als Gedächtnisstütze während eines Vortrags genutzt werden und eignet sich sehr gut, um Informationen zu einem Themenbereich nachzulesen.

Auch als Zusammenfassung für Inhalte von PowerPoint-Präsentationen, Referaten usw. ist ein Handout sinnvoll. Die „Zuhörer" haben mithilfe des Handouts die Möglichkeit, das Gehörte nochmals nachzuvollziehen und ggf. Rückfragen zu dem Vortrag zu stellen.

Soll ein Handout für diesen Zweck genutzt werden, teile es erst **NACH** deinem Vortrag aus, damit die Zuhörer nicht abgelenkt sind und dir aufmerksam zuhören.

Vorgehensweise beim Erstellen eines Handouts:

- Überlege dir eine Struktur für dein Handout (was muss alles in diesem enthalten sein) und notiere dir stichpunktartig die Inhalte.
- Lege die Gestaltung fest (Hochformat, Querformat, Arbeit mit Spalten usw.).
- Erstelle eine Gliederung.
- Erstelle in Word das Handout unter Berücksichtigung deiner Gestaltungsidee und deiner Gliederung und füge die gewünschten Inhalte in dein Handout ein (formuliere kurze und knappe Sätze oder arbeite mit Stichpunkten!).
- Verwende ggf. aussagekräftige Bilder oder Grafiken anstelle von viel Text und positioniere diese passend.
- Achte darauf, dass dein Handout nicht „überladen" ist – also nur das Wichtigste im Handout aufführen.
- Formatiere Überschriften möglichst einheitlich.
- Gib Quellenangaben an, wenn du mit Fremdtexten oder Zitaten arbeitest. Hierzu eignet sich ggf. die Rückseite des Handouts.
- Wenn du in deinem Handout noch „Platz" hast, kannst du an der entsprechenden Stelle ein Textfeld als Raum für Notizen einfügen.
- Prüfe in der Seitenansicht, wie dein Handout aussieht, und nimm ggf. Verschiebungen/Veränderungen an der Gestaltung vor (Es sollte immer eine ganze Seite genutzt werden!).
- Wenn alles passt, drucke dein Handout aus.

Lena Zagerl
7 b
Informationsverarbeitung

Handout zum Thema
Mein schönstes Ferienerlebnis

Lena Zagerl
7 b
Informationsverarbeitung

Gliederung

1. ...
2. ...
3. ...

Informationen

Zu 1.: ...

Zu 2.: ...

Zu 3.: ...

ggf. Fazit
...

Quellenangaben
...

Notizen

11.7 Mindmaps (Gedächtniskarten erstellen)

Sollen verschiedene Unterpunkte, die zu einem Hauptpunkt gehören, übersichtlich dargestellt werden, bietet sich eine Mindmap an. Oft wird diese auch als Gedächtniskarte oder Landkarte bezeichnet und eignet sich hervorragend, um Themenbereiche zusammenzufassen und später mit der Mindmap diesen Themenbereich zu lernen.

Eine Mindmap ist wie folgt aufgebaut und soll nach folgenden Grundsätzen erstellt werden:

Aufbau	Grundsätze
– Mittig steht das Hauptthema. – An den einzelnen Ästen und Unterästen werden die Unterthemen an das Hauptthema gehängt. – Grafiken unterstützen die jeweiligen Aussagen.	– ausreichend Platz für die Mindmap vorsehen (am besten Querformat) – nur Stichworte verwenden – genaue Gliederung vornehmen – Grafiken verwenden

Beispiel für eine Mindmap:

Mit dem Programm MindManagerSmart können problemlos und einfach Mindmaps erstellt, bearbeitet und formatiert werden. Einfach Programm öffnen, neue Mindmap erstellen und speichern sowie drucken oder in ein anderes Programm (Word, Paint) exportieren!

11.8 Plakatgestaltung

Wenn Schüler in einer Gruppenarbeit bestimmte Zusammenhänge und/oder Informationen sammeln und bearbeiten, können sie ihre Ergebnisse mithilfe eines Plakats den Mitschülern visuell vermitteln.

Es werden zwei Plakattypen unterschieden:

- Zum einen kann das Plakat zur Unterstützung eines Vortrags im Unterricht eingesetzt werden. Es enthält relativ wenig Text und wird deshalb eigentlich nur durch ergänzende Erläuterungen des Vortragenden verständlich.
- Zum anderen kann ein Plakat als Aushang im Klassenraum oder bei einer Ausstellung eingesetzt werden. Bei dieser Variante bedarf es keinerlei „Erklärungen", die Inhalte des Plakats sind auch ohne Zusatzinformationen verständlich.

Bei der Plakatgestaltung sollte auf Folgendes geachtet werden:

- Das Wichtigste kommt immer zuerst. Wähle für dein Plakat eine passende Überschrift.
- Deine Schrift ist groß und gut lesbar.
- Dein Plakat hat einen logischen Aufbau, der sofort erkennbar ist.
- Jedes Plakat wird durch den Einsatz von Farben übersichtlicher. Beachte aber, dass die Farben sinnvoll eingesetzt werden.
- Jedes Plakat kann auch noch vom anderen Ende des Klassenzimmers gut gelesen werden.
- Weniger ist mehr! Achte darauf, das Plakat nicht mit Informationen zu überfrachten.
- Der Text kann durch Bilder und Grafiken unterstützt werden.

Bei der Präsentation der Plakate sollte Folgendes Berücksichtigung finden:

- Achte zu Beginn darauf, dass jeder Teilnehmer freie Sicht auf das Plakat hat!
- Lese die Inhalte der Plakate nicht vor!

Beim Deuten auf das Plakat solltest du den Zuhörern nicht den Rücken zuwenden. Ferner ist es selbstverständlich, dass du dich während der Präsentation nicht vor dem Plakat aufhältst. Dein Standort ist immer neben dem Plakat. Deute mit dem Handrücken auf das Plakat, dann stehst du automatisch richtig.

11.9 Präsentieren – aber wie?

Lehrerin, Frau Stejskal Schüler Laurin

Richtig präsentieren bedeutet, dass zum einen das Medium, mit dem präsentiert wird, stimmen muss, zum anderen das Auftreten des Präsentierenden selbst.

Vorüberlegungen

- Was möchte ich präsentieren, also welche Inhalte muss meine Präsentation haben?
- Wie möchte ich präsentieren (Flipchart, Folie, Plakat, PowerPoint-Präsentation)?
- Eignet sich das von mir ausgesuchte Medium eigentlich für meine Präsentation? (Wie ist die Raumgröße? Gibt es überhaupt einen PC oder Beamer in dem Raum, in dem präsentiert wird?)

Wenn du dich entschieden hast, welches Medium du einsetzt, kannst du deine Präsentation erstellen. Dabei solltest du auf die nachfolgenden Punkte achten:

Präsentation selbst (Darstellung)

- Einheitliches Design
- Möglichst nur Stichpunkte auf dem Präsentationsmedium verwenden
- Dein Inhalt muss vollständig und richtig sein.
- Folien, Plakate nicht bis zum Rand beschriften
- Geeignete Schriftgrößen verwenden (nicht zu klein schreiben, damit auch in der letzten Reihe des Präsentationsraums der Text gelesen werden kann)
- Nicht zu viele Farben verwenden
- Ggf. Grafiken oder Diagramme mit einbinden und dafür auf Text verzichten
- Rechtschreib- und Grammatikfehler vermeiden
- die Präsentation muss von der Gestaltung und dem Aufbau her zum Vortrag/dem Thema passen.
- Ggf. Quellenangaben machen (wenn du Bilder aus dem Internet verwendest, musst du angeben, woher sie genau stammen)

Auftreten während der Präsentation

- Möglichst frei sprechen und nicht ablesen.
- Rückfragen müssen beantwortet werden.
- Keine Hände in den Hosentaschen haben.
- Äußeres Erscheinungsbild muss zur Präsentation passen.
- Laut und deutlich sprechen
- Auf sicheres Auftreten achten (ggf. vor dem Spiegel üben).
- Nicht „zappeln"

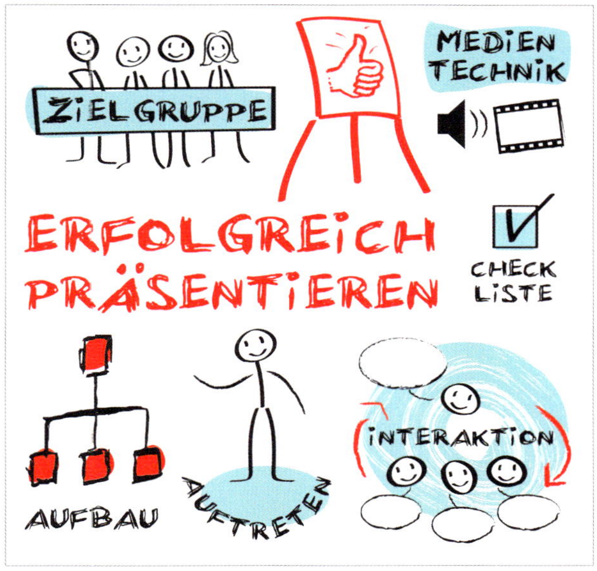

Nachbereitung

- Was war gut – was war weniger gut?
- Bin ich mit meiner Leistung zufrieden?
- Wie habe ich mich während der Präsentation gefühlt?
- Was würde ich bei der nächsten Präsentation anders machen – umstellen?

„Übung macht den Meister!"

Kriterienkatalog (Checkliste) für Präsentationen
Um Präsentationen bewerten zu können, bietet sich der Einsatz eines Kriterienkatalogs (einer Checkliste) an. Er kann beliebig erstellt und immer ergänzt/verändert werden.

Möchte man einen Kriterienkatalog, eine eigene Checkliste, erstellen, sollte darauf geachtet werden, dass das „Grundgerüst" immer wieder verwendet werden kann und lediglich die einzelnen „Bausteine" (Fragen) ausgetauscht werden können. So wird viel Arbeit und Zeit gespart. Bei dem Erstellen eines Katalogs/einer Checkliste am PC bietet sich die Tabellenfunktion in Word an.

Sinn eines Kriterienkatalogs/einer Checkliste
Wenn mit einem Kriterienkatalog/einer Checkliste geabeitet wird, hat dies den Vorteil, dass

- während der Präsentation aktiv zugehört werden kann und man „nur seine Kreuze" an der entsprechenden Stelle des Kalalogs setzen muss (also nicht noch Fragen überlegen und die Antworten notieren);
- dadurch Zeit gespart wird;
- nichts vergessen werden kann, was später für die Bewertung der Präsentation/für ein Feedback an den Prässentierer den notwenig ist;
- Richtlinien für sich selbst schriftlich vorliegen, auf die bei eigenen Präsentationen geachtet werden kann.

Beispiel für einen Kritierienkatalog/eine Checkliste

Thema der Präsentation:		
Name des Präsentierenden:		
Fragen zum Präsentierenden selbst	Trifft zu	Trifft nicht zu
Aussprache ist laut und deutlich		
Es wird frei gesprochen		
Es wird abgelesen		
Erklärungen erfolgen einfach		
Erklärungen erfolgen umständlich		
Es wird zum Publikum hin gesprochen		
Vortrag ist vollständig		
Inhalte des Vortrags sind richtig		
Rückfragen werden beantwortet		
Körperhaltung passt zum Vortrag (keine Hände in den Hosentaschen usw.)		
Sicheres Auftreten (kein „Zappeln" usw.)		
Fragen zur Präsentation an sich		
Passende Grafiken/Bilder wurden verwendet		
Gut lesbare Schrift (Schriftgröße, Schriftart und Schriftfarbe)		
Keine Rechtschreibfehler		
Keine Grammatikfehler		
Sinnvolle Überschriften wurden gewählt		
Einheitliches Design		
Präsentation passt zum Vortrag		

Bemerkungen

11.10 Referate anfertigen

Du musst einen Vortrag in Form eines Referats halten? Keine Panik, wenn du einige Regeln einhältst, kannst bei deinem Referat nichts schiefgehen!

Grundsatz:
Bringe wichtige INFORMATIONEN auf den PUNKT!

„Vorarbeiten“

- Informiere dich über deinen Themenbereich mithilfe von Fachbüchern, Fachzeitschriften, Internet ... und fasse wichtige Informationen zusammen (in einer Mindmap, auf Karteikarten ...)
- Überlege dir einen klaren Aufbau für dein Referat, also:
  1. Wie gestalte ich die Einleitung?
  2. Was gehört in den Hauptteil?
  3. Welche Inhalte hat mein Schluss?

Erstellen des Referats

- Erstelle ein ansprechendes Deckblatt für dein Referat.
- Erstelle dein Referat in schriftlicher Form! Achte dabei auf ansprechende Formulierungen, Grammatik und Rechschreibung.
- Verwendest du Grafiken/Bilder, Zitate oder Auszüge aus Büchern oder dem Internet in deinem Referat, musst du deine Quellenangaben aufführen (als Fußnote oder in einem extra (Bild-)Quellenverzeichnis).
- Nimm entsprechende Formatierungen nach der DIN 5008 vor.
- Drucke dein Referat aus und gib es möglichst geheftet ab (in einem Schnellhefter, Heftstreifen), damit keine Unterlagen verloren gehen.

Halten des Referats

- Bereite dich auf das Halten des Referats gut vor.
- Übe es vor dem Spiegel oder trage es deinen Eltern/Freunden/Bekannten vor.
- Stehe gerade und spreche laut und deutlich.
- Sei selbstsicher, dann wird dein Referat ein Erfolg!

11.11 Spickzettel anfertigen

Diese Aussage habt ihr sicherlich schon mehrfach in eurem Schulleben gehört!

Und trotzdem werden täglich Tausende von Spickzetteln geschrieben! Aber warum eigentlich?

Ein Spickzettel dient dazu, wichtige Informationen zu einem oder mehreren Themenbereichen kurz, knapp und übersichtlich darzustellen, damit der Spickzettelschreibende diese zum einen **besser behalten** und zum anderen **des Öfteren nachlesen** kann. Durch dieses Vorgehen prägt sich das Geschriebene besser im Gehirn ein und kann z. B. bei Proben leichter abgerufen werden – und zwar dann **OHNE** Spickzettel!

Er soll nämlich nicht der Täuschung eines Lehrers dienen!

Wie schreibe ich einen Spickzettel, damit ich mit diesem besser lernen kann?

- Lese die zu lernenden Informationen genau durch und markiere wichtige Stellen.
- Schreibe die von dir gefundenen Informationen stichpunktartig auf einem Spickzettel zusammen. Achte dabei auf Übersichtlichkeit und eine gute Lesbarkeit. Die Größe des Spickzettels spielt keine Rolle – der Spickzettel kann im A4-Format oder in einem anderen kleineren Format erstellt werden. Wichtig ist allerdings, dass er überallhin mitgenommen werden kann, damit an jedem Ort mit ihm gelernt werden kann.
- Lerne nun mithilfe des Spickzettels die wichtigen Informationen!

Du kannst auch deine eigenen Gedanken zu einem Themenbereich auf einem Spickzettel notieren und dann mithilfe von diesem mit deinen Mitschülern über die Gedanken diskutieren!

Anhang

Sachwortverzeichnis

A Anhang

Bildquellenverzeichnis

Fotolia Deutschland GmbH, Berlin: S. 9.1 + 9.2 + 9.3 (Trueffelpix), S. 18 (Trueffelpix), S. 40 (Avanne Troar), S. 42.1 (tackgalichstudio), S. 42.2 (axel kock), S. 42.3 (Andrey Popov), S. 42.4 (pixelproHD), S. 42.5 (schepers_photography), S 42.6 (geniuskp), S. 42.7 (Trueffelpix), S. 44 (anelluk), S. 46 (Trueffelpix), S. 47.1 + 47.2 (Trueffelpix), S. 52 (Trueffelpix), S. 53.1 + 53.2 (Trueffelpix), S. 54.1 + 54.2 (Trueffelpix), S. 56.1 + 56.2 (Trueffelpix), S. 60 (Trueffelpix), S. 61 (Trueffelpix), S. 71 (Trueffelpix), S. 72 (lesniewski), S. 74.1 + 74.2 (Trueffelpix), S. 78 (Trueffelpix), S. 79 (Trueffelpix), S. 85.1 + 85.2 (Trueffelpix), S. 89.1 + 89.2 (Redshinestudio), S. 90 (Trueffelpix), S. 92 (redline1980), S. 95 (Trueffelpix), S. 96.1 + 96.2 (Trueffelpix), S. 97 (Trueffelpix), S. 98 (fotodo), S. 99 (Trueffelpix), S. 100 (Trueffelpix), S. 191 (DOC RABE Media), S. 192.1/198 + 192.2 (Trueffelpix), S. 193 (Trueffelpix), S. 194 (Trueffelpix), S. 196 (Trueffelpix), S. 179.1 + 179.2 (Trueffelpix), S. 199 (Trueffelpix), S. 201 (Trueffelpix), S. 202.1 + 202.2 (Trueffelpix),

iStock: S. 13 (Maydaymayday), S. 188.1 (sturti), S. 188.2 (AlexRaths), S. 188.3 (ericsphotography), S. 188.4 (style-photographs), S. 189.1 (aluxum), S. 189.2 (GlobalStock),

Eigene Bilder der Autoren: Seiten 16.1, 16.2, 108, 109.1, 109.2, 110.1 bis 110.4, 172.1, 172.2, 175, 181.